Learn Telugu through Hindi

व्याकरण सहित

हिन्दी - तेलुगु

बोलना सीखें

साहिल गुप्ता

कालहस्ती गौरीनाथ

Published by:

F-2/16, Ansari road, Daryaganj, New Delhi-110002
☎ 23240026, 23240027
✉ info@vspublishers.com • 🌐 www.vspublishers.com

Online Brandstore: amazon.in/vspublishers

Regional Office : Hyderabad
5-1-707/1, Brij Bhawan (Beside Central Bank of India Lane)
Bank Street, Koti, Hyderabad - 500 095
☎ 040-24737290
✉ vspublishershyd@gmail.com

Follow us on:   

BUY OUR BOOKS FROM: AMAZON FLIPKART

ISBN 978-93-505707-6-0
New Edition

DISCLAIMER

Printed at : Param Offsetters, Okhla, New Delhi–110020

प्रकाशकीय ಭೂಮಿಕ (Publisher's Note)

जैसे ही हमनें तेलुगु भाषी लोगों के लिये हिन्दी सीखने की पुस्तक को बाजार में प्रस्तुत किया, हमारे प्रकाशन में पाठकों के पत्रों का निरंतर आना शुरू हो गया। प्रत्येक पत्र में हिन्दी जानने/बोलने वालों के लिये तेलुगु सीखने की पुस्तक की माँग की गई थी। तेलुगु सीखने की पुस्तक की बढ़ती माँग को देखते हुये हमने हिन्दी से तेलुगु सीखने की पुस्तक प्रकाशित करने का निश्चिय कर लिया। वास्तव में इस पुस्तक को छापने का श्रेय प्रकाशक से ज्यादा कहीं पाठकों को जाता है।

रैपिडेक्स के नाम एवं गुण से प्राय: सभी परिचित हैं इसलिये इस पर चर्चा करना अतिशयोक्ति होगी। अब हम सीधे इस पुस्तक के गुणों पर विचार करते हैं। लेखक से पहले ही कह दिया गया था कि देश में हिन्दी के बाद तेलुगु सबसे ज्यादा बोली जाने वाली भाषा हैं और अपने यहाँ लोगों का एक दूसरे से मिलना और एक प्रांत से दूसरे प्रांत में जाना लगा रहता है। इसलिये एक ऐसी पुस्तक का लेखन प्रारम्भ करें जो हिन्दी के जानकारों को तेलुगु भाषा आसानी से कम सीखा सके।

लेखक ने भी हमारे विचारों को भली भांति समझा और जो कुछ प्रस्तुत किया वह आपके सामने है। इस पुस्तक में कठिन प्रतीत होने वाले व्याकरण को भी सरल ढंग से प्रस्तुत किया गया है। जिससे साधारण बोलचाल की भाषा का तारतम्य न टूटे, अन्यथा लोग भाषा बोलने सीखने की प्रक्रिया से दूर होकर व्याकरण पर ज्यादा ध्यान देने लगेंगे। वैसे यह भी गलत नहीं होगा लेकिन हम अपने उद्देश्य से दूर हो जायेंगे। इस पुस्तक का अध्ययन करने से हिन्दी भाषी लोग तेलुगु भाषा के विद्वान नहीं तो कम से कम पढ़ना और बोलना अवश्य सीख सकते हैं।

इस पुस्तक के साथ एक सीडी भी है जो तेलुगु भाषा के शुद्ध उच्चारण में मददगार साबित होगी। वी एण्ड एस पब्लिशर्स की कार्यशैली से आप सभी परिचित है। यह पुस्तक भी उसी श्रृंखला की अगली कड़ी है।

आशा है इस पुस्तक का साज-सज्जा एवं पाठ्य सामग्री दोनों ही आपको पसंद आयेगी।

प्रस्तावना / मुंदुमाटा / ముందుమాట (Preface)

भारत बहुत बड़ा देश है। वह भिन्न भाषाओं का समाहत है। यहाँ कई भाषाएँ बोली जाती है, जिसकी गिनती करना भी संभव नहीं है यहाँ लगभग हजार भाषायें बोली जाती है। भारत के संविधान के अनुसार लगभग 20 भाषायें प्रचलित है। ज्यादा लोग हिन्दी बात करते है। इसलिए भारत सरकार ने हिन्दी को देश की मातृभाषा का दर्जा दिया है।

पिछले जमाने में जिस गाँव के लोग उसी गाँव में और जिस प्रांत के लोग उसी प्रांत में रहते थे। इसीलिए वे जहाँ की भाषा वहाँ ही बोलते थे। जिस प्रांत में बनायी हुई चीज उसी प्रांत में बेची, खरीदी और उपयोग में लायी जाती थी। वह एक छोटा समाज था, इसलिए उन्हे भाषा का उतना महत्व नहीं मालूम पड़ता था। लेकिन अब समाज बहुत बड़ा हो गया है, फैल गया है, इसलिए लोगों को एक जगह से दूसरी जगह रहने के लिए जाना पड़ रहा है। जहाँ कि चीजें वहाँ बेचना या खरिदने का मौका नहीं मिलता। खान-पान व्यवस्था बढ़ गयी है। चीजों की ताजगी परिरक्षण में सांकेतिक ज्ञान में बहुत वृद्धि हुई है। इसलिए एक जगह बनायी हुई चीजें दूर और कही से कही जा रही है, जगह जगह घूम रही है। इसलिए लोग विविध व्यवसाय, उद्योग, व्यापारों में लिप्त है उन्हे एक जगह से दूसरी जगह आना-जाना सर्व साधारण बात हो गई है। इस स्थिति में सभी को सभी भाषाओं का ज्ञान अनिवार्य हो गया है। हमारे देश में अत्यधिक हिन्दी भाषी लोग है। उसके बाद देश में अत्यधिक बात करने वाले लोग तेलुगु भाषी है। इसिलिए हिन्दी भाषा सीखना हर एक के लिए प्रमुखता बन गयी है। इस बात को ध्यान में रखते हुए हमने हिन्दी से तेलुगु सीखने के लिए यह किताब लिखी है।

सर्व साधारण से किताबों में संभाषण और थोडा बहुत शब्दकोष दिया जाता है। लेकिन इस किताब में हमने व्याकरण भी दिया है। ताकि लोग व्याकरण सहित भाषा सिख सके। व्याकरण के बिना कोई भी भाषा नहीं सीखी जा सकती। इसी उद्देश्य से हिन्दी और तेलुगु वर्णमाला से प्रारंभ करके हमने व्याकरण का हर छोटा और बडा अंश इस किताब में दिया है।

आजकल अंग्रेजी भाषा बहुत ज्यादा प्रचलित हो रही है। इस लिए हिन्दी और अंग्रेजी बोलने वाले तेलुगु भाषी लोगों की दृष्टि से हमने शीर्षक **(Headings)** और उपशीर्षक **(Sub-headings)** अंग्रेजी में दिया है। ताकि लोग इन दो भाषाओं के साथ अंग्रेजी भी सीख सके।

कोई भी भाषा व्यवहार में जैसी बोली जाती है वैसा सिखना अच्छा नहीं रहता। यदि ऐसा सिखाया जाए तो वह पुस्तकी **(Bookish)** ज्ञान जैसा लगता है। इस लिए नित्य व्यावहारिक भाषा के व्यतिरिक्त व्याकरण सहित हिन्दी-तेलुगु भाषा कैसी बोली जाती है। यह इस किताब में सिखाया गया है।

इस किताब के अंत में जो आडियो सि.डी. दिया गया है यह एक और आकर्षण है । हाथ में किताब पकडकर आडियो सि.डी. यदि हम सुने तो शब्दों के उच्चारण का सहि ज्ञान होता है । हर भाषा की अपनी अपनी उच्चारण पद्धती होती है । इसलिए उस भाषा का उच्चारण कानों पर पडना एक बहुत महत्वपूर्ण बात है । जो इस किताब के द्वारा हासिल हो सकती है ।

यह पुस्तक हिन्दी प्रवेशिका, माध्यमिका, विशारद, भूषण, पंडित परीक्षार्थियों के लिए, एवं इन्टरमीडियट, डिग्री में जिनकी दूसरी भाषा हिन्दी है उनके लिए भी अत्यंत उपयुक्त है । पाठशाला में पढ़ने वाले विद्यार्थी भी अपने अकाडमी के साथ इस पुस्तक की मदत ले सकते है । जिसके कारण उनके भाषा के ज्ञान में और वृद्धि हो सके । इसके अलावा जिसे हिन्दी भाषा थोडी बहुत आती हो उसे और अच्छी तरह से सिखना हो तो उनके लिए यह किताब बहुत उपयोगी होगी इसमें संदेह नहीं है ।

यह किताब आपके सामने आने का मुख्य श्रेय वि एण्ड एस पब्लिशर्स के अधिनेता श्री साहिल गुप्ता जी को और मेरे प्रिय मित्र श्री राघवेन्द्ररावजी जो इस संस्था की सौथ इन्डिया मैनेजर (हैदराबाद) पद पर है, उन्हें जाता है । इसके अलावा मेरे गुरुतुल्य हिन्दी पंडित श्री पटेल नरेश रेड्डीजी जिन्होंने समय समय पर मुझे सलाह देने का काम किया और मेरे दूसरे मित्र श्री ठाकूर सुदर्शन सिंगजी का भी मैं आभारी हूँ ।

आज मेरे इस उन्नत स्थिति को पहुँचने में मेरे माता-पिता श्री कालहस्ति सोमराजु और श्रीमती श्यामलाम्बा जी को, मेरे बडे भाई मणिभूषणजी को मेरा पादाभिवंदन । मेरा छोटा भाई कालहस्ति भास्करजी को एवं यह किताब अंकित कर रहा हूँ । मेरी छोटी बहन श्रीमती ताटिकोंडा लक्ष्मी राजेश्वरी को धन्यवाद जिन्होने मुझे हर मोड पर प्रोत्साहित किया यह बात मैं नहीं भूल सकता ।

मेरी धर्मपत्नि श्रीमती गौरि, मेरा बेटा भास्कर जी और बेटी वीरा सोमेश्वरी ने जो सहायता और सहकारण अभिनंदनीय है । इस किताब को अच्छी तरह से डि.टि.पी. करने वाले मेरे सहकर्मि संजय और जयंतीजी को धन्यवाद । यह किताब में हमने त्रुटियाँ और गलतियाँ रहित करने की जी जान से कोशिश की फिर भी कुछ थोडी बहुत रह गई हो तो उसे निदर्शन में आते ही पुनर्मुद्रण में ठीक करने का प्रयास करेंगे, इस बात कि पाठकों से विनम्रता से बिनती करते हुए ...

रचयिता

कालहस्ति गौरीनाथ

एम.ए.एल.एल.बी.

हैदराबाद

दिनांक **02-08-2013**

विषय सूची విషయ సూచిక (Contents)

Part - 4

Part - 5

(पृष्ठ संख्या 263 से 272 विषय-सामग्री ऑनलाइन उपलब्ध है।)

Part - 6

व्याकरण सहित हिन्दी-तेलुगु बोलना सीखें का यूट्यूब स्क्रिप्ट

వ్యాకరణపద్ధతిలో హిందీ-తెలుగు మాట్లాడటం నేర్చుకోండి సి.డి. స్క్రిప్ట్ చేతివ్రాత **274-288**

Youtube Script of Learn Telugu through Hindi - Grammatical Way

भाग - १

భాగం - 1

PART - 1

1 हिन्दी वर्णमाला హిందీ వర్ణమాల (Alphabet)

स्वर - अच्चुलु అచ్చులు (Vowels)

किसी भाषा को सीखने के लिए सबसे पहले उस भाषा की वर्णमाला सीखनी चाहिए। अब हिन्दी भाषा में वर्णमाला के अनुसार **51** अक्षर ही है। इसी प्रकार तेलुगु भाषा में भी अब **51** अक्षर हैं।

अ	आ	इ	ई	उ	ऊ	ऋ
అ	ఆ	ఇ	ఈ	ఉ	ఊ	ఋ
ए	ऐ	ओ	औ	अं	अः	
ఎ/ఏ	ఐ	ఒ/ఓ	ఔ	అం	అః	

व्यंजन - हल्लुलु హల్లులు (Consonants)

क	ख	ग	घ	ङ	'क' वर्ग
క	ఖ	గ	ఘ	ఙ	'క' వర్గం
च	छ	ज	झ	ञ	'च' वर्ग
చ	ఛ	జ	ఝ	ఞ	'చ' వర్గం

याद रखिए : हिन्दी भाषा में संप्रदायक वर्णमाला अनुसार **57** अक्षर है। तेलुगु में संप्रदायक वर्णमाला अनुसार **56** अक्षर है।

ट	ठ	ड	ढ	ण	'ट' वर्ग
ట	ఠ	డ	ఢ	ణ	'ట' వర్గం
त	थ	द	ध	न	'त' वर्ग
త	థ	ద	ధ	న	'త' వర్గం
प	फ	ब	भ	म	'प' वर्ग
ప	ఫ	బ	భ	మ	'ప' వర్గం
य	र	ल	ळ	व	'य' वर्ग
య	ర	ల	ళ	వ	'య' వర్గం
श	ष	स	ह		
శ	ష	స	హ		

संयुक्ताक्षर - संयुक्ताक्षरमुलु సంయుక్తాక్షరములు (Compound Letters)

క్ష	త్ర	జ్ఞ	శ్రీ
क्ष	त्र	ज्ञ	श्री

व्यंजन और स्वर की मिलावट - चिन्ह

हल्लुलु, अच्चुला कलयिका - वत्तुलु

హల్లులు, అచ్చుల కలయిక - ఒత్తులు

(Joining of consonants and Vowels - symbols)

किसी भाषा में व्यंजन के अपने आप अर्थ नहीं देते । इसके साथ स्वर की मिलावट जरूरी है । यह कैसे होता है इसकी जानकारी के लिए नीचे कुछ नमुने दिये जा रहे हैं । इसका सावधानीपूर्वक अध्ययन करें ।

హల్లు		అచ్చు	ఒత్తు	అక్షరము
క	+	అ	✓	క
क	+	अ	-	क
క	+	ఆ	ా	కా
क	+	आ	ा	का
క	+	ఇ	ి	కి
क	+	इ	ि	कि
క	+	ఈ	ీ	కీ
क	+	ई	ी	की
క	+	ఉ	ు	కు
क	+	उ	ु	कु
క	+	ఊ	ూ	కూ
क	+	ऊ	ू	कू
క	+	ఋ	ృ	కృ
क	+	ऋ	ृ	कृ
క	+	ౠ	ౄ	కౄ
क	+	ऋ	ृ	कृ
క	+	ఎ	ె	కె
क	+	ए	े	के
క	+	ఏ	ే	కే
क	+	ए	े	के

క	+	ఐ	ై	కై
क	+	ऐ	ै	कै
క	+	ఒ	ొ	కొ
क	+	ओ	ो	को
క	+	ఓ	ో	కో
क	+	ओ	ो	को
క	+	ఔ	ౌ	కౌ
क	+	औ	ौ	कौ
క	+	అం	ం	కం
क	+	अं	ं	कं
క	+	అః	ః	కః
क	+	अः	ः	कः

याद रखिए : इस तरीके से बचे हुए व्यंजनों को भी स्वर चिन्ह मिलाकर बारहखड़ियाँ सीख लेना चाहिए ।

व्यंजन और व्यंजन की मिलावट - चिन्ह
हल्लुलु, हल्लुला कलियिका - वत्तुलु
హల్లులు, హల్లుల కలయిక – ఒత్తులు
(Joining of consonants and consonants - symbols)

बारहखडियाँ चिन्ह सीखे बिना इसे सीखना संभव नहीं है । इसलिए इन्हें सावधानी से पढ़िए ।

अक्षर / अक्षरं	चिन्ह / वत्तु	अक्षर / अक्षरं	चिन्ह / वत्तु
क	क्‍	క	్క
ख	ख्‍	ఖ	్ఖ
ग	ग्‍	గ	్గ
घ	घ्‍	ఘ	్ఘ
च	च्‍	చ	్చ
छ	छ	ఛ	్ఛ
ज	ज्‍	జ	్జ

अक्षर / अक्षरं	चिन्ह / वत्तु	अक्षर / अक्षरं	चिन्ह / वत्तु
झ	झ्	ఝ	ఝ
ट	ट	ట	్ట
ठ	ठ	ఠ	్ఠ
ड	ड	డ	్డ
ढ	ढ	ఢ	్ఢ
ण	ण्	ణ	్ణ
त	त्	త	్త
थ	थ्	థ	్థ
द	द	ద	్ద
ध	ध्	ధ	్ధ
न	न्	న	్న
प	प्	ప	్ప
फ	फ्	ఫ	్ఫ
ब	ब्	బ	్బ
भ	भ्	భ	్భ
म	म्	మ	్మ
य	य्	య	్య
र	्र	ర	్ర
ल	ल्	ల	్ల
व	व्	వ	్వ
श	श्	శ	్శ
ष	ष्	ష	్ష
स	स्	స	్స
ह	ह	హ	్హ
क्ष	क्ष्	క్ష	క్ష

बारहखड़ियाँ / गुणिंतमुलु / గుణింతములు (Groupings)

नीचे दिए गए बारहखडियों का सावधानी से अध्ययन करें । हर हिन्दी अक्षर के नीचे उसके संबन्धित अक्षर दिये गये है । हर अक्षर का स्वर चिन्ह कैसा है देखिए ।

क	का	कि	की	कु	कू	कृ	के	कै	को	कौ	कं	कः
క	కా	కి	కీ	కు	కూ	కృ	కె	కై	కొ	కౌ	కం	కః
ख	खा	खि	खी	खु	खू	खृ	खे	खै	खो	खौ	खं	खः
ఖ	ఖా	ఖి	ఖీ	ఖు	ఖూ	ఖృ	ఖె	ఖై	ఖొ	ఖౌ	ఖం	ఖః
ग	गा	गि	गी	गु	गू	गृ	गे	गै	गो	गौ	गं	गः
గ	గా	గి	గీ	గు	గూ	గృ	గె	గై	గొ	గౌ	గం	గః
घ	घा	घि	घी	घु	घू	घृ	घे	घै	घो	घौ	घं	घः
ఘ	ఘా	ఘి	ఘీ	ఘు	ఘూ	ఘృ	ఘె	ఘై	ఘొ	ఘౌ	ఘం	ఘః
च	चा	चि	ची	चु	चू	चृ	चे	चै	चो	चौ	चं	चः
చ	చా	చి	చీ	చు	చూ	చృ	చె	చై	చొ	చౌ	చం	చః
छ	छा	छि	छी	छु	छू	छृ	छे	छै	छो	छौ	छं	छः
ఛ	ఛా	ఛి	ఛీ	ఛు	ఛూ	ఛృ	ఛె	ఛై	ఛొ	ఛౌ	ఛం	ఛః
ज	जा	जि	जी	जु	जू	जृ	जे	जै	जो	जौ	जं	जः
జ	జా	జి	జీ	జు	జూ	జృ	జె	జై	జొ	జౌ	జం	జః
झ	झा	झि	झी	झु	झू	झृ	झे	झै	झो	झौ	झं	झः
ఝ	ఝా	ఝి	ఝీ	ఝు	ఝూ	ఝృ	ఝె	ఝై	ఝొ	ఝౌ	ఝం	ఝః
ट	टा	टि	टी	टु	टू	टृ	टे	टै	टो	टौ	टं	टः
ట	టా	టి	టీ	టు	టూ	టృ	టె	టై	టొ	టౌ	టం	టః
ठ	ठा	ठि	ठी	ठु	ठू	ठृ	ठे	ठै	ठो	ठौ	ठं	ठः
ఠ	ఠా	ఠి	ఠీ	ఠు	ఠూ	ఠృ	ఠె	ఠై	ఠొ	ఠౌ	ఠం	ఠః
ड	डा	डि	डी	डु	डू	डृ	डे	डै	डो	डौ	डं	डः
డ	డా	డి	డీ	డు	డూ	డృ	డె	డై	డొ	డౌ	డం	డః
ढ	ढा	ढि	ढी	ढु	ढू	ढृ	ढे	ढै	ढो	ढौ	ढं	ढः
ఢ	ఢా	ఢి	ఢీ	ఢు	ఢూ	ఢృ	ఢె	ఢై	ఢొ	ఢౌ	ఢం	ఢః
ण	णा	णि	णी	णु	णू	णृ	णे	णै	णो	णौ	णं	णः
ణ	ణా	ణి	ణీ	ణు	ణూ	ణృ	ణె	ణై	ణొ	ణౌ	ణం	ణః
त	ता	ति	ती	तु	तू	तृ	ते	तै	तो	तौ	तं	तः
త	తా	తి	తీ	తు	తూ	తృ	త్యా	తై	తొ	తౌ	తం	తః
थ	था	थि	थी	थु	थू	थृ	थे	थै	थो	थौ	थं	थः
థ	థా	థి	థీ	థు	థూ	థృ	థ్యా	థై	థొ	థౌ	థం	థః
द	दा	दि	दी	दु	दू	दृ	दे	दै	दो	दौ	दं	दः
ద	దా	ది	దీ	దు	దూ	దృ	దె	దై	దొ	దౌ	దం	దః

ध	धा	धि	धी	धु	धू	धृ	धे	धै	धो	धौ	धं	धः
ధ	ధా	ధి	ధీ	ధు	ధూ	ధృ	ధె	ధై	ధొ	ధౌ	ధం	ధః
न	ना	नि	नी	नु	नू	नृ	ने	नै	नो	नौ	नं	नः
న	నా	ని	నీ	ను	నూ	నృ	నె	నై	నొ	నౌ	నం	నః
प	पा	पि	पी	पु	पू	पृ	पे	पै	पो	पौ	पं	पः
ప	పా	పి	పీ	పు	పూ	పృ	పె	పై	పొ	పౌ	పం	పః
फ	फा	फि	फी	फु	फू	फृ	फे	फै	फो	फौ	फं	फः
ఫ	ఫా	ఫి	ఫీ	ఫు	ఫూ	ఫృ	ఫె	ఫై	ఫొ	ఫౌ	ఫం	ఫః
ब	बा	बि	बी	बु	बू	बृ	बे	बै	बो	बौ	बं	बः
బ	బా	బి	బీ	బు	బూ	బృ	బె	బై	బొ	బౌ	బం	బః
भ	भा	भि	भी	भु	भू	भृ	भे	भै	भो	भौ	भं	भः
భ	భా	భి	భీ	భు	భూ	భృ	భె	భై	భొ	భౌ	భం	భః
म	मा	मि	मी	मु	मू	मृ	मे	मै	मो	मौ	मं	मः
మ	మా	మి	మీ	ము	మూ	మృ	మె	మై	మొ	మౌ	మం	మః
य	या	यि	यी	यु	यू	यृ	ये	यै	यो	यौ	यं	यः
య	యా	యి	యీ	యు	యూ	యృ	యె	యై	యొ	యౌ	యం	యః
र	रा	रि	री	रु	रू	रृ	रे	रै	रो	रौ	रं	रः
ర	రా	రి	రీ	రు	రూ	రృ	రె	రై	రొ	రౌ	రం	రః
ल	ला	लि	ली	लु	लू	लृ	ले	लै	लो	लौ	लं	लः
ల	లా	లి	లీ	లు	లూ	లృ	లె	లై	లొ	లౌ	లం	లః
व	वा	वि	वी	वु	वू	वृ	वे	वै	वो	वौ	वं	वः
వ	వా	వి	వీ	వు	వూ	వృ	వె	వై	వొ	వౌ	వం	వః
श	शा	शि	शी	शु	शू	शृ	शे	शै	शो	शौ	शं	शः
శ	శా	శి	శీ	శు	శూ	శృ	శె	శై	శొ	శౌ	శం	శః
ष	षा	षि	षी	षु	षू	षृ	षे	षै	षो	षौ	षं	षः
ష	షా	షి	షీ	షు	షూ	షృ	షె	షై	షొ	షౌ	షం	షః
स	सा	सि	सी	सु	सू	सृ	से	सै	सो	सौ	सं	सः
స	సా	సి	సీ	సు	సూ	సృ	సె	సై	సొ	సౌ	సం	సః
ह	हा	हि	ही	हु	हू	हृ	हे	है	हो	हौ	हं	हः
హ	హా	హి	హీ	హు	హూ	హృ	హె	హై	హొ	హౌ	హం	హః
क्ष	क्षा	क्षि	क्षी	क्षु	क्षू	क्षृ	क्षे	क्षै	क्षो	क्षौ	क्षं	क्षः
క్ష	క్షా	క్షి	క్షీ	క్షు	క్షూ	క్షృ	క్షె	క్షై	క్షొ	క్షౌ	క్షం	క్షః
त्र	त्रा	त्रि	त्री	त्रु	त्रू	त्रृ	त्रे	त्रै	त्रो	त्रौ	त्रं	त्रः
త్ర	త్రా	త్రి	త్రీ	త్రు	త్రూ	త్రృ	త్రె	త్రై	త్రొ	త్రౌ	త్రం	త్రః

3 द्वित्वाक्षर - संयुक्ताक्षर

द्वित्वाक्षरमुलु / संयुक्ताक्षरमुलु (Double Letters)

ద్విత్వాక్షరములు - సంయుక్తాక్షరములు

एक अक्षर (व्यंजन) के नीचे उसी अक्षर (व्यंजन) का चिह्न आया तो उसको द्वित्वाक्षर कहते है ।

क्क	ग्ग	च्च	ज्ज	ट्ट	त्त	न्न	प्प	ल्ल	य्य
క్క	గ్గ	చ్చ	జ్జ	ట్ట	త్త	న్న	ప్ప	ల్ల	య్య

उदा :	सुब्बय्या	సుబ్బయ్య	बच्चा	బచ్చా	పిల్లవాడు
	एल्लय्या	ఎల్లయ్య	कच्चा	కచ్చా	కాయ
	पुल्लय्या	పుల్లయ్య	कद्दू	కద్దూ	సొరకాయ
	अप्पाराव	అప్పారావు	उल्लू	ఉల్లూ	గుడ్లగూబ

संयुक्ताक्षर / संयुक्ताक्षरमुलु సంయుక్తాక్షరములు (Compound Letters)

एक अक्षर की नीचे दूसरे अक्षर की चिह्न आये तो उसको संयुक्ताक्षर कहते है ।

क्व	त्स	ण्म	प्र	न्य	क्ल	ब्म	ह्य	व्य	द्व
క్వ	త్స	ణ్మ	ప్ర	న్య	క్ల	బ్మ	హ్య	వ్య	ద్వ

उदा :	ताम्र	....	रागि	....	రాగి
	पुत्र	....	कुमारुडु	....	కుమారుడు
	क्या	....	एमिटि	....	ఏమిటి
	व्यापार	....	वर्तकुडु	....	వర్తకుడు
	अच्छा	....	मंचिदि	....	మంచిది

ग्यारह	....	पदकोंडु	....	పదకొండు
अष्ट	....	एनिमिदि	....	ఎనిమిది
उल्लू	....	गुडलगूबा	....	గుడ్లగూబ
ज्वर	....	ज्वरमु	....	జ్వరము
द्वार	....	द्वारमु	....	ద్వారము
व्यवस्था	....	व्यवस्था	....	వ్యవస్థ
न्याय	....	न्यायमु	....	న్యాయము
कर्ण	....	चेवि	....	చెవి
ध्यान	....	ध्यानमु	....	ధ్యానము
प्रार्थना	....	प्रार्थना	....	ప్రార్థన
सुवर्ण	....	बंगारमु	....	బంగారము

सुंयक्ताक्षर लिखने की तरीका - संयुक्ताक्षरमुलनु व्रासे पद्धती - సంయుక్తాక్షరములను వ్రాసే పద్ధతి

हिन्दी अक्षर दो तरह है । **1**. पाई वाले अक्षर और **2**. बेपाई वाले अक्षर

హిందీ అక్షరములు రెండు రకములు. 1. పాయీ (पाई) అనగా నిలువు గీత గల అక్షరములు. 2. బేపాయీ (बेपाई) అనగా నిలువుగీత లేని అక్షరములు.

पाई वाले अक्षर - निलुवुगीता अक्षरमुलु - నిలువుగీత అక్షరములు

क ख ग घ च छ ज झ ञ

त थ ध न प फ ब भ म

य व श ष स

बेपाई वाले अक्षर - निलुवुगीतालेनि अक्षरमुलु - నిలువుగీత లేని అక్షరములు

ट ठ ड ढ द र ल ळ ह

याद रखिए : पाई वाले व्यंजन के बाजू में दूसरा व्यंजन आया तो पहलेवाले व्यंजन में पाई निकाल के दूसरा व्यंजन को मिलाना पडता है ।

उदा :	क्यों	....	एंदुकु ?	....	ఎందుకు ?
	क्या	....	एमिटि ?	....	ఏమిటి ?
	गोश्त	....	मांसमु	....	మాంసము
	बिस्तर	....	परुपु	....	పరుపు

बेपाई वाले अक्षर के ऊपर दूसरा व्यंजन आया जब पहले अक्षर के नीचे दूसरा अक्षर लिखना । वैसा नहीं करें तो वह अक्षर आधा लिखकर बाजू में दूसरा अक्षर लिखना चाहिये ।

उदा :	उल्लू	....	गुड्लगूबा	....	గుడ్లగూబ
	टिड्डी	....	मिडता	....	మిడత
	बिल्ली	....	पिल्ली	....	పిల్లి
	मट्ठा	....	मज्जिगा	....	మజ్జిగ

हिन्दी शब्दों के उच्चारण - हिन्दी पदमुला उच्चारण

హిందీ పదముల ఉచ్ఛారణ (Pronounciation of Hindi Words)

हिन्दी भाषा में उच्चारण मुख्य है । इसके लिए कुछ नियम है । इसका सावधानी पूर्वक अध्ययन करें ।

नियम : हिन्दी शब्द में दो या तीन अक्षर है । तो आखरी व्यंजन को आधा ही उच्चारण करना चाहिए ।

उदा :	दस पदि (పది)	घर इल्लु (ఇల్లు)	कलम पेन्नु (పెన్ను)
	किताब पुस्तकमु (పుస్తకము)	हाथ चेय्यी (చెయ్యి)	सिर तला (తల)

उच्चारण के अनुसार वर्णों का वर्गीकरण

उच्चारणनु बट्टि अक्षरमुला वर्गीकरण - ఉచ్చారణను బట్టి అక్షరముల వర్గీకరణ

(Classification of Letters according to the Pronounciation)

तेलुगु अक्षर के उच्चारण में दो मुख्यांश है । - १. ह्रस्व (बिना दीर्घ); २. दीर्घ यहाँ नीचे दिए तालिका का अध्ययन करें तो कौन सा अक्षर किस तरह उच्चारण करना है, यह मालूम हो जाएगा ।

स्वर के उच्चारण / अच्चुला उच्चारण तालिका / అచ్చుల ఉచ్ఛారణ పట్టిక

वर्ण అక్షరము	कण्ठ కంఠములు	तालू తాలవ్యాలు	ओठ ఓష్ఠములు	मूर्ध మూర్ధవ్యం	दान्तों దంత్యములు	कण्ठतालू కంఠతాలవ్యం	कण्ठ ओष्ठ కంఠఓష్ఠములు
ह्रस्व హ్రస్వములు	अ అ	इ ఇ	उ ఉ	ऋ* ఋ	लु*	ए ఎ	ओ ఒ
दीर्घ దీర్ఘములు	आ ఆ	ई ఈ	ऊ ఊ	ॠ* ౠ	लु*	ए ఏ ऐ ఐ	ओ ఓ औ ఔ

* ये अक्षर अब तेलुगु और हिन्दी में भी प्रयोग नहीं होते है । याद रखिए ।

व्यंजन के उच्चारण / हल्लुला उच्चारण पट्टिका / హల్లుల ఉచ్ఛారణ పట్టిక

वर्ण అక్షరము	कण्ठ కంఠములు	तालू తాలవ్యాలు	मूर्ध మూర్ధవ్యం	दान्तों దంత్యములు	ओठ ఓష్ఠములు	नाशिकों అనునాసికాలు
	क	च	ट	त	प	
	క	చ	ట	త	ప	
	ग	ज	ड	द	ब	
	గ	జ	డ	ద	బ	
	ख	छ	ठ	थ	फ	ङ
	ఖ	ఛ	ఠ	థ	ఫ	ఙ
	घ	झ	ढ	ध	भ	ञ
	ఘ	ఝ	ఢ	ధ	భ	ఞ
			ण	न	म	
			ణ	న	మ	
		य	र	ल		
		య	ర	ల		
		व	ष			
		వ	ష			
	ह	श	ळ			
	హ	శ	ళ			

नियम (2) : चार अक्षर के शब्दों में **2**रा, **4**वां अक्षर आधा ही उच्चारण करना ।

उदा :	चुपकर	....	చుప్కర్
	रसमन	....	రస్మన్

नियम (3) : पाँच अक्षर के शब्दों में **3**रा, **5**वां अक्षर आधा ही उच्चारण करना ।

उदा :	उमरभर	जीवितांतं	(జీవితాంతం)
	पीतांबर	पसुपु बट्टलु	(పసుపు బట్టలు)

नियम (4) : तीन अक्षर के शब्दों में अंत का अक्षर दीर्घ है तो **2** रा अक्षर आधा ही उच्चारण करना ।

उदा :	खतरा	अपायम्	అపాయం
	खुशबू	सुवासना	సువాసన

नियम (5) : चार अक्षर के शब्दों में **1** ला, **2**रा का अक्षर संयुक्ताक्षर है तो **2**रा अक्षर पूरा ही उच्चारण करना ।

उदा :	स्वयंसेवक	स्वयंसेवकुडु	(స్వయంసేవకుడు)
	चित्रकार	चित्रकारुडु	(చిత్రకారుడు)

नियम (6) : अरबी, पारसी, उर्दू शब्द हिन्दी में लिखते समय इस अक्षर के नीचे बिंदू डाला जाता है । इन शब्दों के उच्चारण उसकी मात्रा के अनुसार किया जाता है ।

उदा :	फ़कीर	सन्यासी	(సన్యాసి)
	फ़ूल	पुव्वलु	(పువ్వులు)
	व़ालिदैन	तल्लिदंड्रुलु	(తల్లిదండ్రులు)
	म़शहल	कागड़ा	(కాగడా)

हिन्दी उच्चारण में अनुस्वार को याद रखने के नियम इसके दो भेद है ।

उदा :	मैं	नेनु	(నేను)
	अंत	चिवरा	(చివర)
	आँख	कन्नू	(కన్ను)
	हूँ	उन्नानु	(ఉన్నాను).

भाषा भाग - भाषा भागालु భాషాభాగాలు (Parts of Speech)

किसी भी भाषा को सीखने के लिये हमें उस भाषा का व्याकरण अच्छी तरह सीख लेना चाहिये । हमे अच्छा सीख लेना है । उस लिए हिन्दी और तेलुगु भाषा के भाषा भाग के बारे में जानकारी कर लें । भाषा भाग आठ तरह के है :

1.	**संज्ञा**	నామవాచకము	**(Noun),**
2.	**सर्वनाम**	సర్వనామము	**(Pronoun),**
3.	**विशेषण**	విశేషణం	**(Adjective),**
4.	**क्रिया**	క్రియా	**(Verb),**
5.	**क्रिया विशेषण**	క్రియా విశేషణం	**(Adverb) :**
6.	**सम्बन्ध सूचक**	సంబంధ సూచకము	**(Preposition)**
7.	**समुच्छय बोधक**	సముచ్ఛయ బోధకము	**(conjunction),**
8.	**विस्मयादि बोधक**	విస్మయాది బోధకము	**(Interjection)**

1. **संज्ञा नामवाचकमु** నామవాచకము **(Noun) :** किसी वस्तु, व व्यक्ति स्थान या भाव के नाम को संज्ञा कहते हैं ।

जैसे : आम मामिडि (మామిడి) खेत पोलं (పొలం) दुनिया प्रपंचं (ప్రపంచం)
माता तल्लि (తల్లి) पिता तंड्रि (తండ్రి) सूरज सूर्युडु (సూర్యుడు)

संज्ञाएँ तीन प्रकार की है । लेकिन जातिवाचक सज्ञा में दो तरह उपभेद है ।

1. **व्यक्ति वाचक / व्यक्ति वाचकमु** వ్యక్తి వాచకము **: (Proper Noun) :** यह व्यक्तियों के नाम बताने वाली है ।

जैसे : (श्याम), (राम), (कृष्ण), (राधा)
శ్యాం రామ్, కృష్ణ రాధ

2. **जाति वाचक / जाति वाचकमु** జాతి వాచకము **(Common Noun) :** एक ही वर्ग या जाति के वस्तुओं के नाम बताने वाली है ।

जैसे : (लडका) बालुडु / బాలుడు (नदी) नदी / నది

3. **भाव वाचक / भाव वाचकमु** భావ వాచకము **(Abstract Noun) :** विविध तरह भाव, दशा, गुणों का नाम बताने वाली है ।

जैसे : संतोष / संतोषं సంతోషం , क्रोध / कोपं కోపం

जाति वाचक में दो उपभेद है :

1. **समूहवाचक संज्ञा / समूहवाचकं /** సమూహ వాచకం **2. द्रव्यवाचक संज्ञा / द्रव्यवाचकं /** ద్రవ్యవాచకం

1. समूह वाचक संज्ञा / समूह वाचकं / సమూహవాచకం : एक समूह को बतानेवाली

उदा : दल / दलं దళం सेना सैन्यं సైన్యం

2. द्रव्य वाचक संज्ञा / द्रव्य वाचकं / ద్రవ్యవాచకం : एक द्रव और चीजों के नाम बतानेवाली

उदा : दही पेरुगु పెరుగు घी नेय्यि నెయ్యి पानी नील्लु నీళ్ళు

यहाँ नीचे दिए गए कुछ संज्ञा वाचक शब्द को सावधानी से पढिए । याद रखिए ।

1.	नृप	......	राजु	......	రాజు
2.	औरत	......	स्त्री	......	స్త్రీ
3.	चौकीदार	......	कापलादारुडु	......	కాపలాదారుడు
4.	सेव	......	एपिल	......	ఏపిల్
5.	आम	......	मामिडिपंडु	......	మామిడిపండు
6.	गुड़िया	......	बोम्मा	......	బొమ్మ
7.	गुलाब	......	गुलाबि पुव्वु	......	గులాబిపువ్వు
8.	सूरज	......	सूर्युडु	......	సూర్యుడు
9.	चिड़िया	......	पक्षि	......	పక్షి
10.	चाकू	......	कत्ति	......	కత్తి
11.	घोड़ा	......	गुर्रं	......	గుర్రం
12.	लोटा	......	कुंडा	......	కుండ
13.	अंगूठी	......	उंगरं	......	ఉంగరం
14.	अंडा	......	कोडि गुड्डु	......	కోడిగుడ్డు
15.	पतंग	......	गालि पटं	......	గాలిపటం
16.	आसमान	......	आकाशमु	......	ఆకాశము
17.	बैल	......	एद्दु	......	ఎద్దు
18.	नौका, नाव	......	पडवा	......	పడవ

19.	अंगूर	......	द्राक्ष	......	ద్రాక్ష
20.	नदियाँ	......	नदुलु	......	నదులు
21.	सागर	......	समुद्रमु	......	సముద్రము
22.	अध्यापक	......	उपाध्यायुडु	......	ఉపాధ్యాయుడు
23.	खेत	......	पोलं	......	పొలం
24.	जग	......	प्रपंचमु	......	ప్రపంచము
25.	माँ	......	तल्लि	......	తల్లి

(అ) लिंग / लिंगं / లింగం (Gender)

भाषा के शुद्ध प्रयोग के लिए संज्ञा शब्दों के तंत्रज्ञान का होना अत्यावश्यक है। संज्ञा के जिस रूप से उसकी पुरूष जाति या स्त्री जाति के बारे में पता चलता है, उसे लिंग कहते हैं।

1. पुंलिंग पुंलिंगमु పుంలింగము (Masculine Gender) : पुरूष जाति से सम्बन्ध बताने वाले शब्दों को पुल्लिंग कहते हैं।

उदा : साल, महीने, हफ्ते, वृक्ष, पहाड जैसे चीजें।

वैशाख వైశాఖ్, ... सोमवार సోమవార్, ... पर्वत పర్వత్
वटवृक्ष వటవృక్ష్

अ (అ) या आ (ఆ) से अंत होनेवाले शब्द पुलिंग शब्द है।

उदा :	बच्चा	....	पिल्लवाडु	....	పిల్లవాడు
	लड़का	....	बालुडु	....	బాలుడు
	दादा	....	नाना	....	తాత

2. स्त्रीलिंग स्त्री लिंगमु స్త్రీ లింగము (Feminine Gender) : औरत जाति से सम्बन्ध बतानेवाले शब्दों को सीलिंग कहते हैं।

उदा : नदियाँ और भाषा के संबंध को बताने वाली।

ఉదా : నదులు, భాషలకు సంబంధించినది.

तेलुगु తెలుగు, ... तमिल తమిళ్, ... गोदावरी గోదావరి.
गंगा గంగ, ... मंजीरा మంజీర

इ (ఇ) या ई (ఈ) से अंत होने वाले शब्द स्त्रीलिंग शब्द है ।

जैसे : लड़की बालिका బాలిక........ बच्ची पिल्ल పిల్ల .... देवी देवता దేవత

3. **अन्य पुरुष लिंग / अन्य पुरुष लिंगं** అన్యపురుష లింగం **(First Person) :** शब्दों में पुलिंग या स्त्री लिंग से असम्बन्धित शब्द को हिन्दी में अन्य पुरूष लिंग कहते है और तेलुगु में नपुंसक लिंग कहते है ।

सूचना : हिन्दी भाषा की तरह तेलुगु भाषा में अन्य पुरुष लिंग **(Neutral Gender)** नहीं है । उसको उस भाषा में नपुसंक लिंगं कहते है ।

सूचना : कुछ पुल्लिंग शब्द के अंत में इन (ఇన్) आयी तो वह स्त्रीलिंग शब्द जैसा बदल जायेगा ।

जैसे : धोबी / चाकलिवाडु / చాకలివాడు .... धोबिन / चाकलि आमे / చాకలి ఆమె.

दुल्हा / पेंड्लि कोडुकु / పెండ్లి కొడుకు .... दुल्हन / पेंड्लि कुतुरू / పెండ్లి కూతురు

पड़ोस / पोरुगुवाडु / పొరుగువాడు .... पड़ोसिन / पोरूगु आमे / పొరుగు ఆమె

माली / यजमानी / యజమాని .... मालिन / यजमानुरालु / యజమానురాలు

भिखारी / सन्यासी / సన్యాసి .... भिखारिन / सन्यासिनि / సన్యాసిని

लुहार / कम्मरिवाडु / కమ్మరివాడు .... लुहारिन / कम्मरि आमे / కమ్మరిఆమె

10. कुछ पुल्लिंग शब्द के अंत में 'नी' (నీ) आयी तो वह स्त्रीलिंग जैसा बदल जायेगी ।

जैसे : मोर / मगा नेमलि / మగ నెమలి .... मोरनी / आडा नेमलि / ఆడ నెమలి

सेठ / यजमानि / యజమాని .... सेठानी / यजमानुरालु / యజమానురాలు

ऊँठ / मगा ओंटे / మగ ఒంటె .... ऊँठनी / आडा ओंटे / ఆడ ఒంటె

देवर / मरदी / మరది .... देवरानी / मरदलु / మరదలు

11. कुछ पुल्लिंग शब्द के अंत में 'इत्री (ఇత్రీ) आयी तो वह स्त्रीलिंग जैसा बदल जायेगी ।

जैसे : कवि / कवि / కవి .... कवियत्री / कवियित्री / కవయిత్రి

लेखक / रचइता / రచయిత .... लेखिका / रचइत्रि / రచయిత్రి

अप्राणि वाचक वस्तुएँ - प्राणंलेनि वस्तुवुलु ప్రాణంలేని వస్తువులు (Lifeless Articles)

नीचे दिये गये कुछ शब्द पुल्लिंग शब्द **पुल्लिंग / पुलिंगं / పుంలింగం**

ग्रंथ	......	ग्रंथमु	......	గ్రంథము
शहर	......	पट्टणमु	......	పట్టణము
केला	......	अरटि पंडु	......	అరటిపండు
फूल	......	पुव्वु	......	పువ్వు
घर	......	इल्लु	......	ఇల్లు
कपड़ा	......	बट्टा	......	బట్ట
आम	......	मामिडि पंडु	......	మామిడి పండు
फल	......	फलमु	......	ఫలము
हाथ	......	चेय्यि	......	చెయ్యి
पहाड़	......	पर्वतमु	......	పర్వతము

नीचे दिये गये कुछ शब्द स्त्रीलिंग शब्द **स्त्रीलिंग / स्त्री लिंगं / స్త్రీ లింగం**

लता	......	पूला तीगे	......	పూలతీగె
किताब	......	पुस्तकं	......	పుస్తకం
गाड़ी	......	बंडि	......	బండి
रोटी	......	रोट्टे	......	రొట్టె
बेकारी	......	निरुद्योगं	......	నిరుద్యోగం
घड़ी	......	गडियारं	......	గడియారం
कुर्सी	......	कुर्ची	......	కుర్చీ
कलम	......	कलमु	......	కలము
चीज	......	वस्तुवु	......	వస్తువు

कुछ स्त्रीलिंग और पुंल्लिग शब्द को देखेंगे ।

पुल्लिंग	పుంలింగము		स्त्रीलिंग	స్త్రీ లింగము
छात्र	ఛాత్ర్	x	छात्रा	ఛాత్రా
सेठ	సేఠ్	x	सेठानी	సేఠానీ
अभिनेता	అభినేతా	x	अभिनेत्री	అభినేత్రి
मित्र	మిత్ర	x	सहेली	సహేలి
प्रेमी	ప్రేమీ	x	प्रेमिका	ప్రేమికా
युवक	యువక్	x	युवती	యువతి
बादशाह	బాద్‌షా	x	बेगम	బేగం
कौआ	కౌవా	x	मादा कौआ	మాదా కౌవా
हरिण	హరిణ్	x	मादा हरिण	మాదా హరిణ్
ठाकुर	ఠాకూర్	x	ठकुराइन	ఠకురాయిణ్
लेखक	లేఖక్	x	लेखिका	లేఖికా
पुरुष	పురుష్	x	स्त्री	స్త్రీ
साहब	సాహబ్	x	साहिबा	సాహిబా
नाई	నాయీ	x	नाइन	నాయిన్‌పితా
दुल्हा	దుల్‌హా	x	दुल्हन	దుల్‌హన్
मोर	మోర్	x	मोरनी	మోర్ని
दादा	దాదా	x	दादी	దాదీ
घोड़ा	ఘోడా	x	घोडी	ఘోడీ

पुल्लिंग	పుంలింగము		स्त्रीलिंग	స్త్రీ లింగము
मियाँ	మియా	x	बीबी	బీబీ
सर्प	సర్ప్	x	सर्पिणी	సర్పిణి
विद्वान	విద్వాన్	x	विदुषी	విదుషి
चौधरी	చౌధరీ	x	चौधरानी	చౌధరాణి
दास	దాస్	x	दासी	దాసీ
मुर्गा	ముర్గా	x	मुर्गी	ముర్గీ
अधिकारी	అధికారీ	x	अधिकारिणी	అధికారిణి
शिष्य	శిష్య్	x	शिष्या	శిష్యా
श्रीमान	శ్రీమాన్	x	श्रीमती	శ్రీమతి
बच्चा	బచ్చా	x	बच्ची	బచ్చీ
सखा	సఖా	x	सखी	సఖీ
राजपूत	రాజ్‌పూత్	x	राजपुतानी	రాజ్‌పుతాని
पिता	పితా	x	माता	మాతా
भील	భీల్	x	भीलनी	భీల్‌ని
बकरा	బక్‌రా	x	बकरी	బక్‌రీ
आदमी	ఆద్మీ	x	औरत	ఔరత్
सिंह	సింహ్	x	सिंहनी	సింహని

पुल्लिंग	పుంలింగము	स्त्रीलिंग	స్త్రీ లింగము	पुल्लिंग	పుంలింగము	स्त्रीलिंग	స్త్రీ లింగము
तोता	తోతా	x मैना	మైనా	पूजारी	పూజారి	x पूजारन	పూజారిన్
मामा	మామా	x मामी	మామీ	धोबी	ధోబీ	x धोबिन	ధోబిన్
बेटा	బేటా	x बेटी	బేటీ	पंडित	పండిత్	x पंडिताइन	పండితాయిన్
लड़का	లడ్కా	x लड़की	లడ్కీ	युवराज	యువరాజా	x युवरानी	యువరాని
भैंसा	భైంసా	x भैंस	భైంస్	राजा	రాజా	x रानी	రాణి
अध्यापक	అధ్యాపక్	x अध्यापिका	అధ్యాపికా	बाप	బాప్	x माँ	మాఁ
पड़ोसी	పడోసీ	x पड़ोसन	పడోసన్	ऊँठ	ఊంట్	x ऊँठनी	ఊంట్ని
बालक	బాలక్	x बालिका	బాలికా	भाई	భాయీ	x बहन	బహెన్
देवर	దేవర్	x देवरानी	దేవరాని	युवक	యువక్	x युवती	యువతి
ब्रह्मा	బ్రహ్మ	x ब्राह्मिणी	బ్రాహ్మణి	शेर	షేర్	x शेरनी	షేర్ని
लुहार	లుహార్	x लुहारिन	లుహారిన్	इन्द्र	ఇంద్ర	x इन्द्राणी	ఇంద్రాణి
हाथी	హాథీ	x हाथिनी	హాథిని	कबूतर	కబూతర్	x कबूतरी	కబూతరీ
सम्राट	సమ్రాట్	x सम्राज्ञी	సమ్రాజ్ఞి	नाना	నానా	x नानी	నానీ
विद्यार्थी	విద్యార్థి	x विद्यार्थिनी	విద్యార్థిని	तेली	తేలి	x तेलिन	తేలిన్
माली	మాలీ	x मालिन	మాలిన్	पुत्र	పుత్ర్	x पुत्री	పుత్రీ
कुत्ता	కుత్తా	x कुतिया	కుత్తియా	ससुर	ససుర్	x सास	సాస్
नौकर	నౌకర్	x नौकरानी	నౌకరానీ	कवि	కవి	x कवयित्री	కవయిత్రీ
वर	వర్	x वधू	వధూ	सेवक	సేవక్	x सेविका	సేవికా
प्रिय	ప్రియ	x प्रिया	ప్రియా	बैल	బైల్	x गाय	గాయ్

(आ) वचन - वचनमुलु వచనములు (Numbers)

संज्ञा या सर्वनाम द्वारा वस्तु या व्यक्तियों के संख्या बताने वाली शब्द को वचन (वचनमु వచనము **Numbers**) कहते हैं । उसको एक की संख्या में बटाये तो उसे तो एक वचन (एक वचनं ఏకవచనం **Singular**) कहते है । यदि एक से अधिक रहो तो बहुवचन (बहु वचनं బహువచనం **Plural**) कहते है । लेकिन लिंग बदल ने के कुछ नियम है । उनका सावधानी से अध्ययन करें ।

1. **व्यंजन** हल्लु హల్లు **(Consonant)** अक्षर से अंत हो जाने वाले पुल्लिंग शब्द बहुवचन में भी उसी रूप में रहते है ।

   जैसे : पाठक - पाठक – పాఠక్   घर - घर - ఘర్   पेड़ - पेड - పేడ్

2. आ (ఆ) आकारांत पुलिंग शब्द बहुवचन में ए (ఏ) जैसा बदल जायेंगे ।

   ఉదా : घोड़ा (गुर्रमु) గుర్రము घोड़े गुर्रमुलु – గుర్రములు.

3. इ (ఇ) इकारांत स्त्रीलिंग शब्द बहुवचन में इयाँ (ఇయాఁ) जैसे में बदल जायेंगे ।

   जैसे : लड़की (बालिका) బాలిక – लड़कियाँ बालिकलु బాలికలు

4. आ (ఆ) आकारांत स्त्रीलिंग शब्द बहुवचन् में ए (యేఁ) जैसे बदल जायेंगे ।

   चिड़ियाँ पक्षि పక్షి – (చిడియాఁ) चिडियाँए / पक्षुलु పక్షులు

   जैसे : मांता तल्लि తల్లి माताएँ तल्लुलु తల్లులు

5. आधा उच्चारणवाले स्त्रीलिंग शब्द बहुवचन में ये (యే) जैसे बदल जायेंगे ।

   ఉదా : किताब पुस्तकं పుస్తకం किताबें पुस्तकमुलु పుస్తకములు

6. इ (ఇ), ई (ఈ) बिना दूसरा स्वरांत शब्द बहुवचन में याँ (యాఁ) या यें (యేఁ) जैसे बदल जायेंगे ।

उदा :	मेज	बल्ला బల్ల	–	मेजें	बल्ललु బల్లలు
	लता	लता లత	–	लतायें	लतालु లతలు
	कली	मोग्गा మొగ్గ	–	कलियाँ	मोग्गलु మొగ్గలు

एकवचन	ఏకవచనం		बहुवचन	బహువచనం	एकवचन	ఏకవచనం		बहुवचन	బహువచనం
धारा	ధారా	-	धारायें	ధారాయేఁ	छात्रा	ఛాత్రా	-	छात्रायें	ఛాత్రాయేఁ
सरिता	సరితా	-	सरितायें	సరితాయే	नदी	నదీ	-	नदियाँ	నదియాఁ
घोड़ा	ఘోడా	-	घोड़े	ఘోడే	कुर्सी	కుర్సీ	-	कुर्सियाँ	కుర్సియాఁ
घडि	ఘడి	-	घडियाँ	ఘడియాఁ	आँख	ఆఁఖ్	-	आँखें	ఆంఖేఁ
देवी	దేవీ	-	देवियाँ	దేవియాఁ	युवराणी	యువరాణి	-	युवराणियाँ	యువరాణియాఁ
स्त्री	స్త్రీ	-	स्त्रियाँ	స్త్రీయాఁ	खिलौना	ఖిలౌనా	-	खिलौने	ఖిలౌనే
अलमारी	అల్మారి	-	अलमारियाँ	అల్మారియాఁ	घंटा	ఘంటా	-	घंटे	ఘంటే
दरवाजा	దర్వాజ	-	दरवाजे	దర్వాజే	औरत	ఔరత్	-	औरतें	ఓరతే
बच्चा	బచ్చా	-	बच्चे	బచ్చే	माता	మాతా	-	मातायें	మాతాయే
मेज	మేజ్	-	मेजें	మేజేఁ	पहाड़ी	పహాడి	-	पहाड़ियाँ	పహాడియాఁ
लता	లతా	-	लतायें	లతాయేఁ	तारिका	తారికా	-	तारिकायें	తారికాయేఁ
सफलता	సఫలతా	-	सफलतायें	సఫలతాయేఁ	बुढ़िया	బుఢియా	-	बुढ़ियाँ	బుఢియాఁ
नौका	నౌకా	-	नौकायें	నౌకాయేఁ	ऊँगली	ఉంగ్‌లీ	-	ऊँगलियाँ	ఉంగ్‌లియాఁ
केला	కేలా	-	केले	కేలే	आइना	ఆయినా	-	आइने	ఆయినే
पोती	పోతీ	-	पोतियाँ	పోతియాఁ	धंधा	ధంధా	-	धंधे	ధంధే
शताब्दी	శతాబ్దీ	-	शताब्दियाँ	శతాబ్దియాఁ	किरण	కిరణ్	-	किरणें	కిరణేఁ
युक्ति	యుక్తి	-	युक्तियाँ	యుక్తియాఁ	नौका	నౌకా	-	नौकायें	నౌకాయేఁ
तरंग	తరంగ	-	तरंगें	తరంగే	कुमारी	కుమారి	-	कुमारियाँ	కుమారియాఁ
दवा	దవా	-	दवायें	దవాయేఁ	मुहर	ముహర్	-	मुहरें	ముహరే
आशा	ఆశా	-	आशायें	ఆశాయేఁ	चीज	చీజ్	-	चीजें	చేజేఁ

एकवचन	ఏకవచనం		बहुवचन	బహువచనం	एकवचन	ఏకవచనం		बहुवचन	బహువచనం
कलम	కలమ్	-	कलमें	కలమేఁ	वनिता	వనితా	-	वनितायें	వనితాయేఁ
कविता	కవితా	-	कवितायें	కవితాయేఁ	बेटा	బేటా	-	बेटे	బేటే
चिड़िया	చిడియా	-	चिड़ियाँ	చిడియాఁ	लड़का	లడకా	-	लड़के	లడకే
कली	కలీ	-	कलियाँ	కలియాఁ	तोता	తోతా	-	तोते	తోతే
कपड़ा	కపడా	-	कपड़े	కపడే	संस्था	సంస్థా	-	संस्थायें	సంస్థాయే
तारा	తారా	-	तारे	తారే	वस्तु	వస్తు	-	वस्तुएँ	వస్తుయే
नाक	నాక్	-	नाकें	నాకేం	लहर	లహర్	-	लहरें	లహరే
सास	సాస్	-	सासें	సాసేం	लोग	లోగ్	-	लोगों	లోగోం
राजा	రాజా	-	राजाओं	రాజాఓం	पत्नी	పత్ని	-	पत्नियाँ	పత్నియాఁ
गाड़ी	గాడీ	-	गाड़ीयाँ	గాడియాఁ	बात	బాత్	-	बातें	బాతే
रात	రాత్	-	रातें	రాతేం	जीभ	జీభ్	-	जीभें	జీభే
पुस्तक	పుస్తక్	-	पुस्तकें	పుస్తకేం	नाव	నావ్	-	नावें	నావేం
पत्ता	పత్తా	-	पत्ते	పత్తే	गाय	గాయ్	-	गायें	గాయేం
पंडित	పండిత్	-	पंडितों	పండిత్	घटा	ఘటా	-	घटायें	ఘటాయేఁ
पाठशाला	పాఠశాల	-	पाठशालायें	పాఠ్శాలాయేఁ	ऋतु	రుతు	-	ऋतुयें	రుతుయే
अंगूठी	అంగూఠీ	-	अंगूठियाँ	అంగూఠియాఁ	नौकरानी	నౌకరాణి	-	नौकरानियाँ	నౌకరాణియాఁ
नेता	నేతా	-	नेताओं	నేతోం	दीवार	దీవార్	-	दीवारें	దీవారేఁ
कवइत्री	కవయిత్రి	-	कवइत्रियों	కవయిత్రియాఁ	उपाधि	ఉపాధి	-	उपाधियाँ	ఉపాధియా
संपत्ति	సంపత్తి	-	संपत्तियाँ	సంపత్తియా	सांस	సాఁస్	-	साँसे	సాఁసే
लड़की	లడ్కీ	-	लड़कियाँ	లడ్కియాఁ	नारी	నారీ	-	नारियाँ	నారియాఁ
बेटी	బేటీ	-	बेटियाँ	బేటీయాఁ	नौका	నౌక	-	नौकायें	నౌకాయేఁ

बहुवचन मे भी नहीं बदलनेवाले शब्द बहुवचनंलो कूडा मारनि पदमुलु

బహువచనములో కూడా మారని పదములు

नारियल,	నారియల్	विद्वान,	విద్వాన్	पिता,	పితా	घर,	ఘర్	भाई,	భాయీ
मंदिर,	మందిర్	ससुर,	ససుర్	पेड़,	పేడ్	हृदय,	హృదయ్	कमल,	కమల్
नर,	నర్	मोती,	మోతీ	नगर,	నగర్	मामा,	మామా	मगर,	మగర్
काका,	కాకా	जंगल,	జంగల్	महात्मा	మహాత్మా	पंडित,	పండిత్	हाथ,	హాథ్
आम,	ఆమ్	नन्दन,	నందన్	सम्राट,	సమ్రాట్	सौप,	సౌప్	दही,	దహీ
उल्लू,	ఉల్లూ	फूल,	ఫూల్	पैर,	ఫైర్	नेत्र,	నేత్ర్		
समुद्र,	సముద్ర్	बाल,	బాల్	पहाड,	పహాడ్	कान,	కాన్	वचन,	వచన్
दांत,	దాంత్	धन,	ధన్	पर्वत,	పర్వత్	देव,	దేవ్	काम,	కామ్
नाम,	నామ్	नक्षत्र,	నక్షత్ర్	आदमी,	ఆద్మీ	घी,	ఘీ	पानी	పానీ
राजा,	రాజా	चाचा,	చాచా	दादा,	దాదా	कवि,	కవి	पुत्र	పుత్ర్

(इ) कारक - विभक्तुलु విభక్తులు (Case Endings)

कोई भाषा अच्छी तरह सीखनी है, तो उस भाषा के शब्दों का बृहत ज्ञान होना तथा भाषा को प्रयोग में लाना जरूरी है।

कारक के आठ भेद है वे :

1. **(कर्ता कारक)** కర్తా కారక్ **Nominative Case** – ने (నే) – डु.मु,वु,लु, డు, ము, వు, లు,
   (कर्ता सम्बधि) प्रथमा विभक्ति ప్రథమా విభక్తి.

2. **(कर्म कारक)** కర్మ కారక్ **Objective Case** – को (కో) – निनु, कि, कु నిను, కి, కు
   (काम से सम्बन्धित) द्वितीया विभक्ति ద్వితీయా విభక్తి.

3. **(कारण कारक)** కారణ్ కారక్ **Instrumental Case** – से (సే) – चेता, वे, तोडा, तो చేత, చే, తోడ, తో
   (कारण से सम्बन्धित) तृतीया विभक्ति తృతీయా విభక్తి

4. **(संप्रदान कारक)** సంప్రదాన్ కారక్ **Dative Case** – के लिए (క లియె) – कोरकु, कै కొరకు, కై
   (प्रयोजन सम्बन्धित) चतुर्थ विभक्ति చతుర్థ విభక్తి

5. **अपादान कारक** అపాదాన్ కారక్ **Ablative Case** – से (సే) – वलना, नुंडि, कंटे (వలన, నుండి, కంటె) किया गया चीज संबंधि पंचमी विभक्ति పంచమి విభక్తి

6. **संबंध कारक** సంబంధ్ కారక్ **Possesive Case** – का, के, की (కా, కే, కీ) – योक्का యొక్క संबंध बताने वाली षष्ठी विभक्ति షష్ఠి విభక్తి

7. **अधिकरण कारक** అధికరణ్ కారక్ **Locative Case** – में (మే) – पर (పర్) – लो, लोपला, पैना లో, లోపల పైన समाचार के संबंध वाली सप्तमी विभक्ति సప్తమి విభక్తి

8. **सम्बोधन कारक** సంబోధన్ కారక్ **Vocative Case** – (హే) हे, – अरे (అరే), हे, अरे, आहा హే, అరే, ఆహా संबोधन के संबंधवाली अष्टमी विभक्ति అష్టమి విభక్తి

1. **कर्ता कारक प्रथमा विभक्ति (Nominative Case)** – डु,मु,वु,लु డు, ము, వులు (నే ने)
यह कर्ता के बारे में बताती है ।

उदा : गौरी ने आम खायी हैं ।
गौरी मामिडि पंडु तिनिंदि ।
గౌరీ మామిడి పండు తినింది.

2. **कर्म कारक द्वितीया विभक्ति (Objective Case)** – नि, नु, कि, कु ని ను, కి, కు (కో को)
यह वाक्य में वक्ता के द्वारा किए गये काम के बारे में बताती है ।

उदा : सेठ ने नौकर को बुलाया ।
यजमानी नौकरनि पिलिचाडु ।
యజమాని నౌకర్‌ని పిలిచాడు.

3. **तृतीया विभक्ति कारण कारक (Instrumental Case)** चेता, चे, तोडा, तो చేత, చే, తోడ, తో
यह क्रिया के साधन या माध्यम के बारे में बताती है ।

उदा : राम ने बाण से रावण को मारा ।
रामुडु बाणंतो रावणुडुनि चंपाडु ।
రాముడు బాణంతో రావణుడిని చంపాడు.

4. **चतुर्थ विभक्ति सम्प्रदान कारक (Dative Case)** कोरकु, कै కొరకు, डु (को కో)
यह जिसके लिये या जिस उद्देश्य के लिये की जाती है उसके बारे में

उदा : हम योग स्वास्थ के लिए करते है ।

मेमु आरोग्यं कोरकु योगा चेस्तामु ।

మేము ఆరోగ్యం కొరకు యోగా చేస్తాము.

5. **अपादान कारक** అపాదాన్ కారక్ **(Ablative Case)** – वलना, नुंडि, कंटे వలన, నుండి, కంటె (से సే) इस वाक्य में जिस स्थान या वस्तु से किसी व्यक्ति या वस्तु की पृथकता अथवा तुलना के बारे में बताती है ।

उदा : फल पेड़ से अलग हो गया ।

चेट्टु नुंचि पंडु वेरयिंदि ।

చెట్టు నుంచి పండు వేరయింది.

6. **सम्बन्ध कारक** సంబంధ్ కారక్ **(Possesive Case)** योक्का యొక్క (का కా, की కీ, के కే) इस वाक्य में कर्ता या संज्ञा का दूसरा व्यक्ति से या वस्तु से संबंध के बारे में बताती है ।

उदा : तुम्हारी बहन का नाम क्या है ?

नी सोदरि योक्का पेरु ऐमिटि ?

నీ సోదరి యొక్క పేరు ఏమిటి ?

7. **अधिकरण कारक** అధికరణ్ కారక్ **(Locative Case)** (मे మే, पर పర్) लो లో, लोपला లోపల, इस वाक्य में क्रिया का आधार, आश्रय या शर्त के बारे में बताती है ।

ఉదా : शिवा सिनेमा शूटिंग में है ।

शिवा सिनेमा शूटिंगलो उन्नाडु ।

శివ సినిమా షూటింగ్‌లో ఉన్నాడు.

8. **सम्बोधन कारक** సంబోధన్ కారక్ **(Vocative Case)** (हे హే, अरे అరె, अहा అహా)
इस वाक्य में कर्ता की मनोभाव को या किसी को बुलाने या सम्बोधित करने के विषय में बताती है ।

ఉదా : हे भगवान ! कृपा करो ।

ओ भगवंतुडा ! दया चूपु ।

ఓ భగవంతుడా ! దయ చూపు.

सूचना : कारक प्रयोग करने के समय में सब कुछ नियम के अनुसार करना है । तेलगु और हिन्दी में भी कारक संज्ञा और सर्वनाम के बाद आती है । सावधानी से देखना पडता है ।

को (योक्का యొక్క) - यह सिर्फ प्राणि वाचक शब्दों को उपयोग होती है। का, के की (డా, డే, డీ) जैसे संबंध कारक षष्ठी विभक्ति प्रत्यय 'का' (డా) के बाद, आयी संज्ञा के बाद कोई विभक्ति आयी तो वह एक वचन है तो भी वे 'के' (డే) जैसे बदल जायेंगे। मतलब अकारांत संज्ञा एकारांत संज्ञा जैसे बदल जायेगी लेकिन स्त्रीलिंग में कोई भेद नहीं आता है।

उदा : माताजी की किताब में

माताजी योक्क पुस्तकंलो

మాతాజీ యొక్క పుస్తకంలో

इस वाक्य में संज्ञा के बाद विभक्ति मे (మేం) आयी तो भी की (డీ) नहीं बदल गयी है। सावधानी से देखिए।

कलाशाला के विद्यार्थियों से

कलाशाला योक्का विद्यार्थुला वल्ला

కళాశాల యొక్క విద్యార్థుల వల్ల

या इस वाक्य में कलाशाला के बाद 'का' (డా) आना। लेकिन विद्यार्थियों (संज्ञा) के बाद विभक्ति से (సే) आयी है। उसलिए 'का' कारक 'के' (డే) जैसा बदल गयी है।

सूचना :

पुल्लिंग एक वचनमु పుంలింగ ఏకవచనము : का (డా) योक्का యొక్క

पुल्लिंग बहु वचनमु పుంలింగ బహువచనము : के (డే) योक्का యొక్క

स्त्रीलिंग एक वचनमु స్త్రీలింగ ఏక వచనము : की (డీ) योक्का యొక్క

स्त्रीलिंग बहु वचनमु స్త్రీలింగ బహువచనము : की (డీ) योक्का యొక్క

स्त्रीलिंग में भेद नहीं रहती है। (స్త్రీలింగములో మార్పు ఉండదు.)

लेकिन पुल्लिंग एक वचन 'का' (డా) संज्ञा के बाद किसी कारक आया तो वह 'के' (డే) में बदल जाता है।

2. सर्वनाम సర్వనామము **(Pronoun) :** संज्ञा के बदले प्रयुक्त होने प्रयुक्त होने वाले शब्दों को सर्वनाम कहते हैं ।

उदा : हम मेमु (మేము), तुम नीवु (నీవు), वह अदि (అది)
मैं नेनू (నేను), आप तमरु (తమరు)

सूचना : मैं (మైం) वाक्य कहते समय वाक्यांत में 'हूँ' (హూం) आता है वैसे ही 'हम' (హం), 'वह' (వహ్), 'आप' (ఆప్), 'वे' (వే), और 'ये' (యే) से वाक्य बनाते के समय 'हैं' (హై) का प्रयोग करते हैं। लेकिन 'तुम' (తుమ్) वाक्य के वाक्यांत में हो (హో) आता है ।

उदा :	मैं खाना खाता हूँ	नेनु भोजनं चेस्तानु	నేను భోజనం చేస్తాను.
	तुम कहाँ हो ?	नीवु एक्कडा उन्नावु	నీవు ఎక్కడ ఉన్నావు.
	आप कब आते हैं ?	तमरु / मीरु एप्पुडु वस्तारु	తమరు / మీరు ఎప్పుడు వస్తారు.

సర్వనామ విభజన **सर्वनाम विभाजन Division of Pronoun** सर्वनाम छः प्रकार के होते है । सर्वनाम के सभी प्रकारों के सावधानीपुर्वक अध्ययन करें ।

1. पुरुष वाचक सर्वनाम పురుషవాచక సర్వనామము **(Personal Pronoun)**

यह सुनने वाले या बोलने वाला या उस विषय से सम्बन्ध होने वालों के बारे में बताती है । उसको पुरुष वाचक सर्वनाम कहते है ।

उदा ::	मैं	....	नेनु	....	నేను
	हम	....	मेमु	....	మేము
	तुम	....	नीवु	....	నీవు
	तु	....	नीवु	....	నీవు
	आप	....	तमरु	....	తమరు
	यह	....	इदि/इतडु	....	ఇది/ఇతడు
	वह	....	अतडु/अदि	....	అతడు/అది
	ये	....	इवी/वीरु	....	ఇవి/వీరు
	वे	....	वीरु/इवि	....	వీరు/ఇవి

2. निजवाचक सर्वनाम నిజవాచక సర్వనామము **(ReflexivePronoun) :**

जिस सर्वनाम का प्रयोगकर्ता कारक स्वंयं के लिये करता है उसे निजवाचक सर्वनाम कहते हैं । इसमें कर्ता की बाजू में 'ही' (ఏ) का प्रयोग होता है ।

उदा :	आप ही	....	(तमरे)	....	తమరే
	हम ही	....	(मेमे)	....	మేమే
	तुम ही	....	(नीवे / नुव्वे)	....	నీవే / నువ్వే
	यह ही	....	(इदे / वीडे)	....	ఇదే / వీడే

3. निश्चयवाचक सर्वनाम నిశ్చయవాచక సర్వనామము **(Demonstrative Pronoun) :**

यह व्यक्ति या वस्तु के बारे में निश्चित तौर पर बताती है ।

उदा :	यह	....	इदि / इतडु	....	ఇది / ఇతడు
	वह	....	आदि / अतडु	....	అది / అతడు
	ये	....	इवि / वीरु	....	ఇవి / వీరు
	वे	....	वारु / अवि	....	వారు / అవి

4. अनिश्चय वाचक सर्वनाम అనిశ్చయ వాచక సర్వనామము **(Indefinite Pronoun) :**

यह एक व्यक्ति के बारे में या एक वस्तु के बारे में निश्चित तौर पर नहीं बताती है ।

उदा :	कोई	....	(कोंदरु)	....	కొందరు
	कुछ	....	(कोंता)	....	కొంత
	सब	....	(अंदरु)	....	అందరు

5. सम्बन्ध वाचक सर्वनाम సంబంధ వాచక సర్వనామము **(Relative Pronoun) :**

यह एक शब्द या वाक्य से दूसरे शब्द या वाक्य के परस्पर सम्बन्ध के बारे में बताती है ।

उदा :	जो	....	(एवरु)	ఎవరు
	सो	....	(वारु)	వారు
	जिस	....	(देनि)	దేని
	उस	....	(दानि)	దాని

जो काम करता है वो फल पाता है । (एवरैते पनि चेस्तारो वारु फलितान्नि पोंदुतारु)

ఎవరైతే పని చేస్తారో వారు ఫలితాన్ని పొందుతారు

जो (జో) एक संबंध वाचक सर्वनाम है । इसको हमे समझ आने के लिए उसको हम 'एदैते' (ఏదైతే) अर्थ में लोना पडता है ।

1. हिन्दी में - जो शब्द आया तो (उसी) वाक्य में वह शब्द आता है । वैसा ही तेलुगु में भी 'एदैते' (ఏదైతే) शब्द आया तो उसी वाक्य में अदि (అది), वारु / अवि (వారు / అవి), शब्द आते हैं ।

2. 'जो' (జో) शब्द संज्ञा से सम्बन्ध या सर्वनाम से अधिक संबंध रहती है ।

3. 'जो' (జో) शब्द कभी-कभी वाक्य के पहले और कभी वाक्य के बीच में आता है ।

उदा : जो अच्छा पढ़ता हैं वह पास होता हैं ।

एवडैते मंचिगा चदुवुताडो वाडु / अतडु पास अवुताडु ।

ఎవడైతే మంచిగ చదువుతాడో వాడు/అతడు పాస్ అవుతాడు.

वे महापुरुष होते है जो देश के लिए कष्ट सहन करते है ।

एवरैते महा पुरुषुलवुतारो वारु देशं कोरकु कष्टान्नि ओर्चुकोंटारु ।

(ఎవరైతే మహా పురుషులవుతారో వారు దేశం కొరకు కష్టాన్ని ఓర్చుకుంటారు.

4. विभक्तियाँ - ने 'నే', को 'కో', से 'సే', पर 'పర్' आयेतो 'जो' की रूप बदल जाती है ।

उदा :	**एक वचन** ఏక వచనం	**बहु वचन** బహు వచనం
जो + ने	जिसने జిస్‌నే	जिन्होने జిన్‌హోనే
जो + को	जिसको / जिसे జిస్‌కో / జిసే	जिनको/जिन्हे జిన్‌కో / జిన్‌హే
जो + से	जिससे జిస్‌సే	जिनसे జిన్‌సే
जो + पर	जिस पर జిస్ పర్	जिन पर జిన్ పర్

5. 'जो' 'జో' शब्द विशेषण के जैसा भी उपयोग होता है । संज्ञा के बाद विभक्ति आयी तो एक वचन में है सो जिस अदि అది अतडु అతడు बहुवचन में जिन वारु వారు, अवि అవి जैसा बदल जाता है ।

जिस देश मे गंगा बहती है उस देश में हम रहते हैं ।

ए देशंलो गंगा प्रवहिस्तुंदो आ देशंलो मनं उंटुन्नां ।

ఏ దేశంలో గంగ ప్రవహిస్తుందో ఆ దేశంలో మనం ఉంటున్నాం.

उदा : ए आफीस लो तमरु पनि चेस्तारो आ आफीस एक्कडा उन्नदि ?

जिस दफ्तर में आप काम करते हैं वह कहाँ है ?

- एकवचन

ఏ ఆఫీసులో తమరు పనిచేస్తారో ఆ ఆఫీసు ఎక్కడ ఉన్నది) – ఏకవచనం.

जिन बच्चों को तुम चाहते हो वे यहाँ नहीं है ।

नुव्वु ए पिल्ललनु कोरुतुन्नावो (अडुगुतुन्नावो)

आ पिल्ललु इक्कडा लेरु) - (बहुवचन)

నువ్వు ఏ పిల్లలను కోరుతున్నావో (అడుగుతున్నావో) ఆ పిల్లలు ఇక్కడ లేరు. (బహు వచనం)

6. प्रश्नवाचक सर्वनाम ప్రశ్నవాచక సర్వనామము (Interrogative Pronoun) :

किसी व्यक्ति के बारे में, या किसी चीज के बारे में प्रश्न करनेवाली सर्वनाम है ।

उदा :	क्या	....	(एमिटि)	ఏమిటి ?
	कौन	....	(एवरु)	ఎవరు ?
	किसका	....	(एवनि योक्का)	ఎవని యొక్క

कौनसा एदि ఏది (which)

यह शब्द हिन्दी भाषा जाननेवाले सबको मालूम है । इसको तेलुगु, में एदि (ఏది) बोलते है ।

उदा : .... वह कौन सा नम्बर है ।

अदि ए नंबरु ।

అది ఏ నంబరు.

उदा : .... वह कौन सी गाड़ी हैं ।

अदि ए बंडि ।

అది ఏ బండి.

इन्होंने ईमे / ईयन ఈమె / ఈయన (This Person)

यह (యహ్) / ये (యే) का अर्थ ईमे (ఈమె), इतडु (ఇతడు), ईयन (ఈయన), इदि (ఇది), यह हमको मालूम है । यह सर्वनाम है । वह भी हमको मालूम है । इन शब्दों को रोजाना व्यवहार मे प्रयोग करते हैं ।

उदा :	ये वहाँ नही थे ।	इन्होंने रोटी खायी ।
	ईयना अक्कडा (अप्पुडु) लेरु ।	ईमे रोट्टे तिन्नारु ।
	ఈయన అక్కడ (అప్పుడు) లేరు.	ఈమె రొట్టె తిన్నారు.

वह / उन्होने आयना - आमे ఆయన / ఆమె (That Person)

वह/वे వహ్ / వే का अर्थ आमे (ఆమె), अतडु (అతడు), आयना (ఆయన), अदि (అది), यह हमको मालूम है । यह सर्वनाम है । वह भी हमको मालूम है । इन शब्दों को हम रोजाना व्यवहार में प्रयोग करते है ।

उदा : वह यहाँ आयेंगे ।
आयना इक्कडकु वस्तारु ।
ఆయన ఇక్కడకు వస్తారు.

उन्होने कहा कि कल यहाँ बड़ा उत्सव होगा ।
आयना चेप्पारु रेपु इक्कडा पेद्द उत्सवं जरुगुतादि अनी ।
ఆయన చెప్పారు రేపు ఇక్కడ పెద్ద ఉత్సవం జరుగుతాది అని.

(अ) सर्वनाम का रूपान्तर - सर्वनाममुला रूपांतरमुलु సర్వనామముల రూపాంతరములు

विभक्ति से सर्वनाम के रूप बदलता है । सावधानी पूर्वक अध्ययन करिए ।

1.	कौन + का = किसका	एवनि योक्का	ఎవని యొక్క	**(whose)**
2.	कौन + का = किनका	एवरी योक्का	ఎవరి యొక్క	**(whose)**
3.	कौन + ने = किन्होने	एवरु	ఎవరు	**(who)**
4.	तुम + का = तुम्हारा	नि योक्का	నీ యొక్క	**(your)**
5.	मैं + का = मेरा	ना योक्का	నా యొక్క	**(my)**
6.	आप + का = आपका	तमरी/तमरी योक्का	తమరి/తమరి యొక్క	**(yours)**
7.	कौन + से = किससे	एवडि चेता	ఎవడి చేత	**(by whom)**
8.	कौन + को = किनको	एवरिकी	ఎవరికి	**(to whom)**
9.	मैं + से = मुझसे	ना चेता	నా చేత	**(by me)**
10.	तुम + से = तुमसे	नी चेता	నీచేత	**(by you)**
11.	आप + से = आपसे	तमरी चेता	తమరి చేత	**(by you)**
12.	मैं + ने = मैंने	नेनु	నేను	**(I)**

13.	तुम + ने = तुमने	नीवु	నీవు	(you)
14.	यह + ने = इसने	इदि / वीडु	ఇది/వీడు	(he)
15.	हम + का = हमारा	मा योक्का/मादि	మా యొక్క/మాది	(our/ours)
16.	वह + ने = उसने	अदि / वाडु	అది/వాడు	(that)
17.	यह + का = इसका	दीनि योक्का/वीडि योक्का	దీని యొక్క/వీడి యొక్క	(of this)
18.	वे + का = उनको	वारि योक्का	వారి యొక్క	(of that)
19.	ये + ने = इन्होने	वीरू / इवि	వీరు/ఇవి	(these)
20.	वह + का = उसका	वाडि योक्का	వాడి యొక్క/దాని యొక్క	(of him)
21.	ये + का = इनका	वीरि योक्का	వీరి యొక్క	(of these)
22.	आप + ने = आपने	तमरू	తమరు	(you)
23.	मैं + को = मुझे	नाकु	నాకు	(to me)
24.	तुम + को = तुमको	नीकु	నీకు	(to you)
25.	यह + को = इसको	दीनिकि	దీనికి	(to this)
26.	वह + को = उसको	दानिकि	దానికి	(to that)
27.	वे + से = उनसे	वारिचेता	వారిచేత	(by them)
28.	वह + से = उससे	दानिचेता/वाडि चेता	దానిచేత/వాడిచేత	(by them)
29.	ये + से = इससे	वीरि चेता	వీరిచేత	(by them)
30.	तुम + से = तुमसे	नी चेता	నీచేత	(by you)
31.	हम + से = हमसे	माचेता/मा नुंचि	మాచేత/మా నుంచి	(by us)
32.	आप + को = आपको	तमरिकि	తమరికి	(to you)
33.	यह + से = इससे	दीनिचेता/दीनि नुंचि	దీనిచేత/దీనినుంచి	(by this / From this)

(आ) पुरुष / पुरुषलु / పురుషలు (Persons)

हिन्दी और तेलुगु व्याकरण में तीन पुरुष शब्द है । वे :

1. **उत्तम पुरुष ఉత్తమ పురుష (First Person) :** बात करनेवाला या लिखनेवाला अपने बारे में प्रयोग करे सो सर्वनाम को उत्तम पुरूष कहते है ।

   उदा : मैं – नेनु నేను, हम – मेमु / मनमु మేము / మనము

2. **मध्यम पुरुष మధ్యమ పురుష (Second Person) :** सुननेवाले या सामने से बात करने वाले सर्वनाम को मध्यम पुरुष कहते है ।

   उदा : तू नीवू నీవు, तुम नुव्वु నువ్వు, आप मीरु / तमरु మీరు / తమరు

3. **अन्य पुरुष ప్రథమ పురుష లేదా అన్య పురుష (Third Person) :** जिस के बारे में बता रहें है या लिख रहे है । उसको अन्य पुरूष या प्रथम पुरुष कहते है ।

   उदा : वे वारु వారు, ये इवि / ई ఇవి / ఈ,

   वह अदि / आ అది / ఆ, यह इदि / ई ఇది /ఈ

सूचना : अंग्रेजी की तरह हिन्दी में अन्य पुरुष को तृतीय पुरुष / नहीं कहते है ।

3. विशेषण విశేషణం (Adjective) : संज्ञा का या सर्वनाम का गुण बतानेवाला है ।

उदा :

वीरू अच्छा हैं ।	वीरू मंचिवाडु	వీరూ మంచివాడు.
वह छोटा है ।	अदि चिन्नदि	అది చిన్నది.
यह मीठा हैं ।	इदि तिय्यनिदी	ఇది తియ్యనిది.

विशेषण / विशेषणमुलु / విశేషణములు (Adjectives)

बुरा	चेड्डा	చెడ్డ	...	ताजा	ताजागा उन्ना	తాజాగా ఉన్న
अच्छा	मंचि	మంచి	...	सडा	कुल्लिन	కుళ్ళిన
बड़ा	पेद्दा	పెద్ద	...	पापी	पापात्मुडु	పాపాత్ముడు
छोटा	चिन्ना	చిన్న	...	पवित्र	पवित्रुडु	పవిత్రుడు

गोल	गुन्ड्रनि	గుండ్రని	...	पतला	पल्चनि	సన్నం
लम्बा	पोडवु	పొడవు	...	मोटा	लावु	లావు
नाटा	पोट्टि	పొట్టి	...	सफेद	तेलुपु	తెలుపు
चौड़ा	वेडल्पु	వెడల్పు	...	काला	नलुपु	నలుపు
समतल	समतल	సమతలం	...	भूरा	गोदुमारंगु	గోదుమరంగు
पका	पंडिना	పండిన	...	पीला	पसुपुरंगु	పసుపు రంగు
मीठा	तिय्यनि	తియ్యని	...	लाल	एरुपु	ఎరుపు
साफ	शुभ्रं	శుభ్రం	...	कडुआ	चेदैना	చేదైన
गंदा	मुरिकि	మురికి	...	ऊँचा	एत्तु	ఎత్తు
वीर	वीरुडु	వీరుడు	...	नीचा	किंदा	కింద
भीर	पिरिकिवाडु	పిరికివాడు	...	अकलमंद	तेलिवैना	తెలివైన
सुन्दर	अंदमैना	అందమైన	...	मूर्ख	तेलिविलेनि	తెలివి లేని
भद्दा	विकृतमैना	వికృతమైన	...	ठंडा	चल्लनि	చల్లని
गरम	वेडि	వేడి				

4. క్రియ (Verb) क्रिया : यह काम के बारे में बताती है ।

उदा :	कुत्ता भौंकता है	कुक्का मोरुगुतुंदि	కుక్క మొరుగుతుంది.
	पक्षी उडते हैं	पक्षि एगुरुतुंदि	పక్షి ఎగురుతుంది.
	घोड़ा दौडता है	गुर्रं परुगेडुतुंदि	గుర్రం పరుగెడుతుంది.
	हम देखते हैं	मेमु चूस्तामु	మేము చూస్తాము.

किसी भाषा में बात करने लिखने और उसे समझने के लिए हमें उस भाषा की क्रियाओं की अच्छी तरह जानकारी होनी चाहिये, तभी हम उस भाषा को भली प्रकार सीख सकते हैं । दुसरों से अच्छी तरह बात कर सकते हैं । उस भाषा को समझ सकते हैं ।

काम के बारे में बतानेवाले शब्द को क्रिया कहते है । इण दो भेद है । वे :

1. (सकर्मक क्रिया సకర్మక క్రియ - Transitive Verb)

2. (अकर्मक क्रिया అకర్మక క్రియ - Intransitive verb)

1. **सकर्मक क्रिया :** एक वाक्य में कर्ता, कर्म, क्रिया होते है। कर्म की सहायता से पूरा अर्थ देनेवाली क्रिया को सकर्मक क्रिया कहते है।

उदा : कृष्णा पाठ पढ़ रहा है।
कृष्णा पाठं चदुवु तुन्नाडु।
కృష్ణ పాఠం చదువుతున్నాడు.
कर्ता (कृष्णा) - कर्म (पाठ) - क्रिया (पढ़ रहा है)

2. **अकर्मक क्रिया :** एक वाक्य में कर्म नहीं है तो भी पूरा अर्थ देनेवाले कर्म को अकर्मक क्रिया कहते है।

उदा :	हम बैठे	मेमु कूर्चुन्नामु	మేము కూర్చున్నాము.
	कर्ता - (हम) కర్త - (మేము)	क्रिया - (बैठे)	క్రియ - (కూర్చున్నాము)
	राजू सोया	राजु पडुकुन्नाडु	రాజు పడుకున్నాడు
	कर्ता - (राजू) కర్త - రాజు	क्रिया - (सोया)	క్రియ - పడుకున్నాడు

सूचना : किनको एवरिनि (ఎవరిని), वेटिनि (వేటిని) किसको देनिनि (దేనిని) वगैइरा प्रश्न करने के समय सही समाधान आयो तो वे सकर्मक क्रियायें। वैंसा नही आये तो वे अकर्मक क्रियायें हैं। यहाँ हम कुछ क्रिया के बारे में जानकारी कर लेंगे।

1.	लिखना	रायुटा	రాయుట	29.	सीखना	नेर्चुकोनुटा	నేర్చుకొనుట
2.	खोलना	तेरचुटा	తెరచుట	30.	चढ़ना	एक्कुटा	ఎక్కుట
3.	पढना	चदुवुटा	చదువుట	31.	पीना	तागुटा	తాగుట
4.	खाना	तिनुटा	తినుట	32.	आना	वच्चुटा	వచ్చుట
5.	जाना	वेल्लुटा	వెళ్ళుట	33.	सुनना	विनुटा	వినుట
6.	देखना	चूचुटा	చూచుట	34.	कतरना	कत्तिरिंचुटा	కత్తిరించుట
7.	काटना	कोयुटा	కోయుట	35.	चलना	नडचुटा	నడచుట
8.	डरना	भयपडुटा	భయపడుట	36.	दौड़ना	परुगेत्तुटा	పరుగెత్తుట

9.	करना	चेयुटा	చేయుట	37.	खेलना	आडुटा	ఆడుట
10.	रोना	एडचुटा	ఏడ్చుట	38.	हँसना	नव्वुटा	నవ్వుట
11.	बैठना	कुर्चोनुटा	కూర్చొనుట	39.	उठना	लेचुटा	లేచుట
12.	कूदना	दुमुकुटा	దుముకుట	40.	उछलना	गुंतुलुवेयुटा	గంతులువేయుట
13.	तैरना	ईदुटा	ఈదుట	41.	डूबना	मुनुगुटा	మునుగుట
14.	लेना	तीसुकोनुटा	తీసుకొనుట	42.	चलाना	नडुपुटा	నడుపుట
15.	देना	ईच्चुटा	ఇచ్చుట	43.	बन्द करना	मूयुटा	మూయుట
16.	उड़ना	एगुरुटा	ఎగురుట	44.	घुमाना	त्रिप्पुटा	త్రిప్పుట
17.	डालना	वेयुटा	వేయుట	45.	निकालना	तीयुटा	తీయుట
18.	चिल्लाना	देब्बलाडुटा	దెబ్బలాడుట	46.	जीतना	जयिंचुटा	జయించుట
19.	पहनना	धरिंचुटा	ధరించుట	47.	उतरना	दिगुटा	దిగుట
20.	बहना	प्रवहिंचुटा	ప్రవహించుట	48.	सोना	निद्रिंचुटा	నిద్రించుట
21.	जागना	मेल्कोनुटा	మేల్కొనుట	49.	बोलना	माट्लाडुटा	మాట్లాడుట
22.	मारना	कोट्टुटा	కొట్టుట	50.	झगडना	कोट्लाडुटा	కొట్లాడుట
23.	ओढ़ना	कप्पुकोनुटा	కప్పుకొనుట	51.	मरना	चनीपोवुटा	చనిపోవుట
24.	उगलना	वांतीचेसुकोनुटा	వాంతిచేసుకొనుట	52.	छूना	ताकुटा	తాకుట
25.	रोकना	आपुटा	ఆపుట	53.	पाना	पोंदुट	పొందుట
26.	रचना	रचिंचुटा	రచించుట	54.	फिसलना	जारुट	జారుట
27.	निगलना	म्रिंगुटा	మ్రింగుట	55.	सूंघना	वासन चूचुटा	వాసన చూచుట
28.	चराना	मेपुटा	మేపుట	56.	चरना	मेयुटा	మేయుట

क्रियार्थक संज्ञा - क्रियार्थक नामवाचकमु క్రియార్థక నామవాచకము (Gerund)

क्रिया कुछ संदर्भों में संज्ञा जैसे प्रयोग होते है ? इसे क्रियार्थक संज्ञा कहते है। क्रिया शब्द की अंत में 'ना' (నా) आयी तो वह क्रियार्थक संज्ञा होता है।

उदा : **क्रिया मूला पदं** క్రియ మూల పదం ..... **क्रियार्थक नामावाचकं** క్రియార్థక నామవాచకం

क्रिया	**मूल**	**धातु**	.....	**क्रियार्थक**	**संज्ञा**	
पढ़	चदुवु	చదువు	.....	पढ़ना	चदुवुटा	చదువుట
लिख	व्रायु	వ్రాయు	.....	लिखना	व्रायुटा	వ్రాయుట
सीख	नेर्चु	నేర్చు	.....	सीखना	नेर्चुटा	నేర్చుట
खेल	आडु	ఆట	.....	खेलना	आडुटा	ఆడుట
चढ़	एक्कु	(ఎక్కు)	.....	चढ़ना	एक्कुटा	ఎక్కుట
खा	तिनु	తిను	.....	खाना	तिनुटा	తినుట
पी	त्रागु	త్రాగు	.....	पीना	त्रागुटा	త్రాగుట
आ	वच्चु	వచ్చు	.....	आना	वच्चुटा	వచ్చుట
जा	वेल्लु	వెళ్ళు	.....	जाना	वेल्लुटा	వెళ్ళుట
देख	चूचु	చూచు	.....	देखना	चूचुटा	చూచుట
सुन	विनु	విను	.....	सुनना	विनुटा	వినుట
काट	कोयु	కోయు	.....	काटना	कोय्युटा	కోయుట
कतर	कत्तिरिंचु	కత్తిరించు	.....	कतरना	कत्तिरिंचुटा	కత్తిరించుట
कर	चेयु	చేయు	.....	करना	चेयुटा	చేయుట
हँस	नव्वु	నవ్వు	.....	हँसना	नव्वुटा	నవ్వుట

दौड़	परुगेत्तु	పరుగెత్తు	.....	दौड़ाना	परुगेत्तुटा	పరుగెత్తుట
खेल	आडु	ఆడు	.....	खेलना	आडुटा	ఆడుట
सो	निद्रिंचु	నిద్రించు	.....	सोना	निद्रिंचुटा	నిద్రించుట
डर	भयपडु	భయపడు	.....	डरना	भयपडुटा	భయపడుట
चल	नडचु	నడచు	.....	चलाना	नडचुटा	నడచుట
बैठ	कूर्चोनु	కూర్చొను	.....	बैठना	कुर्चोनुटा	కూర్చొనుట
उठ	लेचु	లేచు	.....	उठना	लेचुटा	లేచుట
कूद	दुमुकु	దుముకు	.....	कूदना	दुमुकुटा	దుముకుట
उछल	गंतुलु वेयु	గంతులు వేయు	.....	उछलना	गंतुलु वेयुटा	గంతులు వేయుట
तैर	ईदु	ఈదు	.....	तैरना	ईदुट	ఈదుట
डूब	मुनुगु	మునుగు	.....	डूबना	मुनुगुटा	మునుగుట
ले	तीसुकोनु	తీసుకొను	.....	लेना	तीसुकोनुटा	తీసుకొనుట
चला	नडुपु	నడుపు	.....	चलना	नडुपुटा	నడుపుట
दे	इच्चु	ఇచ్చు	.....	देना	इच्चुटा	ఇచ్చుట
उड़	एगुरु	ఎగురు	.....	उड़ना	एगुरुटा	ఎగురుట
घूम	तिरुगु	తిరుగు	.....	घूमना	तिरुगुटा	తిరుగుట
घूमा	त्रिप्पु	త్రిప్పు	.....	घूमाना	त्रिप्पुटा	(త్రిప్పుట)
डाल	वेयु	వేయు	.....	डालना	वेयुटा	వేయుట
निकाल	तीयु	తీయు	.....	निकालना	तीयुटा	తీయుట
चिल्ला	केकवेयु	కేకవేయు	.....	चिल्लाना	केकवेयुटा	కేకవేయుట
जी	जयिंचु	జయించు	.....	जीना	जयिंचुटा	జయించుట

पहन	धरिंचु	ధరించు	.....	पहनना	धरिंचुटा	ధరించుట
उतर	दिगु	దిగు	.....	उतरना	दिगुटा	దిగుట
बह	प्रवहिंचु	ప్రవహించు	.....	बहना	प्रवहिंचुटा	ప్రవహించుట
जाग	मेल्कोनु	మేల్కొను	.....	जागना	मेल्कोनुटा	మేల్కొనుట
बोल	माट्लाडु	మాట్లాడు	.....	बोलना	माट्लाडुटा	మాట్లాడుట
मार	कोट्टु	కొట్టు	.....	मारना	कोट्टुटा	కొట్టుట
झगड़ा	कोट्लाडु	కొట్లాడు	.....	झगड़ना	कोट्लाडुटा	కొట్లాడుట
ओढ़	कप्पु	కప్పు	.....	ओढ़ना	कप्पुटा	కప్పుట
मर	चनीपोवु	చనిపోవు	.....	मरना	चनिपोवुटा	చనిపోవుట
उगल	वांती	వాంతి	.....	उगलना	वांती चेसुकोनुटा	వాంతి చేసుకొనుట
छू	तुकु	తాకు	.....	छूना	ताकुटा	తాకుట
रोक	आपु	ఆపు	.....	रोकना	आपुटा	ఆపుట
पा	पोंदु	పొందు	.....	पाना	पोंदुटा	పొందుట
रच	रचिंचु	రచించు	.....	रचना	रचिंचुटा	రచించుట
फिसल	जारू	జారు	.....	फिसलना	जारुटा	జారుట
निगल	म्रिंगु	మ్రింగు	.....	निगलना	म्रिंगुटा	మ్రింగుట
सूँघ	वासना चूचु	వాసన చూచు	.....	सूँघना	वासना चुचूटा	వాసన చుచుట
चरा	मेपु	మేపు	.....	चराना	मेपुटा	మేపుట
चर	मेयु	మేయు	.....	चरना	मेयुटा	మేయుట

(अ). काल विभाजन – కాల విభజన (Tenses)

किसी भाषा को सीखने के लिए या बात करने के लिए हमे दूसरे लोगों की बात जो बोल रहे है वह अच्छी तरह समझना चाहिए या सामनेवाले लोगों को हमे जो कहना है वह सही ढंग से समझाना चाहिए । इसके लिए हमें उस भाषा के व्याकरण की अच्छी जानकारी होना चाहिए ।

काल विभाजन (కాల విభజన) को हमे अच्छी तरह सीख लेना चाहिए जिससे हमें उस भाषा पर अच्छी पकड़ बन जायेगी ।

कार्य होने के बाद वह किस समय पर हुआ, या कार्य होने के समय वे किस समय में होने जा रहें हैं या कार्य हो जाने के समय में वह कब होगा इसकी जानकारी बताने को हम 'काल' (కాలం) कहते है ।

काल का किसी भाषा में तीन तरह विभाजन करते है ।

I.	वर्तमान काल	वर्तमान कालं	వర్తమాన కాలం	**(Present tense).**
II.	भूत काल	भूत कालं	భూత కాలం	**(Past tense).**
III.	भविष्यत काल	भविष्यत कालं	భవిష్యత్ కాలం	**(Future tense).**

I. वर्तमान काल వర్తమాన కాలం : यह कार्य होने के समय के बारे में बताता है ।

उदा : किसान बैलगाड़ी चलाता है । — पिताजी कपड़े सी रहे है ।

रेतु एद्दुला बंडि नडुपुताडु — नान्न गारु बट्टलु कुट्टुतू उन्नारू

రైతు ఎద్దులబండి నడుపుతాడు — నాన్నగారు బట్టలు కుట్టుతూ ఉన్నారు.

वर्तमान काल के तीन भेद है । वे :

1. सामान्य वर्तमान काल సామాన్య వర్తమాన కాలం **(Simple Present Tense)** :
यह साधारणतया आदत के बारे में बताता है ।

उदा : वह अंग्रेजी में बात करता है । — सीता कपड़े धोती है ।

अतडु इंग्लिशलो माट्लाडुताडु । — सीता बट्टलु उतुकुतुंदि ।

అతడు ఇంగ్లీష్‌లో మాట్లాడుతాడు. — సీత బట్టలు ఉతుకుతుంది.

सूरज पूरब में चमकता है । — पक्षी उड़ते है ।

सूर्युडु तूर्पुना प्रकाशिस्ताडु । — पक्षुलु एगुरुतायि ।

సూర్యుడు తూర్పున ప్రకాశిస్తాడు. — పక్షులు ఎగురుతాయి.

2. **तत्कालिक वर्तमान काल** తత్కాలిక వర్తమాన కాలం **(Present Continuous Tense) :**
यह उस क्षण में हो रहे काम के बारे में बताता है

उदा :	घोडे दौड रहे है ।	वह आदमी किताब पढ़ रहा है ।
	गुर्रालु परुगेड्डुतू उन्नायि ।	आ मनिषि पुस्तकं चदुवुतू उन्नाडु ।
	గుర్రాలు పరుగెడుతూఉన్నాయి.	ఆ మనిషి పుస్తకం చదువుతూ ఉన్నాడు.

सूचना : इस में क्रिया के अन्त में रह (రహ్) के रूप आते है । मतलब रहा (రహా), रहे (రహే), रहीं (రహీం).

हुए / जरुगुतू उन्डगाने / జరుగుతూ ఉండగానే (While)

किसी एक विषय के बारे में दूसरा लोगों को बोलने के समय एक संघटन कैसा हुआ, वह होते जब और एक संघटन कैसा हुआ वगैरह बोलते रहते है । वैसा संदर्भ में यह शब्द को प्रयोग करते है ।

उदा : उसने जाते हुए मुझ से बात की ।

अतड्डु वेल्लि पोतूने नातो माट्लाडाडु ।

అతడు వెళ్ళిపోతూనే నాతో మాట్లాడాడు.

बच्चे ने रोते हुए खाना खाया ।

पिल्लवाडु एड्डुस्तूने अन्नं तिन्नाडु / भोजनं चेशाडु ।

పిల్లవాడు ఏడుస్తూనే అన్నం తిన్నాడు / భోజనం చేశాడు.

3. **संदिग्ध वर्तमान काल** సందిగ్ధ వర్తమాన కాలం **(Doubtful Present Tense) :**
यह कार्य के संदेह स्थिति के बारे में बताती है

उदा :	मैं खाता हूँगा ।	तुम पढ़ते होगे ।
	नेनु तिंटू उंडवच्चु ।	नुव्वु चदुवुतू उंडवच्चु ।
	నేను తింటూ ఉండవచ్చు.	నువ్వు చదువుతూ ఉండవచ్చు.

सूचना : इसमे क्रिया के अन्त में होंगा (హెూంగా), होंगी (హెూంగీ), होंगे (హెూంగే), शब्द आते है ।

II. **भूतकाल భూత్‌కాల్ (Past Tense) :** यह बीते समय के बारे में बताती है ।

उदा : मैंने लिखा । नेनु राशानु । నేను రాశాను.

तुमने गाया । नुव्वु पाडावु । నువ్వు పాడావు.

इसमें छः भेद है वे :

1.	सामान्य भूतकाल	సామాన్య భూతకాలము	-	**(Simple Past Tense)**
2.	आसन्न भूतकाल	ఆసన్న భూతకాలము	-	**(Present Perfect Tense)**
3.	पूर्ण भूतकाल	పూర్ణ భూతకాలము	-	**(Past Perfect Tense)**
4.	अपूर्ण भूतकाल	అపూర్ణ భూతకాలము	-	**(Imperfect Past Tense)**
5.	संदिग्ध भूतकाल	సందిగ్ధ భూతకాలము	-	**(Doubtful Past Tense)**
6.	हेतु हेतु मद्‌भूत काल	హేతు హేతు మద్భూత కాలము	-	**(Conditional Past Tense)**

1. **सामान्य भूतकाल సామాన్య భూతకాలము :** यह हो गया काम का सामान्य बोध करनेवाली क्रिया रूप है ।

उदा : माताजी आयी है । वह गया ।

अम्मा गारु वच्चारु । अतडु वेल्लि पोयाडु ।

అమ్మగారు వచ్చారు. అతడు వెళ్ళిపోయాడు.

2. **आसन्न भूत काल** : **ఆసన్న భూతకాలము** यह अभी समाप्त हुए काम का बोध करनेवाली क्रिया रूप है ।

उदा : रामकृष्ण अभी आया है ।

रामक्रिष्ण इप्पुडे वच्चाडु ।

రామకృష్ణ ఇప్పుడే వచ్చాడు.

3. **पूर्ण भूतकाल** : **పూర్ణ భూతకాలము :** यह काम बहुत समय पहले पूरा हो गया है, इसके बारे में बताती है ।

उदा : भगत सिंग ने देश के लिए प्राणार्पण किया । वह जब ही आया ।

भगतसिंग देशं कोरकु प्राणार्पण चेशाडु । अतडु अप्पुडे वच्चेशाडु ।

భగత్‌సింగ్ దేశంకొరకు ప్రాణార్పణ చేశాడు. అతడు అప్పుడే వచ్చేశాడు.

4. **अपूर्ण भूतकाल అపూర్ణ భూతకాలము :** यह भूतकाल मे होने वाले एक काम की अपूर्णता या होने विषय के बारे में बताती है ।

उदा : गौरी रोटी खाती थी ।
गौरी रोट्टे तिंटुंडेनु । (अप्पुडु / एप्पुडो)
గౌరి రొట్టె తింటుండెను. (అప్పుడు / ఎప్పుడో)

श्याम आता था ।
श्यां वस्तुंडेनु (अप्पुडु / एप्पुडो)
శ్యాం వస్తుండెను. (అప్పుడు / ఎప్పుడో)

मैं सड़क पर जा रहा था ।
नेनु रोड्डु मीद नडुस्तू उंटिनि (अप्पुडु / एप्पुडो)
నేను రోడ్డు మీద నడుస్తూ ఉంటిని (అప్పుడు / ఎప్పుడో)

5. **संदिग्ध भूतकाल సందిగ్ధ భూతకాలము :** यह बीते समय में हो गये काम के संदेहात्मक स्थिति के बारे में बतातीवाली है ।

उदा : मणिभूषणराव आया होगा ।
मणिभूषणराव वच्चि उंडवच्चु ।
మణిభూషణ్‌రావ్ వచ్చి ఉండవచ్చు.

शिवा पाठ पढ़ा होगा ।
शिवा पाठं चदिवि उंडवच्चु ।
శివా పాఠం చదివి ఉండవచ్చు).

6. **हेतु हेतु मद्भूत काल హేతు హేతు మద్భూతకాలము :** यह बीते समय में होने वाले एक काम किसी एक कारणवश पूरा नहीं हो गया उसके विषय में बताने वाली क्रिया रूप है ।

उदा : सुरेश खूब पढ़ा होता तो जरूर पास हो गया होता ।
सुरेश बागा चदिवि उन्नट्लयिते तप्पनिसरिगा पास आयि उंडेवाडु ।
సురేష్ బాగా చదివి ఉన్నట్లయితే తప్పనిసరిగా పాస్ అయి ఉండేవాడు.

मणिकण्ठ ने दवा खाया होता तो स्वस्थ हो गया होता ।
मणिकण्ठं मंदु तिनि उन्नट्लयिते आरोग्यं पोंदि उंडेवाडु ।
మణికంఠ మందు తిని ఉన్నట్లయితే ఆరోగ్యం పొంది ఉండేవాడు.

आपको उसी समय पूछना था ।
मीरु अप्पुडे अडिगि उंडवलसिंदि ।
మీరు అప్పుడే అడిగి ఉండవలసింది.

आपको तभी आना था ।
नुव्वु अप्पुडे रावलसिंदि ।
నువ్వు అప్పుడే రావలసింది.

सूचना : यह सर्वसाधारण से हर एक व्यक्ति बात करने का तरीखा है । इसमें क्रिया की बाजू में था (థా) आता है ।

क्रिया + ना/ता + था (पड + ना/ता + था)
క్రియ + నా / తా + థా (పడ్ + నా / తా + థా)

इस तरह बताने को अभ्यास करिए ।
ई विधंगा चेप्पटं अभ्यासं चेय्यंडी ।
ఈ విధంగా చెప్పటం అభ్యాసం చెయ్యండి.

था థా - was

हिन्दी में वर्तमान काल 'है' (उन्नदी), इसका भूतकाल क्रिया शब्द था, थे, थी । ऐसा अंग्रेजी में ईज (**is**) को भूतकाल क्रिया शब्द वाज (**was**). तेलुगु में शब्द है । तेलुगु में वर्तमान काल उन्नदी (ఉన్నది) है । उसको भूतकाल क्रिया शब्द उंडेदि (ఉండేది)

सूचना 1 : कर्ता के अनुसार उंडेदि (ఉండేది), उंडेवाडु (ఉండేవాడు), उंडेवारु (ఉండేవారు) जैसा बदलती है ।

उदा : आप कहाँ थे ?
तमरु एक्कड उन्डेवारु
తమరు ఎక్కడ ఉండేవారు.

लक्ष्मी कर रही थी ।
लक्ष्मी चेस्तू उन्डेदि
లక్ష్మీ చేస్తూ ఉండేది.

सूचना 2 : किसी वाक्य में भी क्रिया शब्द 'ता' (తా) तो वह - एक काम बीते समय में अक्सर या एक आदत का प्रयोग हो - जैसा अर्थ होता है ।

उदा : मैं वैसा करता था ।
नेनु अटला चेस्तुन्डेवाडिनि
నేను అట్లా చేస్తుండేవాడిని.

आप ऐसा देखते थे ।
तमरु (मीरु) इटला चूस्तुन्डेवारु
తమరు (మీరు) ఇట్లా చూస్తుండేవారు.

सूचना 2 : एक वाक्य के बारे में बताने के समय में, उसी समय में यह वैसा नहीं हुआ तो यह ऐसा नहीं होता था । - जैसा बोलने में यह उपयोग होता है ।

उदा : अगर महात्मा गांधी जिन्दा रहते तो ऐसा नहीं होता था ।
महात्मा गान्धी जीविंचि उन्नट्लइते इप्पुडु इट्ला आयि उंन्डेदी कादु ।
మహాత్మా గాంధి జీవించి ఉన్నట్లయితే ఇప్పుడు ఇట్లా అయి ఉండేది కాదు.

सूचना 4 : बीते समय मे या इसके पहले करने वाले कुछ काम, किसी कारण से नहीं किया होगा । उस समय में इस शब्द से भाव प्रकट कर सकते है । उस समय क्रिया शब्द के अन्त में ना (నా) जोड़ना होता है ।

उदा : तुम्हे वहाँ देखना था ।
नीवु अक्कड चूडवलसिंदि ।
నీవు అక్కడ చూడవలసింది.

मुझे यह काम उसी समय करना था ।
नेनु ई पनि अप्पडे आदे समयंलो चेयवलसिंदि ।
నేను ఈ పని అప్పుడే అదే సమయంలో చేయవలసింది.

सूचना 5 : किसी वाक्य के अंत में उंडेदि (ఉండేది), उंडेवाडु (ఉండేవాడు), उंडेवारु (ఉండేవారు) आये तो वह भूतकाल क्रिया है ।

III. भविष्यत काल భవిష్యత్ కాలం (Future Tense) आनेवाले समय में होनेवाले काम के बारे में बताने वाली क्रिया का रूप ही भविष्यत काल है इसके दो भेद हैं ।

1. **सामान्य भविष्यत काल సామాన్య భవిష్యత్‌కాలము : (Simple Future Tense)**
2. **सम्भाव्य भविष्यत काल సంభావ్య భవిష్యత్‌కాలము : (Future Indefinite Tense)**

1. **सामान्य भविष्यत काल సామాన్య భవిష్యత్‌కాలము :** यह आनेवाली समय में होनेवाले काम का सामान्य रूप बताता है ।

श्रीनु किताब लायेगा ।
श्रीनु पुस्तकं तीसुकुवस्ताडु
శ్రీను పుస్తకం తీసుకువస్తాడు.

शरत कल से हिन्दी सीखेगा ।
शरत रेपटि नुंडि हिन्दि नेरचुकुंटाडु
(శరత్ రేపటి నుండి హిందీ నేర్చుకుంటాడు).

2. **सम्भाव्य भविष्य काल** **సంభావ్య భవిష్యత్ కాలము :** यह आने वाले समय में होने वाले काम की संभावना बताती है । जैसे - ऐसा करे तो - वैसा करे तो - वगैरा ।

अगर वह खूब पढ़ेगी तो पास होंगी ।
आमे बागा चदिविते पास अवुतादि ।
ఆమె బాగా చదివితే పాస్ అవుతాది.

अगर कोटेश्वर राव पूजा करे तो अच्छा होगा ।
कोटेश्वर राव पूजा चेस्ते मंची जरुगुतुन्दि ।
కోటేశ్వరరావు పూజ చేస్తే మంచి జరుగుతుంది.

सूचना 1 : मैं कर्ता है जब क्रिया का रुप यहाँ नीचे दिये जैसे बदलते हैं ।

कर కర్	–	नेनु चेस्तानु	मैं करूँगा / करूँगी	నేను చేస్తాను.
जा జా	–	नेनु वेलतानु	मैं जाउँगा / जाउँगी	నేను వెళతాను
ले లే	–	नेनु तीसुकुन्टानु	मैं लूँगा / लूँगी	నేను తీసుకుంటాను.
पी పీ	–	नेनु तागुतानु	मैं पीऊँगा / पीऊँगी	నేను తాగుతాను.
दे దే	–	नेनु इस्तानु	मैं दूँगा / दूँगी	నేను ఇస్తాను.
हो హో	–	नेनु अवुतानु	मै हूँगा / हूँगी (होऊँगा / होऊँगी)	నేను అవుతాను.

2. तुम कर्ता है जब क्रिया का रूप यहाँ नीचे दिये जैसे बदलते हैं ।

पी పీ	तुम पीओगे / पीओगी	नुव्वु तागुतावु	నువ్వు తాగుతావు.
पढ పఢ్	तुम पढोगे / पढोगी ।	नुव्वु चदुवुतावु	నువ్వు చదువుతావు.
ले లే	तुम लोगे / लोगी	नुव्वु तीसुकुन्टावु	నువ్వు తీసుకుంటావు.

3. अकारांत और आकारांत धातू के अंत में एगा (ఏగా) जमा हुए तो भविष्यत काल क्रिया बनती है ।
गा గా – राजा गायेगा / रानी गायेगी / राजा पाडताडु / रानी पाडुतादि రాజా పాడతాడు / రాణి పాడతాది.
ला లా – वह लायेगा / लायेगी अतडु तीसुकु वस्ताडु / आमे तिसुकुवस्तुंदि అతడు తీసుకువస్తాడు / ఆమె తీసుకువస్తుంది.
चल చల్ – यह चलेगा / चलेगी । इतडु नडुस्ताडु / ईमे नडुस्तादि ఇతడు నడుస్తాడు / ఈమె నడుస్తాది.

4. नै / नहीं (वद्दु / कादु / लेदु / वगैरा भाव प्रकट को क्रिया के पहले नहीं / नै / न जमा हो जायेगी ।

उदा : मैं नही लिखूँगा / लिखूँगी	नेनु रायनु	నేను రాయను.
तुम न करे ।	नुव्वु रायवु	నువ్వు రాయవు.

गा గా (will)

अंग्रेजी में सहायक क्रिया विल (**will** – 'విల్') भविष्यत सूचना करती है । यह हम सबको मालूम है । हिन्दी में कर्ता के आधार पर गा (గా), गी (గీ), गे (గే) आते हैं । वैसा तेलुगु में भी है । उसमें स्तानु (స్తాను), स्तुंदि (స్తుంది), स्ताडु (స్తాడు) - जैसे शब्द भविष्यत काल बताते है ।

उदा : मैं कल आऊँगा ।

नेनु रेपु वस्तानु ।

నేను రేపు వస్తాను.

सूचना 1 : आने वाले समय के सूचने वाले वाक्य में गा (గా) आये जब क्रिया शब्द ऊ (ఊ) था ए (ఎ) कार पाता है ।

उदा : .... मैं करूँगा ।

नेनु चेस्तानु ।

నేను చేస్తాను.

हम देंगे ।

मेमु इस्तामु ।

మేము ఇస్తాము

सूचना 2 : वाक्य में क्रिया शब्द के बाद में गा (గా) आये तो उसे भविष्यत काल समझ लीजिए ।

सूचना 3 : वाक्य में कर्ता स्त्रीलिंग है तो क्रिया शब्द के अन्त में गी (గీ) आती है ।

उदा : .... लता करेगी ।

लता चेस्तुंदि ।

లత చేస్తుంది.

(आ) कृदन्तं కృదంతములు (Participles)

कृदतं को तीन भेद है वे : **1.** वर्तमान कालिक कृदंत, **2.** भूतकालिक कृदंत, **3.** पूर्व कालिक कृदंत.

क्रिया कौन सा काल है जानकारी बताने के लिए क्रिया शब्द की अंत में आनेवाली शब्द को कृदतं कहते है । जैसा अंग्रेजी में इंग (**ing**), एन (**en**), एड (**ed**) है । वैसा हिन्दी और तेलुगु में भी है ।

1. वर्तमान कालिक कृदन्त వర్తమానకాలిక కృదంతము - Present Participle)

एक काम करते हुए साथ में दूसरा काम करे तो, पहले वाली क्रिया को, वर्तमान कालिक कृदंत कहतै है। क्रिया शब्द 'ता' (తా) अथवा ता हुआँ (తా హువా) जोड़ता है। लेकिन यह कर्ता के लिंग और वचन के अनुसार बदलते हैं।

उदा : हँसते लड़के	नव्वे बालुरु	నవ్వే బాలురు
दौड़ते घोड़े	परुगेट्टे गुर्रालु	పరుగెట్టే గుఱ్ఱాలు.

कभी-कभी इसका विशेषण **(Adjective)** की तरह उपयोग होता है।

उदा : उडती हुयी चिड़िया।	एगुरुतुन्न पक्षी	ఎగురుతున్న పక్షి.
हँसते (हुए) लड़के	नव्वुतुन्न बालुरु	నవ్వుతున్న బాలురు.

सूचना : वर्तमान कालिक कृदतं के बाद समय आये तो संदर्भानुसार कृदंत की अंत में ता (తా), ती (తీ), ते (తే), आते हैं।

उदा : स्कूल जाते (हुये) समय।

स्कूलकि वेल्लेटप्पुडु।

స్కూలుకి వెళ్ళేటప్పుడు

शहर से लौटते (हुये) समय।

पट्टणं नुंचि तिरिगि वच्चेटप्पुडु।

పట్టణం నుంచి తిరిగి వచ్చేటప్పుడు ...

पढ़ते (हुये) समय नहीं बोलना चाहिए।

चदिवेटप्पुडु माटलाडकूडदु।

చదివేటప్పుడు (చదివే సమయంలో) మాట్లాడకూడదు.

2. भूतकालिक कृदन्त భూతకాలిక కృదంతము (Past participle)

सामान्य भूतकालिक क्रिया को हुआ (హువాc), हुए (హుయె), हुई (హుయీ) जोडने से भूतकालिक कृदतं बनता है।

उदा :	मरा मोर	चनिपोयीन नेमलि	చనిపోయిన నెమలి.
	सोयी गाय	निद्रपोयीन आवु	నిద్ర పోయిన ఆవు.

यह कभी-कभी विशेषण की तरह उपयोग होता है ।

पढ़ी लिखी हुई औरत	चदुवुकुन्न स्त्री	చదువుకొన్న స్త్రీ.
लेटा हुआ शेर	ओरिगि उन्ना पुली	ఒరిగి ఉన్న పులి.

3. पूर्वकालिक कृदन्त పూర్వకాలిక కృదంతం (Perfect participle)

क्रिया शब्द कर (కర్) जोडने से पूर्वकालिक कृदतं बनती है । एक ही कर्ता की दो क्रियायें होने पर उनमें पहली क्रिया पूर्वकालिक कृदंत बनती है ।

उदा : सोमनाथ रोटी खा कर स्कूल गया ।
सोमनाथ रोट्टे तिनि स्कूलुकु वेल्लाडु ।
సోమ్‌నాథ్ రొట్టె తిని స్కూలుకు వెళ్ళాడు.

वीरेन्द्रनाथ दूध पीकर ऑफिस गया ।
वीरेन्द्रनाथ पालु तागि आफिसुकु वेल्लाडु ।
వీరేంద్రనాథ్ పాలు తాగి ఆఫీసుకు వెళ్ళాడు.

के / कर चेसी चेसाका (చేసి / చేశాక)

हिन्दी भाषा में अक्सर आने वाली बहुत छोटे शब्द के (కే), कर (కర్) । यह देखने में बहुत छोटा है । लेकिन यह पंखी छोटा है । इसे अच्छी तरह समझ लें ।

1. इसे प्रधान क्रिया के साथ जोड़ दें तो यह काम के हो जाने की सूचना देती है । उसको व्याकरण परिभाषा में पुर्वकालिक कृदंत **(Perfect Participle)** कहते है ।

उदा : हम खाकर सिनेमा गये ।
में भोजनं चेशाक / चेसि सिनेमा कु वेल्लां ।
(మేం భోజనం చేశాక / చేసి సినిమాకు వెళ్ళాం).
मैं टीवी देखकर सो गया ।
नेनु टिवि चूसि / चूशाक पडुकुन्नानु ।
(నేను టివి చూసి / చూశాక పడుకున్నాను).

कर - करना चेयुटा (చేయుట) क्रिया शब्द के बाद कर (కర) आये तो वह के (కే) होता है ।

उदा : मेरे पिताजी स्नान करके पूजा करते है ।

ना तंड्रि गारु / मा नान्नगारु स्नानं चेशाक / चेसि पूजा चेसुकुन्टारु

నా తండ్రి గారు / మా నాన్నగారు స్నానం చేశాక / చేసి పూజ చేసుకుంటారు).

सूचना 1 : कर (కర) धातु के बाद फिर कर (కర) आये तो दूसरा कर के (కే) जैसा बदलता है ।

उदा : लक्ष्मी पाठ पढ़कर सो गयी ।

लक्ष्मी पाठं चदिवि निद्र पोइनदि ।

లక్ష్మీ పాఠం చదివి నిద్ర పోయినది.

सुब्रह्मण्यम जी काम कर के चले गये ।

सुब्रह्मण्यमगारु पनि चेसि वेल्लिपोयारु ।

సుబ్రహ్మణ్యంగారు పని చేసి వెళ్ళిపోయారు.

सूचना 2 : सकर्मक क्रियाओं के पूर्वकालिक कृदंत के बाद आना (ఆనా), जाना (జానా) जैसी क्रियायें आये तो अक्सर कर (కర) लोप होता है ।

उदा : देख जाता है । कनिपिस्तुंदि / चूडबडुतुंदि ...... विनिपिस्तुन्दि / सुनायी देता है ।

కనిపిస్తుంది / చూడబడుతుంది. వినిపిస్తుంది.

ले जाओ / तिसुकुनि पो ...... चेयबडिनदि / किया हुआ ।

తీసుకుని పో. చేయబడినది.

पी जाओ / तागेसेय ......

తాగేసెయ్

सूचना 3 : एक काम क्रम से या एक अभ्यास जैसा करने के संदर्भ में भी कर (కర) उपयोग किया जाता है । इसको नित्यत्व बोधक क्रिया (నిత్యత్వ బోధక క్రియ **Indefinite Present Tense**) कहते है । इस वाक्य में क्रिया भूतकाल में रहती है ।

उदा : रात दस बजे तक पढ़ा कर ।

रात्री पदी गंटल वरकु चदुवुतू उन्डु ।

రాత్రి పది గంటల వరకు చదువుతూ ఉండు.

माता और पिता पर प्रेम दिखाया कर ।

तल्लि तंड्रूल मीद प्रेम चूपुतू उन्डु ।

తల్లి దండ్రుల మీద ప్రేమ చూపుతూ ఉండు.

रोज सबेरे योगा किया कर ।

रोजू उदयं योगा चेस्तू उन्डु ।

రోజూ ఉదయం యోగా చేస్తూ ఉండు.

(इ) सहायक क्रियायें - सहायक क्रियलु - సహాయక క్రియలు (Auxiliary Verbs)

किसी भाषा में भी सहायक क्रियाओं के उपयोग बहुत ज्यादा रहता है । ये प्रधान क्रिया का रीति और विशेषता प्रकट करते है । इनके कारण से वाक्य में है सो लिंग, वचन, काल में बदले आते है । लेकिन प्रधान क्रिया मूल धातु स्थिर रहता है । इसलिए उसमें बदलाव नहीं होता है । इनके बारे में नीचे और जानकारी कर लेंगे ।

होना - कावालि కావాలి (Want)

यह सहायक क्रिया है । व्यक्ति कुछ चाहने के संदर्भ में होना (कावालि కావాలి) आता है ।

उदा : मुझे चाय चाहिए

नाकु टी कावालि

(నాకు టీ కావాలి)

लगा లగ్ आरंभ बोधक (ఆరంభ బోధకం) (To start)

यह एक काम आरंभ हुआ विषय की जानकारी बताता है । कभी-कभी जारी रहे काम के बारे में भी बताता है ।

उदा : भास्करजी दो बजे से पढ़ने लगा ।

भास्कर रेन्डु गंटला नुन्चि चदुवुतुन्नाडु

భాస్కర్ రెండు గంటల నుంచి చదువుతున్నాడు.

कर्ता का लिंग और वचन के अनुसार सिर्फ लगा (లగ్) का रूप बदल जाता है । क्रिया शब्द के अंत में है तो ना (నా) ने (నే) जैसा बदलता है ।

उदा : सोमेश्वरी पढने लगी

सोमेश्वरी चदवटं प्रारंभिंचिंदि

(సోమేశ్వరి చదవటం ప్రారంభించింది).

चुक - समाप्ति बोधक (సమాప్తి బోధకం) (To end)

यह सहायक क्रिया काम की समाप्ति बताती है । वाक्य में चुक आये जब क्रिया शब्द का सिर्फ धातु रूप (**Base form**) ही उपयोग किया जाता है । कर्ता का लिंग, वचन, विभक्ति के अनुसार चुक (చుక్) का रूप बदलता रहता है ।

तुम खा चुके हो नुव्वु तिनेशावु (నువ్వు తినేశావు)

मै आ चुका हूँ नेनु वच्चेशानु (నేను వచ్చేశాను)

सक - शक्ति बोधक (శక్తి బోధకం) (Can)

यह एक काम करने की शक्ति प्रकट करने के लिए प्रयोग होता है । अनुमति माँगते समय, देने के समय और आसक्ति प्रकट करने के लिए भी यह आता है ।

उदा : तुम यह काम कर सकते हो ।

नुव्वु ई पनि चेयगलवु ।

(నువ్వు ఈ పని చేయగలవు)

सक (సక్) आये जब सिर्फ क्रिया का धातु रूप **(Base Form)** ही आता है ।

उदा : पढ़ सकता हूँ, चदवगलनु (చదవగలను)

लिख सकता हूँ व्रायगलनु (వ్రాయగలను)

कर्ता का लिंग वचन के अनुसार सक (సక్) का रूप बदलता रहता है ।

उदा : औरतें जा सकती है । स्त्रीलु वेल्ल गलुगुतारु స్త్రీలు వెళ్ళ గలుగుతారు.

लड़के खेल सकते है । बालुरु आड गलुगुतारु బాలురు ఆడ గలుగుతారు.

पा/पाना अवकाश बोधक (అవకాశ బోధకం) (Can)

यह सहायक क्रिया स्वतंत्र रूप में या क्रियार्थक संज्ञा के साथ आता है । यह भी थोड़ा - बहुत 'सक' जैसा ही उपयोग मे आता है । लेकिन 'सक' खुद की समर्थता सूचित करता है । 'पाना' दूसरों की अनुमति नहीं मिलने के कारण विवशता प्रकट करता है । कर्ता का लिंग, वचन, काल, पुरुष के अनुसार होनेवाले बदल सिर्फ इसको ही होते है ।

उदा : कर्फ्यू की वजह से आ न पाया । कर्फ्यू वल्ला रालेकपोयानु । (కర్ఫ్యూవల్ల రాలేకపోయాను)

चाह చాహ్ इच्छा बोधक (ఇచ్ఛా బోధకం) (Want to)

यह सहायक क्रिया किसी वस्तु को या काम को पाने की या करने की इच्छा प्रकट करते समय प्रयोग होता है। यह होना (హోనా) अर्थ में उपयोग होता है। लिंग, वचन, काल से होने वाले बदले सिर्फ इसको ही होते है। क्रिया का धातु रूप **(Base form)** नहीं बदलता है।

उदा : .... वह किताब चाहता है।
अतडु पुस्तकं कोरुतुन्नाडु।
(అతడు పుస్తకం కోరుతున్నాడు).

उदा : .... तुम क्या पढ़ना चाहते हो ?
नुव्वु एमी चदवालनि कोरुकुन्टुन्नावु ?
(నువ్వు ఏమి చదవాలని కోరుకుంటున్నావు.

(ई) संयुक्त क्रियाए / संयुक्त क्रियलु / సంయుక్త క్రియలు (Compound Verbs)

अब हम हिन्दी भाषा को और अच्छी तरह समझ लेने के लिए उस भाषा में संयुक्त क्रियायें और उनके प्रयोग के तरीके जानकारी कर लेंगे। यह संयुक्त क्रियाओं से क्रिया की विशेषता और तीव्रता प्रकट करता है। एक संदर्भ में सहायक क्रियायें **(Auxiliary)** अपना मूल अर्थ खो जाता है। और प्रधान मूल क्रिया में विलीन हो जाता है।

ఉదా : पड़ना పడ్‌నా, डालना డాల్‌నా, जाना జానా, देना దేనా, बैठना బైఠ్‌నా, उठना ఉఠ్‌నా , रखना రఖ్‌నా, छोडना ఛోడ్‌నా :

पड़ना-वलेनु (వలెను) : यह सहायक क्रिया शरीर के (अंग के) कार्य सूचित करती है। सुनना, देखना वगैरह क्रियायें जैसे इन्द्रिय विषय सूचित करती है।

उदा :	जाना पड़ता	वेल्लावलेनु	(వెళ్ళవలెను),
	देखना पड़ता	चूडवलेनु	చూడవలెను.

लेना / कोनु (కొను) : यह सहायक क्रिया अत्मार्थ में प्रयोग किया जाता है। यह तेलुगु में कोनु (కొను) अर्थ में आती है। ये सब सहायक क्रियायें प्रधान क्रियाओं के बाद आती है दो क्रियायें मिल कर के एक संयुक्त क्रिया बनती है। एक प्रधान क्रिया और सहायक क्रिया मिल कर क्रियायें यह समझ लेना है।

उदा :	देख लेना	चूसुकोवाली	(చూసుకోవాలి)
	तुम यह देख लेना	नुव्वु इदि चूसुकोवाली	(నువ్వు ఇది చూసుకోవాలి).

बैठना **బైఠ్నా** : यह सहायक क्रिया आकस्मिक हुआ या होनेवाली इसके बारे में बताती है ।

उदा : बोल बैठना अनेय्यालि वेंटने (అనెయ్యాలి వెంటనే)

तुम उस समय बोल बैठना

नुव्व आ समयंलो अनेय्यालि वेंटने

(నువ్వు ఆ సమయంలో అనెయ్యాలి వెంటనే)

उठना **ఉఠ్నా** : यह सहायक क्रिया भी आकस्मिक हुआ या होनेवाली क्रिया के बारे में बताती है ।

उदा : देख उठना चूसेय्यालि वेंटने (చూసెయ్యాలి వెంటనే).

आप उस समय देख उठना

तमरु आ समयंलो चूसेय्याली वेंटने

(తమరు ఆ సమయంలో చూసెయ్యాలి వెంటనే).

देना : यह सहायक क्रिया दूसरों को कुछ देने के समय में प्रयोग होता है ।

उदा : जाने देना पोनिव्वाली (పోనివ్వాలి).

आप उनको जाने देना

तमरु आयननु पोनिव्वाली

తమరు ఆయనను పోనివ్వాలి.

लेना - अत्मार्थ क्रिया (कोनु) ఆత్మార్థ క్రియ (కొను) (Self)

यह सहायक क्रिया आत्मार्थ में प्रयोग किया जाता है । तेलुगु में बोले तो 'कोनु' शब्द आती है । चेसुकोंटानु । चूसुकोंटानु जैसा प्रयोग किया जाता है ।

उदा : मै यह काम कर लेता हूँ । नेनु ई पनि चेसुकुन्टानु నేను ఈ పని చేసుకుంటాను.

तुम वह काम कर लो । नुव्वु आ पनि चेसुको । నువ్వు ఆ పని చేసుకో.

दे - अनुमति बोधक (అనుమతి బోధకం) (Let)

यह सहायक क्रिया अनुमति चाहना और अनुमति देना । संदर्भ में क्रियार्थक संज्ञा के बाद आती है ।

उदा : मुझे अनुमति दे । नाकु अनुमतिनिव्वु (నాకు అనుమతినివ్వు)

मुझे जाने दो । नन्नु वेल्लनिव्वु (నన్ను వెళ్ళనివ్వు)

सूचना : वाक्य में लिंग, वचन, पुरुष, काल कारण से आनेवाले बदले सब 'दे' (దే) सहायक क्रिया से होते है । क्रियार्थक संज्ञा की अंत में है सो ना (నా) ने (నే) जैसा बदलती है ।

उदा : उनको सीखने दो

अतडिनि / आयननु नेर्चुकोनिव्वु

(అతడిని / ఆయనను నేర్చుకోనివ్వు)

जाना - विधि बोधकं / విధి బోధకం (Ought to)

यह सहायक क्रिया विधि बोधक है । यह समाप्त हो गया काम के बारे में, हो रहे काम अथवा करना पड़ेगा काम के बारे में जानकारी देता है ।

उदा :	तुम यहाँ आ जाना	नुव्वु इक्कडिकि वच्चेय्याली	నువ్వు ఇక్కడికి వచ్చేయాలి.
	मुझे वह लेके जाना है	नेनु अदि तीसुकोनिपोवाली	నేను అది తీసుకొనిపోవాలి.

सूचना : यह सहायक क्रिया भूतकाल में करता का लिंग, वचन के अनुसार गया (గయా), गयी (గయీ), गये (గయె), जैसे बदल जाती है ।

उदा :	मै लेके गया	नेनु तीसुकुनि पोयानु	నేను తీసుకుని పోయాను

पड़ना - वलसि वच्चुटा (వలసి వచ్చుట) (Have to)

यह सहायक क्रिया शरीर के अंग के (अंग के) कार्य सूचित करती है । एक काम किया में या करना में आवश्यकता प्रकट करती है ।

उदा :

1. मुझे वह काम करना पड़ा
   नेनु आ पनि चेयवलसिवच्चिंदि
   (నేను ఆ పని చేయవలసివచ్చింది).
2. यह मानना पड़ा
   इदि अंगीकरिन्चवलसिवच्चिंदि
   ఇది అంగీకరించవలసివచ్చింది.

डालना - निश्चय बोधकं (నిశ్చయ బోధకం) (Away)

यह सहायक क्रिया निश्चय बोधक है । इससे किसी कार्य का निश्चय प्रकट होती है । क्रिया के बाद 'वेयालि' (వేయాలి) अर्थ में आती हैं ।

उदा :

1. तोड डालना — वदलि वेयाली — (వదలివేయాలి).
2. काट डालना — तेम्पि वेयालि — (తెంపి వేయాలి).
3. मै उसको काट डालता हूँ
   नेनु दान्नि तेम्पि वेस्तानु
   నేను దాన్ని తెంపి వేస్తాను.

उठना - आकस्मिका बोधकं (ఆకస్మిక బోధకం)

यह सहायक क्रिया एक काम की आकस्मिकता प्रकट करती है ।

उदा :			
	1. बोल उठना	चेप्पेयटं	చెప్పేయటం
	2. जाग उठना	मेलकोनेयटं	మేల్కొనేయడం (అకస్మాత్తుగా)
	3. मै जाग (उठाया) गया	नेनु निद्र लेचिपोया	నేను నిద్ర లేచిపోయా.

रखना - उंचुटा - ఉంచుట (Keep)

यह सहायक क्रिया छिपाने या संरक्षण करने के अर्थ में प्रयोग होता है ।

उदा : व्यापारी ने करोड़ रूपये कमा लिये ।
व्यापारी कोटि रूपायलु संपादिंचि पेट्टाडु ।
వ్యాపారి కోటి రూపాయలు సంపాదించిపెట్టాడు.

(ई) प्रेरणार्थक क्रिया ప్రేరణార్థక క్రియ (Causal Verb)

कर्ता कार्य को खुद न करके किसी दूसरे को करने की प्रेरणा देता है । इसको तेलुगु में 'पुरमयिंपु' (పురమాయింపు **- Arrangement)** कहलाता है । उस क्रियाओं को प्रेरणार्थक क्रियायें **(Causal Verbs)** कहते हैं ।

नियम 1 : एक काम हम सीधा कर रहे हो तब क्रिया का मूल शब्द नहीं बदलता है ।

उदा : करना ...... चेयुटा ...... చేయుట.

उदा : मुझे आज यह काम करना है ।
नेनु ई रोजु ई पनि चेय्यालि
నేను ఈ రోజు ఈ పని చేయాలి.

नियम 2 : एक काम हम खुद न करके दूसरे से उसको करने की प्रेरणा करे जब क्रिया का मूल शब्द (**Baseform**) में दूसरा अक्षर दीर्घ होता है ।

उदा : करना शब्द में दूसरा अक्षर रा 'రా' दीर्घ होता है । मतलब करना (కర్నా) - कराना (కరానా) हो जायेगा ।

उदा : मुझे आज यह काम इससे कराना है ।
नेनु ई रोजु ई पनि इतनितो चेयिंचालि ।
నేను ఈ రోజు ఈ పని ఇతనితో చేయించాలి.

नियम 3 : एक काम हम सीधा खुद न करके दूसरों से करवाते है तब क्रिया का मूल शब्द (**Baseform**) 'ना' के पहले और दूसरे अक्षर के बाद 'वा' अक्षर आता है । तेलुगु में चेयालि చేయాలి, चेयिंचालि होता है ।

उदा : करना शब्द में कर के बाद 'वा' आता है । मतलब करना करवाना हो जायेगा ।

उदा : मैं आज यह काम उसको बोल के इससे करवाना है ।
नेनु ई रोजु ई पनि अतनिकि चेप्पि इतनितो चेयिंचालि ।
నేను ఈరోజు ఈ పని అతనికి చెప్పి ఇతనితో చేయించాలి.

व्याकरण भाषा में है तो इसको, नियम १ में, कर्ता **(subject)** सीधा करना कहते है। नियम २ में कर्म **(object)** करना कहते है। नियम ३ में उपकर्ता **(somebody else)** करना कहते है।

सूचना : एक वाक्य में, कर्त्ता, कर्म, क्रिया रहते हैं। यह आप इसके पहले ही जान गये हैं।

कर्ता **(subject)** मतलब काम करनेवाला है।

कर्मा **(object)** मतलब काम का फल पानेवाला है।

क्रिया **(verb)** मतलब काम।

लेकिन यह प्रेरणार्थक क्रिया में कर्ता + उपकर्ता + कर्म + क्रिया रहते है।

नेनु ना बट्टलु कुट्टुकुन्नानु.
నేను నా బట్టలు **కుట్టుకున్నాను.** सीया (సీయా)
नेनु ना बट्टलु टैलर चेत कुट्टिंचानु.

నేను నా బట్టలు టైలర్ చేత **కుట్టించాను.** सिलाया (సిలాయా)
नेनु ना फ्रेंडकि चेप्पि टैलर ना बट्टलु कुट्टेटट्टु चेशानु.
నేను నా ఫ్రెండ్‌కి చెప్పి టైలర్ నా బట్టలు కుట్టేటట్టు చేశాను. सिलवाया (సిల్‌వాయా)

5. क्रिया विशेषण క్రియా విశేషణం (Adverb) : काम की विशेषता जानकारी बताती है।

उदा : जोर वेगं వేగం, धीरे मेल्लगा మెల్లగా, जोष उत्साहं ఉత్సాహం, कब एप्पुडु ఎప్పుడు, क्यों एंदुकु ఎందుకు, कहाँ एक्कडा ఎక్కడ.

उदा :	मैं कभी-कभी चावल खाता हूँ।	....	तुम जल्दी लिखते हो।
	नेनु अप्पुडप्पुडु अन्नं तिंटानु		नीवु वेगंगा रास्तावु
	నేను అప్పుడప్పుడు అన్నం తింటాను.		నీవు వేగంగా రాస్తావు.

क्रिया विशेषण क्रिया विशेषणमुलु క్రియా విశేషణములు (Adverbs)

रोज	रोजु (24 गंटलु)	రోజు (24 గంటలు)	कल	रेपु, निन्ना	రేపు, నిన్న
दिन	रोजु (पगटि समयं)	రోజు (పగటి సమయం)	कब	एप्पुडु	ఎప్పుడు
हमेशा	एल्लप्पुडु	ఎల్లప్పుడు	अब	इप्पुडु	ఇప్పుడు
धीरे धीरे	नेम्मदी नेम्मदीगा	నెమ్మది నెమ్మదిగా	जल्दी	त्वरगा	త్వరగా
अक्सर	तरचुगा	తరచుగా	तेज	वेगंगा/जोरुगा	వేగంగా/జోరుగా
कभी कभी	अप्पुडप्पुडु	అప్పుడప్పుడు	परसों	मोन्ना/एल्लुंडी	మొన్న/ఎల్లుండి
जोर से	वेगंगा	వేగంగా	बिलकुल	बोत्तिगा	బొత్తిగా
तुरंत	वेंटने	వెంటనే	ज्यादा	एक्कुवा	ఎక్కువ

आजकल	प्रस्तुतं	ప్రస్తుతం	कम	तक्कुवा	తక్కువ
जरा	कोंचें	కొంచెం	अंदर	लोपला	లోపల
खूब	बागुगा	బాగుగా	बाहर	बयटा	బయట
देर	आलस्यं	ఆలస్యం	ऊपर	पैना	పైన
नीचे	क्रिंदा	క్రింద			

अब हिन्दी भाषा में अति मुख्य और अक्सर आने वाले शब्द सीख लेंगे ।

जब **జబ్** एप्पुडैते (ఎప్పుడైతే) **जहाँ** एक्कडैते (ఎక్కడైతే)

जैसा **జైసా** एट्ला अंटे (ఎట్లా అంటే) **जितना** एंता अंटे (ఎంత అంటే)

– शब्द में प्रयोग ।

इन चार शब्दों को क्रिया विशेषण (క్రియా విశేషణములు **Adverbs)** कहते है । जब 'एप्पुडैते' समय को, जहाँ 'एक्कडैते' स्थान को, जैसा 'एटला अंटे' भाव को, जितना 'एंता अंटे' परिमाण को जानकारी बताते हैं ।

जब - तब, एप्पुडैते अप्पुडु (ఎప్పుడైతే అప్పుడు), जहाँ - वहाँ एक्कडैते आक्कड (ఎక్కడైతే అక్కడ)
जैसा-वैसा एटला अन्टें अटला (ఎట్లా అంటే అట్లా) जितना - उतना एंत अंटे अन्त (ఎంత అంటే అంత)

सूचना : ऊपर लिखे इन चार क्रिया विशेषणों का अकेले उपयोग नहीं होता है । इनको उपयोग करते जब यहाँ नीचे के शब्द जैसे एक से एक, साथ साथ जरूर आते है ।

उदा : जहाँ सूरज रहता वहाँ अंधेरा नहीं रहता है ।
एक्कडैते सूर्युडु उन्टाडो अक्कड चीकटि उंडदु ।
(ఎక్కడైతే సూర్యుడు ఉంటాడో అక్కడ చీకటి ఉండదు).

जब मैं कोलकत्ता गया तब वहाँ एक सिनेमा शूटिंग चल रही थी ।
नेनु एप्पुडु कलकत्ता वेल्लानो अप्पुडु अक्कड ओक सिनेमा शूटिंग जरिगिंदि ।
(నేను ఎప్పుడు కలకత్తా వెళ్ళానో అప్పుడు అక్కడ ఒక సినిమా షూటింగ్ జరిగింది).

जितने रुपयों में वह मेज मिली उतने रूपयों में कुरसी नहीं मिलती ।
एन्नि रुपयलकि आ टेबुल वच्चिंदो अन्नि रूपायलकि कुर्ची लभिंचदु ।
(ఎన్ని రూపాయలకి ఆ టేబుల్ వచ్చిందో అన్ని రూపాయిలకి కుర్చీ లభించదు).

जैसे राधा गाती है वैसे रोजा भी गाती है ।

राधा एटला पाडुतुन्दो अटलागे रोजा कूडा पाडुतुन्दि ।

(రాధ ఎట్లా పాడుతుందో అట్లాగే రోజా కూడా పాడుతుంది).

सिर्फ ये ही नहीं बल्कि और कुछ मुख्य शब्द के बारे में और उनके उपयोग करने के विधान के बारे में भी जानकारी कर लेंगे ।

कितना - कि एंतगा अंटे ఎంతగా అంటే (so that)

एक विषय की विशेषता को बताने के लिए इस क्रिया विशेषण प्रयोग करते हैं ।

उदा : मै इतना कमजोर था कि कुरसी से भी नहीं उठ सका ।

नेनु एन्त बलहीनंगा उन्नानंटे कुर्चि नुन्चि कूडा लेवलेकपोयानु ।

(నేను ఎంత బలహీనంగా ఉన్నానంటే కుర్చీ నుంచి కూడా లేవలేకపోయాను).

यदि - तो उन्नट्लयिते ఉన్నట్లయితే (if - were)

उदा : यदि पिताजी के पास धन होता तो वे मोटर साईकिल खरीदते ।

नान्नगारि वद्दा डब्बु उन्नटलैते आयन मोटार सैकिल कोंटारु ।

(నాన్నగారి వద్ద డబ్బు ఉన్నట్లయితే ఆయన మోటార్ సైకిల్ కొంటారు).

जिस - उस ए / एदि आ / अदि (ఏ/ఏది – ఆ/అది) (which - that)

उदा : जिस तरह रामबाबू कर रहा है उस तरह तुम भी करो ।

रामबाबु एविदंगा चेस्तुन्नाडो, आ विधंगा नुव्वु कूडा चेय्यी ।

(రాంబాబు ఏవిధంగా చేస్తున్నాడో, ఆ విధంగా నువ్వు కూడా చెయ్యి).

न - न कादु / लेदु (కాదు / లేదు (neither - nor)

उदा : उसके पास न धन है न विद्या ।

अतनि वद्दा डब्बू लेदु, चदुवू लेदु ।

(అతని వద్ద డబ్బూ లేదు, చదువూ లేదు)

ज्योंही - त्योंही अप्पुडे - वेंटने (అప్పుడే-వెంటనే) (No sooner - than)

एक काम के होते ही दूसरा काम आरम्भ हुआ तो उसे इन शब्दों से बताते हैं ।

उदा : जब गौतमी एक्सप्रेस पहुँची तब मेरा दोस्त उसमे चढ़ा ।

गौतमी एक्सप्रेस वच्चिन वेंटने ना फ्रेन्ड अन्दुलो एक्केशाडु ।

గౌతమీ ఎక్స్‌ప్రెస్ వచ్చిన వెంటనే నా ఫ్రెండ్ అందులో ఎక్కేశాడు.

यद्यपि - तो भी अयिनप्पटिकी कूडा (అయినప్పటికీ - కూడా) (even though - Also)

उदा : यद्यपि उसके पास धन नहीं है तो भी वह लोगों को मदद करता है ।

अतडिवद्दा डब्बु लेकपोईनप्पटिकी कूडा प्रजलकु सेवा चेस्ताडु ।

అతడివద్ద డబ్బు లేకపోయినప్పటికీ కూడా ప్రజలకు సేవ చేస్తాడు.

या तो - या अदी लेदु / इदी लेदु (అదీ లేదు - ఇదీ లేదు) (neither - nor)

उदा : वह या तो क्रिकेट खेलेगा या हाकी ।

अतडु क्रिकेटटू आडलेदु हाकी आडलेदु ।

(అతడు క్రికెట్టూ ఆడలేదు, హాకీ ఆడలేదు)

जिधर - उधर एक्कडैते अक्कडा (ఎక్కడైతే-అక్కడ) (where there is)

उदा : जिधर राधा रहती है, उधर कृष्णा रहता है ।

एक्कडैते राधा उंटुंदो अक्कड कृष्णुडु उन्टाडु ।

(ఎక్కడైతే రాధ ఉంటుందో, అక్కడ కృష్ణుడు ఉంటాడు).

सूचना : यह हिन्दी शब्द नहीं है । यह उर्दू शब्द है तो भी इसका हिन्दी में भी उपयोग करते हैं ।

कि एमति अंटे (ఏమని అంటే) (that)

यह समुच्छय बोधक अव्यय में एक है । यह एक प्रधान वाक्य को और एक उपप्रधान वाक्य से मिलाने में प्रयोग करते है । कि ङ लिखने के बाद, कर्ता जो बोले हुए वाक्य यथातथ लिखना है । लेकिन आदत में गलती से परोक्ष संवाद में भी लिखा जाता है ।

उदा : भास्करजी ने कहा कि कल यहाँ बड़ा फंक्शन होगा ।

भास्करजी चेप्पाडु इक्कड रेपु पेद्दा फंक्शन जरुगुतुन्दि अनि ।

(భాస్కర్‌జీ చెప్పాడు (ఏమని అంటే) ఇక్కడ రేపు పెద్ద ఫంక్షన్ జరుగుతుంది అని).

सूचना : कि समुच्छय बोधक (**conjunction**) है तो भी यह अलग-अलग अर्थ में भी प्रयोग किये जा रहे हैं ।

जैसे - अथवा (लेका) లేక , इतने में (इन्तलो) ఇంతలో

उदा : आप हिन्दी समझ सकते हैं कि नहीं ?

मीरु (तमरू) हिन्दी अर्थं चेसुकुन्टारा लेक अर्थं चेसुकोरा ?

(మీరు (తమరు) హిందీ అర్థం చేసుకుంటూరా లేక అర్థం చేసుకోరా).

सूचना : कि 'ड' काम का कारण भी बताती है ।

उदा : रहीम बहुत दु:खी है क्योंकि उसकी माँ बीमार है ।

रहीम चाला दु:खंलो उन्नाडु, एन्दुकंटे अतनि तल्लि अनारोग्यंगा उन्दि काबट्टी ।

(రహీం చాలా దు:ఖంలో ఉన్నాడు, ఎందుకంటే అతని తల్లి అనారోగ్యంగా ఉంది కాబట్టి).

(సో) सो अदुवंटिदि / अट्टिदी అటువంటిది/అట్టిది (such)

हिन्दी भाषा में जैसा तेलुगु, भाषा में भी एक विषय को अलग-अलग तरीके से बताते हैं ।

उदा : देखा हुआ, किया हुआ, कमाया हुआ

कमाया हुआ	संपादिन्चिनटुवंटिदि	సంపాదించినటువంటిది.
देखा हुआ	चूसिनटुवंटिदि	చూసినటువంటిది.
किया हुआ	चेसिनटुवंटिदि	చేసినటువంటిది.

मैंने जो भी अब तक कमाया वह पूरा खर्च कर दिया ।

नेनु इप्पटि वरकु संपादिंचिनटुवंटिदि मोत्तं कर्चु चेसेशानु ।

నేను ఇప్పటి వరకు సంపాదించినటువంటిది మొత్తం ఖర్చు చేసేశాను.

आपने जो किया वह सही है ।

नीवु चेसिनटुवंटिदि सरैनदे ।

నీవు చేసినటువంటిది సరైనదే.

सा लांटि / वंटि (Like)

यह शब्द सर्वसाधारण से शब्द कोष में और किताबों में नहीं दिखते हैं। लेकिन लोगों के व्यावहारिक जीवन में, कविता में और सिनेमा के गीतों में ज्यादा दिखते हैं। यह जैसा वले (వలె) शब्द को समानार्थक शब्द है।

उदा :	कोई तुम सा नहीं रहता।	दीवाना मुझसा नहीं।
	एवरू नी वले उन्डरु।	नावंटि पिच्चिवाडु उन्डडु।
	ఎవరూ నీ వలె ఉండరు.	నావంటి పిచ్చివాడు ఉండడు.

6. **सम्बन्ध सूचक సంబంధ సూచకము (Preposition)** : संज्ञा या सर्वनाम से मिल के रहते हुए उनके वाक्य में है सो दूसरा शब्दों से सम्बन्ध सूचित है।

उदा : को (नु) ను, से (नुंचि) నుంచి, की (योक्का) యొక్క, में (लोपला) లోపల, पर (पैन) పైన.

बिल्ली कमरे में है।

पिल्ली गदि लोपल उन्नदी।

పిల్లి గది లోపల ఉన్నది.

हैदराबाद <u>से</u> मुम्बाई कित्तना दूर है।

हैदराबाद <u>नुन्चि</u> मुम्बाई एंत दूरमु।

హైదరాబాద్ <u>నుంచి</u> ముంబయి ఎంత దూరము.

यह सम्बन्ध सूचक के दो भेद है। वे :

1.	सम्बन्ध सूचक సంబంధ సూచకము	2.	अनुबन्ध सूचकमु అనుబంధ సూచకము

1. **సంబంధ్ బోధకము सम्बन्ध बोधक :** यह सम्बन्ध वाले वाक्यों में आता है। ये सम्बन्ध बोधक, अव्ययों, संज्ञा और सर्वनाम के विभक्ति के बाद आते है।

उदा : मैं आप का करीबी रिश्तेदार हूँ।

नेनु मीकु दग्गरी समीप बंधुवुनु।

నేను మీకు దగ్గరి / సమీప బంధువును.

तुम मेरे घर की ओर आ रहे हो।

नुव्वु ना इंटि वैपु वस्तुन्नावु।

నువ్వు నా ఇంటి వైపు వస్తున్నావు.

कुछ सम्बन्ध बोधक / कोन्नि संबंध बोधकमुलु / కొన్ని సంబంధ బోధకములు

1.	के बाद	.....	तर्वाता	.....	తర్వాత
2.	के पहले	.....	पूर्वमु	.....	పూర్వము
3.	के ऊपर	.....	पैना	.....	పైన
4.	के नीचे	.....	क्रिंदा	.....	క్రింద
5.	के पास	.....	दग्गरा	.....	దగ్గర
6.	के दूर	.....	दूरमु	.....	దూరము
7.	के अंदर	.....	लोपला	.....	లోపల
8.	के बाहर	.....	बयटा	.....	బయట
9.	के पीछे	.....	वेनुका	.....	వెనక
10.	के बारे में	.....	गुरिंचि	.....	గురించి
11.	के सामने	.....	एदुरुगा	.....	ఎదురుగా
12.	के साथ	.....	वेंबडि / तो, कूडा	.....	వెంబడి / తో, కూడా
13.	के ओर / के तरफ	.....	वैपु	.....	వైపు
14.	के अलावा	.....	काकुन्डा	.....	కాకుండా
15.	के जगह	.....	बदुलुगा	.....	బదులుగా
16.	के लिए	.....	कोरकु, कै	.....	కొఱకు, కై
18.	के सिवा	.....	तप्पा	.....	తప్ప
19.	के तरह	.....	वले, मादिरि	.....	వలె, మాదిరి
20.	के यहाँ	.....	वद्द, दग्गर	.....	వద్ద, దగ్గర

2. **అనుబంధబోధకం (अनुबन्ध बोधक)** : यह कर्ता से है सो अनुबंध बताती है ।

उदा : सहित సహిత్ तो తో तक वरकु (వరకు)

मैं ग्यारह बजे तक रहता हूँ ।

नेनु 11 गंटल वरकु उंटानु ।

నేను 11 గంటల వరకు ఉంటాను.

मैं भास्करजी के साथ आता हूँ ।

नेनु भास्करजी तो बाटु वस्तानु ।

నేను భాస్కర్‌జీ తో బాటు వస్తాను.

7. **समुच्छय बोधक సముచ్ఛయ బోధకము (conjunction)** : यह दो शब्द या दो वाक्यों को जोड़ता है ।

उदा : और मरियु మరియు, इसलिए इन्दुवलना ఇందువలన.

उसलिए अंदुवलना అందువలన.

वा	लेदा	లేదా	......	क्योंकी	एन्दुकन्टे	ఎందుకంటే
या	लेदा	లేదా	......	यद्यपि	अयिनप्पटिकी	అయినప్పటికీ
अथवा	लेदा	లేదా	......	और/एवं/व	मरियु	మరియు
कि	एमनगा	ఏమనగా	......	पर	कानि	కాని
तो	अयिते	అయితే	......	परंतु	कानि	కాని
अतः	अंदुवलन	అందువలన	......	किन्तु	कानि	కాని
मानों	अन्नाट्लु	అన్నట్లు	......	माने	अनगा	అనగా

उदा : केशव या राजेश करते है ।

केशव लेदा राजेश चेस्तारु ।

కేశవ్ లేదా రాజేష్ చేస్తారు.

तुम्हें या मुझे जाना है ।

नुव्वु लेदा नेनु वेल्लालि ।

నువ్వు లేదా నేను వెళ్ళాలి.

के / एंदुकंटे / ఎందుకంటే డే (Because)

यह शब्द को सामान्य अर्थ में मतलब विभक्ति के लिये तो 'का' **of** (योक्का) యొక్క, लेकिन हिन्दी व्यावहारिक भाषा में और कविता में यह एक सहायक शब्द **(Helping Word)** जैसा होता है और किसलिए एंदुकनगा ఎందుకనగా अर्थ में प्रयोग होता है ।

उदा : के जैसे तुझको बनाया गया है मेरे लिए ।

एन्दुकन्टे, निन्नु तयारुचेशाडु ना कोरके ।

ఎందుకంటే, నిన్ను తయారుచేశాడు నా కొరకే.

के ये बदन ये निगाहें मेरी अमानत है ।

एन्दुकंटे ई शरीरं ई चूपुलु ना स्वन्तं ।

ఎందుకంటే, ఈ శరీరం, ఈ చూపులు నా స్వంతం.

के सिवा तप्पा / తప్ప (Except)

यह उस व्यक्ति के बिना कोई यह काम नहीं कर सकता है के अर्थ में आती है ।

उदा : उनके सिवा यह काम कोई नहीं कर सकता है ।

वारु तप्पा वेरेवरू ई पनि चेय्यलेरु

(వారు తప్ప వేరెవరూ ఈ పని చెయ్యలేరు.)

के बिना लेकुंडा (లేకుండా) : यह एक प्रत्येक आदमी या वस्तु नही तो फलाना काम नहीं होता है जैसे संदर्भ में आती है ।

उदा : राजेश शक्कर के बिना दूध नहीं पीता है ।

राजेष चक्केरा लेकुन्डा पालु तागडु ।

రాజేష్ చక్కెర లేకుండా పాలు తాగడు.

के अलावा - अंतेकाकुंडा అంతేకాకుండా (Besides)

यह एक आदमी या एक वस्तु के बदले दूसरा आदमी या वस्तु से भी काम होता है यह काम के बारे में बताती है । और दो व्यक्तियों के परस्पर सम्बन्ध भी बताती है ।

उदा : सिकन्दराबाद के अलावा हैदराबाद में भी ऐसा भवन है ।

सूचना : के अलावा डे అలావా, अंतेकाकुंडा/बदुलुगा అంతేగాకుండా/బదులుగా, लेकुंडा లేకుండా, के सिवा, तप्पा/मिनहा తప్ప/మినహా वगैरह शब्द संज्ञा और सर्वनाम के पहले भी आते हैं ।

उदा : बिना आपरेशन के वह ठीक नहीं होगा ।

आपरेशन लेकुन्डा अदि नयम कादु ।

(ఆపరేషన్ లేకుండా అది నయం కాదు.)

सिवा उनके वह काम कौन करेंगे ?

वारु तप्पा आ पनि एवरु चेयगलरु ?

(వారు తప్ప ఆ పని ఎవరు చేయగలరు ?

అలావా హిందీ కే తెలుగు మే భీ బడే పండిత్ హైం

हिन्दी लोने काकुन्डा तेलुगुलो कूडा पण्डितुडे

(హిందీలోనే కాకుండా తెలుగులో కూడా పండితుడే).

8. **विस्मयादि बोधक** విస్మయాది బోధకము **(Interjection)** : यह वाक्य शोक, हर्ष, विस्मय, घृणा आदि मन के विभिन्न भाव प्रकट करती है ।

उदा : शबाष (శబాష్), हाय హాయ్, अहो (అహో), बापरे (బాప్‌రే).

यह विस्मयादिबोधक के पाँच भेद है । वे :

1. हर्षबोधक హర్ష బోధక్ : यह हर्ष प्रकट करती है ।

उदा : अहा (అహా), शबाश (శబాష్) बागुंदी (బాగుంది).

2. शोक बोधक శోక్ బోధక్ : यह दुःख प्रकट करती है ।

उदा : हाय (హాయ్), अय्यो అయ్యో, हे राम (హే రామ్), अय्यो रामा (అయ్యో రామ)

3. ఆశ్చర్య బోధక్ (आश्चर्य बोधक) : यह आश्चर्य प्रकट करती है ।

ఉదా : अच्छा	मंचिदि	మంచిది,
जी हाँ	अटलाना / आलागे	అట్లానా ! / అలాగే,
ठीक है	सरे	సరే.

4. తిరస్కార్ బోధక్ (तिरस्कार बोधक) : यह तिरस्कार प्रकट करती है ।

ఉదా : छी	छी	ఛీ
अरे	अरे	అరే
चुप	नोरमुय	నోర్మూయ్,
हट	तोलगी पो	తొలగి పో !

5. సంబోధ్ బోధక్ (सम्बोध बोधक) : यह सम्बोधन बताती है ।

ఉదా : ओ	ओय	ఓయ్,
आदि	मोदलगुनवि	మొదలగునవి.
अरे	ओरे	ఒరే
अरी	ओसे	ఒసే !

5

शब्द निर्माण और शब्द विभाजन / शब्द निर्माणमु - पदमुला विभजना

శబ్ద నిర్మాణము - పదముల విభజన

(Word building and division of words)

निर्माण के अनुसार शब्दों के तीन भेद हैं ।

1. रूढ़ि (రూఢి) 2. यौगिक (యౌగిక్) 3. योग रूढ़ि (యోగ్ రూఢి)

1. रूढ़ि రూఢి : इन शब्दों के विभाजन करे तो उनमें कोई अर्थ नहीं रहता है ।

उदा :	आदमी	मनिषि	మనిషి
	बिल्ली	पिल्ली	పిల్లి
	कुर्सी	कुर्ची	(కుర్చీ),
	औरत	स्त्री	(స్త్రీ)

2. यौगिक యౌగిక్ : दो और उस से ज्यादा शब्दों से बनते है ।

उदा : कार्यदर्शी – कार्यदर्शी – కార్యదర్శి ; रसोईघर – वंटयिल्लु – వంటయిల్లు)

3. योग रूढ़ि యోగ్ రూఢి : ये भी यौगिक शब्द जैसा दो और उस से ज्यादा शब्द से या शब्दांश से बन जाते है । लेकिन ये साधारण अर्थ के बदले विशेष अर्थ प्रकट करते है ।

उदा : चतुरमुख – చతుర్ముఖ్ – साधारण अर्थ में चार मुँह है सो वाला । लेकिन विशेष अर्थ में ब्रह्मदेव ।

वायुनन्दन – వాయునందన్ – साधारण अर्थ में हवा का पुत्र । लेकिन विशेषार्थ में हनुमान ।

6

वाक्य - वाक्यमुलु - వాక్యములు (Sentences)

शब्द उच्चारण के बारे में हमने जानकारी कर ली है । अब हम वाक्य **(Sentence)** के बारे में जानकारी करेंगे ।

1. पूरा अर्थ देनेवाली शब्द समूह को 'वाक्य' कहते है ।

उदा :	मैं खेलता हूँ ।	नेनु आडतानु	నేను ఆడతాను.
	तुम कौन हो ?	नुव्वु एवरू	నువ్వు ఎవరు ?
	गाय दूध देती है ।	आवु पालु इस्तुन्दि	ఆవు పాలు ఇస్తుంది.
	हम काम करते है ।	मनम् पनि चेस्तामु	మనం పని చేస్తాము.

2. सर्व साधारण से वाक्य निर्माण में कर्ता, कर्मा, क्रिया रहते है ।

कर्ता కర్త पनिचेसेवाडु పని చేసేవాడు (काम करनेवाला)

कर्मा కర్మ पनि योक्क फलितान्नि पोंदेवाडु పని యొక్క ఫలితాన్ని పొందేవాడు (काम का फल पानेवाला)

क्रिया క్రియ पनि పని काम

उदा : गाय दूध देती है ।

आवु पालु इस्तुंदि

ఆవు పాలు ఇస్తుంది.

इस वाक्य में गाय (कर्ता) - देती (क्रिया) - दूध (कर्मा) दिया गया

3. बिना कर्म के भी वाक्य रहता है ।

सौम्या खेलती है । सौम्या आडुतुन्दि సౌమ్య ఆడుతుంది.

इस वाक्य में कर्ता सौम्या, क्रिया खेलती है । लेकिन कर्म (क्या खेलती है, या क्यों खेलती है, या कैसे खेलती है । आदि समाचार नहीं है ।

कुछ नमूना वाक्य जानकारी कर लेंगे ।

हम पढ़ते हैं ।	में चदुवुतां	మేం చదువుతాం.
दूध सफेद है ।	पालु तेल्लगा उंटायि	పాలు తెల్లగా ఉంటాయి.
हमारा देश सुंदर है ।	मन देशं अंदंगा उन्दुन्दि	మన దేశం అందంగా ఉంటుంది.

4. विलोम अर्थ देने वाले वाक्यों में क्रिया के पहले नहीं (लेदु / कादु / वद्दु - లేదు / కాదు / వద్దు) शब्द आते है ।

मै घर नही जाता / जाती हूँ ।
नेनु इन्टिकि पोवटं लेदु
నేను ఇంటికి పోవటం లేదు.

तुम नहीं खेलती / खेलते हो ।
नुव्वु आडटं लेदु
నువ్వు ఆడటం లేదు.

वाक्य तीन प्रकार के होते है । वे सरल वाक्य (సరళ వాక్యము **- Simple Sentence),** मिश्रित वाक्य (సంక్లిష్ట వాక్యము **Complex Sentence),** और संयुक्त वाक्य (సంయుక్త వాక్యము **Compound Sentence).**

1. **सरल वाक्य** *సరళ వాక్యము* **:** एक कर्ता और एक क्रिया जिस वाक्य में है उसे सरल वाक्य **(Simple Sentence)** कहते है ।

उदा : कल्याण काम करता है ।
कल्याण पनि चेस्ताडु ।
కళ్యాణ్ పని చేస్తాడు.

2. **मिश्रित वाक्य** *సంక్లిష్ట వాక్యము* **:** एक संपूर्ण वाक्य और उसके आधार पर एक या दो अंश पूर्ण वाक्य जिस वाक्य में हों उसे मिश्रित वाक्य **(Complex Sentence)** कहते हैं ।

उदा : मुझे सर दर्द हो रहा है । इसलिए मैं दफ्तर नहीं आ सकता हूँ ।
नाकु तलनोप्पि अवुतू उन्नदि, काबट्टि नेनु अफीसुकि रालेनु ।
నాకు తలనొప్పి అవుతూ ఉన్నది, కాబట్టి నేను ఆఫీసుకి రాలేను.

श्रीलक्ष्मी ने कहा कि सुदर्शन अच्छा गायक है ।
सुदर्शन मन्चि गायकुडु अनि श्रीलक्ष्मी चेप्पिन्दि ।
సుదర్శన్ మంచి గాయకుడు అని శ్రీలక్ష్మి చెప్పింది.

3. **संयुक्त वाक्य** *సంయుక్త వాక్యము* **:** दो और उस से ज्यादा सरल वाक्य मिला कर जो वाक्य होता है उसे संयुक्त वाक्य **(Compound Sentence)** कहते है ।

उदा : मैं पिठापुरम जाऊँगा लेकिन खाना खाकर जाऊँगा ।
नेनु पिठापुरम् वेलतानु कानी भोजनं चेशाक वेलतानु ।
నేను పిఠాపురం వెళతాను, కానీ భోజనం చేశాక వెళతాను.

7

वाच्य - कंठध्वनि కంఠధ్వని - (Voice)

हर वाक्य में कर्ता (కర్త **subject)**, कर्म (కర్మ **object)**, क्रिया (క్రియ **verb)** रहते हैं । और हर वाक्य में अर्थ या भाव रहता है । यह हम सभी को मालूम है । इसे वाच्य (वागर्थमु) वाक् + अर्थ - **Voice** कहते है । क्रिया रूप के अनुसार वाच्य के तीन भेद है । वे :

1.	कर्तृ वाच्य	कर्तार्थकमु	కర్త్రర్థకము	**(Active Voice).**
2.	कर्म वाच्य	कर्मार्थकमु	కర్మార్థకము	**(Passive Voice).**
3.	भाव वाच्य	भावार्थकमु	భావార్థకము	**(Impersonal Voice).**

1. कर्तृ वाच्य కర్త్రర్థకము **(Active Voice) :** इसमें कर्ता కర్త **(subject)** के बारे में मतलब काम करनेवाला के बारे में बता जाती है ।

उदा : नरसिंह राव एक खत लिख रहा है ।
नर्सिंगराव ओक उत्तरम् व्रास्तू उन्नाडु ।
నర్సింగ్‌రావు ఒక ఉత్తరం వ్రాస్తూ ఉన్నాడు.

मैं महाभारत पढ़ रहा हूँ ।
नेनु महाभारत चदुवुतू उन्नानु ।
నేను మహాభారతం చదువుతూ ఉన్నాను.

2. कर्म वाच्य కర్మార్థకము **(Passive Voice)** : यह कर्म **(object)** के बारे में मतलब कर्ता के द्वारा किया हुआ काम का फल पाने वाले के बारे में बताता है । इसमें से (वलना వలన, चेता చేత बडु బడు) और गया (बडेनु బడెను), गयी (बडिंदि బడింది), गये (बड्डायी బడ్డాయి) जरूर आते हैं क्रिया शब्द हमेशा भूतकाल में रहते है ।

उदा : राम के हाथ से रावण मारा गया । ....
रामुडी चेता रावणुडु चंपबडेनु ।
రాముడి చేత రావణుడు చంపబడెను.

गौरी से काम किया गया ।
गौरी चेत पनि चेयबडिन्दि ।
గౌరి చేత పని చేయబడింది.

3. भाव वाच्य భావార్థకము **(Impersonal Voice)** : इसमें कर्ता या कर्म के बदले भाव को प्राधानता रहती है । अकर्मक क्रियायें (अकर्मक क्रियालु **Intransitive Verbs)** भाव वाच्य में बदलते हैं ।

उदा : कुत्ता दौड़ नहीं सकता

कुक्का परुगेत्त लेदु

కుక్క పరుగెత్త లేదు.

(कुत्ता दौड़ने का काम कर न सका । यहाँ यह कहने का मुख्य उद्देश्य है)

तुम से यह काम किया नहीं जाता ।

नी चेत ई पनि चेयबडदु

నీ చేత ఈపని చేయబడదు.

(इस वाक्य में 'काम' प्रधान है ।)

इस में ध्यान देने वाला मुख्य विषय सहायक क्रिया 'गया' (గయా) का दूसरा रूप 'जाता' (జాతా) आता है । लेकिन क्रिया का मूल शब्द भूतकाल में ही रहता है ।

8

उपसर्ग ఉపసర్గ (Prefix)

एक शब्द के आगे आकर शब्द का अर्थ में विशेषता लाने वाली वाक्यांश को उपसर्ग **(Prefix)** कहते है । ये एक, या दो या तीन अक्षर वाले हैं । हिन्दी भाषा में संस्कृत, हिन्दी, उर्दू भाषाओं के उपसर्ग पाये जाते है ।

उदा :	उप + नाम	मरोक पेरु	మరొకపేరు	उपनाम
	उप + वन	उद्यान वन	ఉద్యానవనం	उपवन

अब हम यहाँ कुछ नमूने देखेंगे । जिससे हमको इसके बारे में और ज्यादा जानकारी मिलेगी ।

सु	(సు)	सुयेगा,	సుయేగా	सुदिन,	సుదిన్	सुपुत्र	సుపుత్ర్
कु	(కు)	कुमार्ग,	కుమార్గ్	कुसंगीत	కుసంగీత్	कुपुत्र	కుపుత్ర్
अति	(అతి)	अतिढर,	అతిడర్	अतिशय	అతిశయ్		
आ	(ఆ)	आजीवन,	ఆజీవన్	आजन्म	ఆజన్మ్		
उप	(ఉప్)	उपमान,	ఉపమాన్	उपकार	ఉపకార్		
अप	(అప్)	अपवाद,	అపవాద్	अपमान	అప్మాన్		
प्रति	(ప్రతి)	प्रतिरोध,	ప్రతిరోధ్	प्रतिग्रह	ప్రతిగ్రహ్		
अनु	అను	अनुमति,	అనుమతి	अनुज	అనుజ్		

9

प्रत्यय / प्रत्ययमु / ప్రత్యయము (Suffix)

हिन्दी या तेलुगु भाषा में यह ध्यान में रखना चाहिए कि प्रत्यय **(Suffix).** शब्दों के अंत में शब्दों के अर्थ में बदलाव करते हैं। प्रत्यय के दो प्रकार हैं।

1. कृत प्रत्यय కృత ప్రత్యయం **(Verbal Suffix)**
2. तद्धित प्रत्यय తద్ధిత ప్రత్యయం **(Noun Suffix)**

1. कृत प्रत्यय కృత ప్రత్యయం : क्रिया के अंत में जोडी जाने वाली प्रत्यय **(Suffix)** को कृतप्रत्यय (కృతప్రత్యయము) कहते हैं। मतलब काम के अंत में आनेवाला शब्द हैं। उदाहरण : खाऊ, बुराई, बिटिया। ऐसा तेलुगु में वाडु (వాడు), तनमु (తనము) आदि है।

उदा :	जानेवाला	वेल्लेवाडु	వెళ్ళేవాడు
	मिलनेवाला	कलिसेवाडु	కలిసేవాడు
	देखनेवाला	चूचेवाडु	చూచేవాడు
	करनेवाला	चेसेवाडु	చేసేవాడు

2. तद्धित प्रत्यय తద్ధిత ప్రత్యయం : संज्ञा शब्द के अंत में आने वाले को तद्धित प्रत्यय कहते है।

उदा :	दूधवाला	पालवाडु	పాలవాడు
	गायवाला	आवुलवाडु	ఆవులవాడు
	धनवान	धनिकुडु	ధనికుడు

हिन्दी भाषा के जैसा तेलुगु भाषा में भी उदाहरण : मंचिवाडु మంచివాడు, मंचिदि మంచిది, गायपडु గాయపడు, मंचितनमु మంచితనము जैसे शब्द है।

यह नीचे और कुछ प्रत्यय के बारे में जानकारी कर लेंगे।

उदा :	नी	...	(నీ)	...	చట్నీ	...	चटनी
	या	...	(యా)	...	సౌందర్య	...	सौंदर्य
	वट	...	(వట్)	...	రూకావట్	...	रूकावट

आई	...	(ఆయీ)	...	सुनाई	...	సునాయీ
ता	...	(తా)	...	सज्ञनता	...	సజ్జన్‌తా
इक	...	(ఇక్)	...	सांस्कृतिक	...	సాంస్కృతిక్
आल	...	(ఆల్)	...	ससुराल	...	ససురాల్
अक्कड़	...	(అక్కడ్)	...	पियक्कड़	...	పియక్కడ్

ने (నే)

हमने अभी तक हिन्दी व्याकरण के कई विषयों के बारे में जान लिया है । अब यहाँ बतानेवाली 'ने' (నే) प्रत्यय **(suffix)** कर्ता के बाद आता है । यह हिन्दी भाषा में अधिक महत्वपूर्ण है ।

नियम 1 : यह भूतकाल में सिर्फ सकर्मक क्रिया मे आता है । सकर्मक क्रिया की परिभाषा काल विभाजन में बता दिया है । ध्यान दें ।

नियम 2 : ने (నే) प्रत्यय आये जब क्रिया, कर्ता और कर्म **(object)** लिंग और वचन के अनुसार बदलती है ।

उदा : गौरी ने दो रोटियाँ खायी । — राजी ने आम खाया ।

गौरी रेन्डु रोट्टेलु तिन्नदि — राजी मामिडिपन्डु तिन्नदि ।

గౌరీ రెండు రొట్టెలు తిన్నది. — రాజీ మామిడిపండు తిన్నది.

नियम 3 : वर्तमान और भविष्यत काल में ने (నే) प्रत्यय नहीं आता है ।

नियम 4 : कर्म नहीं है तो कर्म के बाद को (కో) विभक्ति आये तो क्रिया पुल्लिंग सिर्फ एकवचन में रहती है ।

उदा :	हम ने देखा	में चुशां	మేం చూశాం.
	उसने सुना	अतनु विन्नाडु	అతను విన్నాడు.

सोमनाथ ने कुत्ते को देखा

सोमनाथ कुक्कनु चूशाडु

సోమనాథ్ కుక్కను చూశాడు

नियम 5 : ला లా, बोल బోల్, भूल భూల్, सक సక్, चुक చుక్, लग లగ్ शब्द सकर्मक क्रियायें हैं तो भी वे आये जब ने (నే) प्रत्यय नहीं आता है । सावधानी से ध्यान दें ।

उदा : हम एक किताब लाये

में ओक पुस्तकं तेच्चां

మేం ఒక పుస్తకం తెచ్చాం.

मैं अंग्रेजी सीख चुका

नेनु आंग्लं नेर्चुकुन्नानु

నేను ఆంగ్లం నేర్చుకున్నాను.

तुम इसका नाम भूल गये

नीवु इतनि पेरु मर्चिपोयावु

నీవు ఇతని పేరు మర్చిపోయావు.

बच्चा तेलुगु में बोला

पिल्लवाडु तेलुगुलो माटलाडाडु

పిల్లవాడు తెలుగులో మాట్లాడాడు.

आप पानी पी सके

तमरु/(मीरु) नील्लु तागगलिगारु

తమరు (మీరు) నీళ్ళు తాగగలిగారు.

10 विधि वाचक / विधि वाचक / విధివాచకము (Imperative Mood)

आदेश, उपदेश, प्रार्थना और अनुरोध आदि प्रकट करे क्रिया रूप को विधिवाचक 'విధి వాచకము' कहते हैं। यहाँ नीचे दिये छः नियमों को सावधानी से याद रखें।

1. इस विधिवाचक क्रिया में सर्वनाम तुम / तू, (తుమ్ / తూ), नीवु / नुव्वु (నీవు / నువ్వు), आप (మీరు / తమరు) आते है।

2. तू తూ, नीवु / नुव्वु (నీవు / నువ్వు) शब्द बच्चों को और नौकर को उपयोग करते है।

3. तुम తుమ్, नीवु / नुव्वु (నీవు / నువ్వు) शब्द सहोदयोग, सहविद्यार्थि, मित्रों आदि लोगों को प्रयोग करते है।

4. तू कर्ता है जब क्रिया का मूल धातु उपयोग करते है। उदाहरण - तू कर नुव्वु चेय्यि (నువ్వు చెయ్యి), तू देख नुव्वु चूडु నువ్వు చూడు).

5. तुम कर्ता है जब क्रिया शब्द के बाद ओ (ఓ) जोडा जायेगा।

   उदा : तुम करो नुव्वु चेय्यि నువ్వు చెయ్యి

   तुम देखो नुव्वु चदुवु నువ్వు చదువు

6. आप कर्ता है जब इये ఇయే, जिये జియే आते है।

   उदा : आप पढ़िये तमरू / मीरु चदवन्डि తమరు / మీరు చదవండి.

   आप कीजिए तमरू / मीरु चेयन्डि తమరు / మీరు చేయండి.

इनमें विलोम वाक्य लिखते जब क्रिया शब्द के पहला मत / मना (वद्दु వద్దు) आते है।

उदा : .... तुम मत आओ।

नुव्वु राकु

నువ్వు రాకు.

उदा : .... आप मत कीजीए।

तमरु / मीरु चेयवद्दु।

తమరు / మీరు చేయవద్దు.

मत वद्दु వద్దు (Do not)

हिन्दी में इस शब्द को विलोम वाक्यों में प्रयोग करते है । इस शब्द को प्रयोग करें जब तुम (నీవు नीवु) तो को (కో) आप (ఇయే) क्रियाओं में आना है ।

उदा : झूठ मत बोलो	मेरी बात मत भूलो ।	आप वहाँ मत जाइएँ
अबद्धं चेप्पवद्दु	ना माटा मर्चिपोवद्दु ।	तमरु अक्कडिकि वेल्लवद्दु
అబద్ధం చెప్పవద్దు.	నా మాట మర్చిపోవద్దు.	తమరు అక్కడికి వెళ్ళవద్దు.

11

एक शब्द में लिखने वाली बातें - ओक पदमुलो व्रासे माटलु -

ఒక పదములో వ్రాసే మాటలు

तेलुगु और हिन्दी में कुछ शब्द है । जैसे 'पाठशाला' **(school** / పాఠశాల) शब्द का अर्थ सीखने का और सीखाने का स्थान एक ही है । ऐसे कई शब्द नीचे दिये गये है, उन्हें सावधानी से देखिए ।

1.	कपड़े सीने वाला ।	बट्टलु कुट्टे वाडु	दर्जी	टैलरु	టైలరు.
2.	खेती का काम करने वाला ।	पोलमुलो पनि चेसे वाडु	किसान	रैतु	రైతు.
3.	जिसका पैर नहीं है वह ।	कालु लेनि वाडु	लंगड़ा	कुन्टिवाडु	కుంటివాడు.

4. जो अनेक शास्त्रों का ज्ञान रखता है ।
   पंडित, विद्वान / పండిట్ విద్వాన్

5. मंदिर में पूजा करनेवाला ।
   पुज़ारी / పూజారి

6. विरह से व्याकुल स्त्री ।
   विरहिणी / విరహిణి

7. जो घमंड रखता है ।
   घमंडी गर्विष्ठि / గర్విష్ఠి

8. सहयोग न देना ।
   असहयोग / అసహాయోగి

9. जो कोई काम नहीं करता ।
   बेकार सोमरि / సోమరి

10. प्रेम करनेवाली स्त्री ।
    प्रेमिका प्रेयसी / ప్రేయసి

11. जिसमे अच्छे गुण होते हैं ।
    गुणी गुणवंतुरालु / గుణవంతురాలు

12. समाज से सम्बन्धित ।

సామాజిక్ / सामाजिक

13. जो बोल नहीं सकता ।

గూంగా गूंगा मूगवाडु / మూగవాడు

14. जो सुन नहीं सकता ।

బహ్రా बहरा चेविटिवाडु / చెవిటివాడు

15. कपड़े बुनने वाला ।

జులాహ్ जुलाहा सालेवाडु / సాలెవాడు

16. సోనే కే ఆభూషణ్ బనానేవాలా सोने के आभूषण बनाने वाला ।

సునార్ सुनार बंगारु पनिवाडु / బంగారు పనివాడు

17. అప్‌నీ ఇచ్ఛా కే అనుసార్ కర్‌నేవాలా अपनी इच्छा के अनुसार करनेवाला ।

స్వేచ్ఛాచారి स्वेछाचारी

18. గీత్ గానే వాలా गीत गानेवाला ।

గాయక్ / గవైయా गायक, गवैया गायकुडु / गायनि గాయకుడు / గాయని

19. తేల్ బేచ్‌నేవాలా तेल बेचने वाला ।

తేలీ तेली / तेलिक्कवाडु / తెలికలవాడు

20. విద్యా సీఖ్‌నేవాలా विद्या सीखने वाला ।

విద్యార్థి विद्यार्थी

21. జో మహనత్ కర్‌తా హైం जो मेहनत करता है ।

మజ్‌దూర్ / మహ్‌నతీ मजदूर, मेहनती कर्मिकुडु / कर्मिकुरालु కార్మికుడు / కార్మికురాలు

22. ఖేల్‌నేవాలా खेलने वाला ।

ఖిలాడి खिलाडी आटगाडु ఆటగాడు

12

समानार्थक शब्द / समानार्थक शब्दमुलु / సమానార్థక శబ్దములు (Synonyms)

पुत्र	పుత్ర	...	बेटा, सुत, कुमार	బేటా / సుత్, / కుమార్
पुत्री	పుత్రీ	...	बेटी, सुता, कुमारी	బేటీ / సుతా / కుమారీ
पति	పతి	...	नाथ	నాథ్
पत्नी	పత్నీ	...	सती, स्त्री	సతి, స్త్రీ
रुकावट	రుకావట్	...	रोड़ा	రోడా
सम्राट	సమ్రాట్	...	महाराज	మహారాజ్
सुन्दर	సుందర్	...	खूबसूरत	ఖూబ్‌సూరత్
साहस	సాహస్	...	धैर्य	ధైర్య్
मौन	మౌన్	...	चुपचाप	చుప్‌చాప్
खुशी	ఖుషీ	...	संतोष, आनंद	సంతోష్, ఆనంద్
असत्य	అసత్య	...	झूठ	ఝూఠ్
पागल	పాగల్	...	दीवाना	దీవానా
बहुत	బహుత్	...	कई / अनेक	కయీ, అనేక్
दु:ख	దు:ఖ్	...	दर्द, व्याकुलता, उदासी	దర్ద్, వ్యాకులత, ఉదాసీ
बीमार	బీమార్	...	अस्वस्थ	అస్వస్థ్
सत्य	సత్య	...	सच, वास्तव	సచ్, వాస్తవ్
तन्दुरुस्त	తందురుస్త్	...	स्वस्थ	స్వస్థ్

समानार्थक द्वन्द्व शब्द / समानार्थक द्वन्द्व शब्दमुलु / సమానార్థక ద్వంద్వ శబ్దములు

हिन्दी भाषा की तरह तेलुगु भाषा में भी समानार्थक द्वन्द्व शब्द हैं।

उदा : रोना-पीटना - एड्चि मोत्तुकोनुटा – ఏడ్చి మొత్తుకొనుట, लडना-झगडना - कोट्लाडुटा, पोट्लाडुटा కొట్లాడుట/పోట్లాడుట, बाल-बच्चे - पिल्ललु, जेल्ललु – పిల్లలు జెల్లలు, घर-द्वार - इल्लु, वाकिलि – ఇల్లు వాకిలి, आना-जाना - राक पोकलु – రాకపోకలు, गाना-बजाना - पाडुट वाइद्यामुलु वाइन्चुटा – పాడుట వాయిద్యములు వాయించుట, गली-कुचे - संदुलु गोंदुलु – సందులు గొందులు, जान-बुझकर - अन्ता तेलिसि – అంతా తెలిసి, समझकर - अर्ध चेसुकुन्ना అర్థం చేసుకున్న.

13 विलोम शब्द / व्यतिरेक पदमुलु / వ్యతిరేక పదములు (Antonyms)

किसी एक शब्द की विलोम अर्थ देनेवाली शब्द को विलोम शब्द कहते है । यहाँ नीचे दिये गए शब्द को अच्छी तरह से पढिए ।

1.	मोटा	-	लावु	లావు	×	पतला	- पल्चनि	పల్చని
2.	पैना	-	ऊपर	పైన	×	नीचे	- क्रिंद	క్రింద
3.	पुण्य	-	पुण्यमु	పుణ్యము	×	पाप	- पापमु	పాపము
4.	पास	-	दग्गरा	దగ్గర	×	दूर	- दूरमु	దూరము
5.	रात	-	रात्रि	రాత్రి	×	दिन	- पगलु	పగలు
6.	सुख	-	सुखमु	సుఖము	×	दुःख	- दुःखमु	దు:ఖము
7.	धर्म	-	धर्ममु	ధర్మము	×	अधर्म	- अधर्ममु	అధర్మము
8.	नया	-	कोत्तदि	కొత్తది	×	पुराना	- पातदि	పాతది
9.	आरंभ	-	आरंभमु	ఆరంభము	×	अंत	- अंतमु	అంతము
10.	कम	-	तक्कुव	తక్కువ	×	अधिक	- एक्कुवा	ఎక్కువ
11.	भूलना	-	मरचिपोवुटा	మరచిపోవుట	×	याद करना	- गुर्तुंचुकोनुट	గుర్తుంచుకొనుట
12.	डर	-	भयमु	భయము	×	निडर	- निर्भयमु	నిర్భయము
13.	आना	-	वच्चुटा	వచ్చుట	×	जाना	- वेल्लुटा	వెళ్ళుట
14.	सच	-	निजमु	నిజము	×	झूठ	- अबद्धमु	అబద్ధము
15.	मालिक	-	यजमानी	యజమాని	×	नौकर	- सेवकुडु	సేవకుడు
16.	सत्य	-	सत्यमु	సత్యము	×	असत्य	- असत्यमु	అసత్యము
17.	प्रकाश	-	वेलुगु	వెలుగు	×	अँधेरा	- चीकटी	చీకటి
18.	बेचना	-	अम्मुटा	అమ్ముట	×	खरीदना	- कोनुटा	కొనుట
19.	खट्टा	-	पुलुपु	పులుపు	×	मीठा	- तीपि	తీపి
20.	भलाई	-	मंची	మంచి	×	बुराई	- चेडु	చెడు
21.	अमीर	-	धनवंतुडु	ధనవంతుడు	×	गरीब	- बीदवाडु	బీదవాడు
22.	सफेद	-	तेलुपु	తెలుపు	×	काला	- नलुपु	నలుపు
23.	बड़ा	-	पेद्दा	పెద్ద	×	छोटा	- चिन्ना	చిన్న
24.	प्रश्न	-	प्रश्ना	ప్రశ్న	×	उत्तर	- जवाबु	జవాబు
25.	हँसना	-	नव्वुटा	నవ్వుట	×	रोना	- एडचुटा	ఏడ్చుట
26.	बलवान	-	बलवंतुडु	బలవంతుడు	×	बलहीन	- बलहीनुडु	బలహీనుడు
27.	न्याय	-	न्यायमु	న్యాయము	×	अन्याय	- अन्यायमु	అన్యాయము

14

द्वंद्वार्थ शब्द / रेंडु अर्थमुलनिच्चे पदमुलु

రెండు అర్థములనిచ్చే పదములు (Punning Words)

हिन्दी भाषा में उच्चारण एक ही जैसा है तो भी कई शब्द दो अर्थ देते है । ये वाक्य और अर्थ में अलग-अलग रहते हैं । ऐसा थोडे शब्द यहाँ देखेंगे ।

(अ) संख्यावाचक शब्द / संख्यावाचक पदं / సంఖ్యా వాచక పదం

(दो) దో : मेरे पास दो रुपये हैं ।

ना वद्द रेन्डु रुपायलु उन्नायि ।

నావద్ద రెండు రూపాయలు ఉన్నాయి.

तुम उसको अपनी किताब दो

नीवु अतडिकि नी योंक्क पुस्तकान्नी इव्वु ।

నీవు అతడికి నీ యొక్క పుస్తకాన్ని ఇవ్వు.

(कि) కి : राजा ने कहा कि समुद्र में मोती मिलते हैं ।

समुद्रंलो मुत्यालु दोरुकुतायी अनी राजा अन्नाडु । (समुच्चय बोधक)

సముద్రంలో ముత్యాలు దొరుకుతాయి అని రాజా అన్నాడు.

यह समाचार उसको मालुम है कि नहीं ! (या)

ई विषयं अतनिकि तेलुसा लेदा !

ఈ విషయం అతనికి తెలుసా లేదా !

मान మాన్ : कवि का सम्मान सभी देशों में होता है ! (आदर)

कविकि अन्नि देशललोनू सन्मानं अवुतुन्दि

కవికి అన్ని దేశాలలోనూ సన్మానం అవుతుంది.

मुझे तेल का नाप नहीं आता

नाकु नूने योक्क कोलत रादु (परिमाण)

నాకు నూనె యొక్క కొలత రాదు.

(भूल) భూల్ : मैं तुम्हारा काम करना भूल गया (भूल जाना)

नेनु नी पनी चेयटम मर्चिपोयानु

నేను నీ పని చేయటం మర్చిపోయాను.

मेरा यह भूल माफ कीजिये ! (गलती)

ना योक्क यी तप्पु क्षमिन्चन्डि ! (तप्पु)

నా యొక్క ఈ తప్పు క్షమించండి. (తప్పు)

(भाग) భాగ్ : कागज के तीन भाग करो ! (टूकड़े)

कागीतमुनु मूड्डु मुक्कलु चेय्यी ! (मुक्कलु)

కాగితమును మూడు ముక్కలు చెయ్యి.

बड़ा दादा अपना भाग लेकर व्यापार करने लगा (हिस्सा)

पेद्द तातय्या तन वाटा तीसुकुनि व्यापारं प्रारंभिंचाडु (गणांक)

పెద్ద తాతయ్య తన వాటా తీసుకుని వ్యాపారం ప్రారంభించాడు.

(लाल) లాల్ : पद्मा हमेशा लाल कपड़े पहनती है । (रंग)

पद्मा एल्लप्पुडु एरुपु बट्टलने धरिस्तुन्दि ।

పద్మ ఎల్లప్పుడూ ఎరుపు బట్టలనే ధరిస్తుంది. (రంగు)

हम सब भारत माता के लाल हैं ।

मनमन्ता भारत माता बिड्डलं ।

మనమంతా భారతమాత బిడ్డలం. (బిడ్డ)

(सोना) సోనా : सोना बहुत महंगा है ।

बंगारं चाला प्रियमैनदि (एक्कुवा धरा)

బంగారం చాలా ప్రియమైనది. (ఎక్కువ ధర)

अधिक सोना अच्छा नहीं है ।

एक्कुव निद्र मंचिदी कादु । (निद्रा)

ఎక్కువ నిద్ర మంచిది కాదు.

(कल) కల్ : कल मेरा भाई चेन्नई से आया ! (बीता हुआ दिन)
निन्ना ना सोदरुडु चेन्नई नुन्चि वच्चाडु (निन्ना)
నిన్న నా సోదరుడు చెన్నై నుంచి వచ్చాడు.

कल मैं राजमन्ड्री जाऊँगा । (आनेवाला दिन)
रेपु नेनु राजमन्ड्री वेलतानु (राबेये रोजु-रेपु)
రేపు నేను రాజమండ్రి వెళతాను.

(उत्तर) ఉత్తర్ : भारत के उत्तर में हिमालय पहाड़ हैं । (उत्तर दिशा)
भारतकी उत्तरान हिमालय पर्वतं उन्नदि । (दिशा)
భారత్‌కి ఉత్తరాన హిమాలయ పర్వతం ఉన్నది.

मेरे प्रश्न का उत्तर दो ! (जवाब)
ना प्रश्नकु जवाबु चेप्पु (समाधानं)
నా ప్రశ్నకు జవాబు చెప్పు.

(जल) జల్ : कल मेरे गाँव में तीस घर जल गये (जल जाना)
निन्न मा ग्रामंलो मुप्पई इळ्ळु कालिपोयाइ (दग्धं)
నిన్న మా గ్రామంలో ముప్పయి ఇళ్ళు కాలిపోయాయి.

गंगा का जल साफ होता है । (पानी)
गंगाजलं शुभ्रंगा उन्टायी । (नील्लु)
గంగా జలం శుభ్రంగా ఉంటాయి.

(की) కీ : दशरथ का पुत्र राम है ।
दशरथुडि योक्का कुमारुडु रामुडु (षष्ठी विभक्ति)
దశరథుడి యొక్క కుమారుడు రాముడు.

तुमने ऐसी हानि क्यों की । (कर धातु का भूतकाल)
नुव्वु इटलान्टि हानि एन्दुकु चेशावु (कर योक्का भूतकालं)
నువ్వు ఇట్లాంటి హాని ఎందుకు చేశావు.

15

द्विरुक्त शब्द / द्विरुक्ता शब्दमुलु ద్విరుక్త శబ్దములు
(Double stressed words)

हिन्दी की तरह तेलुगु मे भी द्विरुक्त शब्द है । ये संज्ञा, सर्वनाम, विशेषण, क्रिया और क्रिया विशेषण में भी रहते हैं ।

1. द्विरुक्त संज्ञायें / द्विरुक्ता नामवाचकमुलु / ద్విరుక్త నామవాచకములు

उदा : (फूल ही फूल पुव्वुले पुव्वलु పువ్వులే పువ్వులు), (घर ही घर इल्ले इल्लु ఇళ్ళే ఇళ్ళు) (घर घर मे इटिंटा ఇంటింట), (टुकड़े टुकड़े मुक्कलु मुक्कलु ముక్కలు ముక్కలు), (भीड़ ही भीड़ गुंपुले गुंपुलु గుంపులే గుంపులు), (पानी ही पानी नील्ले नील्लु నీళ్ళే నీళ్ళు) (बात-बात में माटा माटलो మాట మాటలో).

2. द्विरुक्त सर्वनाम / द्विरुक्ता सर्वनाममुलु / ద్విరుక్త సర్వనామములు

(एक एक ओक्कोक्करु ఒక్కొక్కరు), (कोई न कोई एवरो ओकरु ఎవరో ఒకరు), (कुछ न कुछ एंतो कोंता – ఎంతో కొంత, (हर कोई/हर एक प्रति ओकरु ప్రతి ఒక్కరు, (किसी-किसी को कोंदरिकि मात्रमे – కొందరికి మాత్రమే), (किस-किस को एवरेवरिको – ఎవరెవరికో, (खुद ब खुद स्वयंगा, तनंतटातानुगा – స్వయంగా, తనంతటతానుగా, (अपने आप / आप ही आप तनकु तानुगा, स्वयमुगा – తనకు తానుగా, స్వయముగా).

3. द्विरुक्त विशेषण / द्विरुक्ता विशेषणमुलु / (ద్విరుక్త విశేషణములు)

(मोटे-मोटे लावु लावुगा లావు లావుగా), (बड़े-बड़े पेद्द पेद्दगा – పెద్ద పెద్దగా), (थोड़ा-थोड़ा जरा-जरा कोंचें कोंचें – కొంచెం కొంచెం, (छोटे छोटे चिन्नं चिन्न – చిన్న చిన్న), (बहुत कुछ चाला – చాలా), (मीठी मीठी / मधुर मधुर तीय तीयनी – తీయ తీయని), (कुछ कुछ कोंता कोंता / कोंचें कोंचें కొంత కొంత / కొంచెం కొంచెం).

4. द्विरुक्त क्रियायें / द्विरुक्त क्रियलु / (ద్విరుక్త క్రియలు)

(आते-आते वस्तू वस्तू – వస్తూ వస్తూ), (डरते-डरते भयं भयंगा – భయం భయంగా), (पढ़ते -पढ़ते चदुवुतू चदुवुतू చదువుతూ చదువుతూ), (रोते-रोते एड्डुस्तू एड्डुस्तू – ఏడుస్తూ ఏడుస్తూ), हँसते-हँसते – नव्वुतू नव्वुतू (నవ్వుతూ నవ్వుతూ), (जाते-जाते – पोतू पोतू / वेल्तू वेल्तू – పోతూ పోతూ/వెళ్తూ వెళ్తూ), (करते-करते – चेस्तू चेस्तू చేస్తూ చూస్తూ), (तैरते-तैरते – ईदुनू ईदुनू – ఈదుతూ ఈదుతూ).

सूचना : द्विरुक्त क्रियायें एक काम क्रम से करने के संदर्भ में आती हैं ।

5. द्विरुक्त क्रिया विशेषण / द्विरुक्त क्रिया विशेषणमुलु / (ద్విరుక్త క్రియావిశేషణములు)

(कभी-कभी अप्पुडप्पुडू అప్పుడప్పుడూ), (कहीं न कहीं अक्कडा एक्कडो – అక్కడ ఎక్కడో) (कहाँ कहाँ एक्कडेक्कडा ఎక్కడెక్కడ, (कभी न कभी एप्पुडो ओकप्पुडु – ఎప్పుడో ఒకప్పుడు), (जब-जब - तब तब एप्पुडेप्पुडु अप्पुडप्पुडु ఎప్పుడెప్పుడు/అప్పుడప్పుడు), (जहाँ-जहाँ - वहाँ-वहाँ एक्कडेक्कड आक्कडक्कडा – ఎక్కడెక్కడ అక్కడక్కడ, (ज्यों ज्यों - त्यों त्यों ए ये विधंगा / आया विधंगा – ఏ యే విధంగా / ఆయా విధంగా.

16

संधि సంధి (Union)

दो वर्णों के मेल से उत्पन्न विकार को 'संधि' कहते हैं । हिन्दी के अलावा दुनिया के सभी भाषाओं में संधि रहती है । संधि मतलब शब्दों का राजी होना **(compromise)** अथवा शब्दों में समाधान कर लेना **(Adjustment)**, अथवा एक शब्द को दुसरे शब्द से मिलाना **(Joining together Union)** है । अब हम सावधानीपूर्वक संधि का अध्ययन करेंगे ।

इसमें दो शब्द के बीच में '+' चिह्न आता है । मतलब पहला शब्द का अंताक्षर और दूसरे शब्द के पहले अक्षर को जोड़ कर 'संधि' बनाया जाता है ।

उदा : दश + अवतारम् - दशवतारम् — దశ్ + అవతారం = దశావతారం

अक्षर + अभ्यासमु - अक्षराभ्यासमु — అక్షర్ + అభ్యాసము = అక్షరాభ్యాసము

संधि के तीन भेद हैं । वे : 1. स्वर संधि అచ్చు సంధి 2. व्यंजन संधि వ్యంజన సంధి हल्लु संधि (హల్లు సంధి) 3. विसर्ग संधि విసర్గ సంధి

1. **स्वर संधि अच्चु संधि అచ్చుసంధి (Union of Vowel) :** दो स्वर के मुलाकात से होनेवाली बदलाव को स्वर संधि कहते है । इनके कई प्रकार हैं वे हैं । गुण संधि, यण संधि, वृद्धि संधि आदि ।

गुण संधि గుణసంధి : अ या आ के बाद इ या ई आये तो उन दोनों को भी 'ए' जैसा और उ, ऊ आये तो उन दोनों के मेल से 'ओ' जैसा बदल जायेगा ।

उदा : महा + इन्द्र = महेन्द्र — మహా + ఇంద్ర = మహేంద్ర

राजा + ईश = राजेश — రాజా + ఈశ్ = రాజేశ్

यण संधि యణ సంధి : इ, ई, उ, ऊ, ऋ (ఇ, ఈ, ఉ, ఊ, ऋ) के बाद उसी जाति के सम्बन्धी अक्षर बिना दूसरा अक्षरों की जोड़ी हुए तो इ, ई (ఇ, ఈ) स्थान में य (య) उ, ऊ (ఉ, ఊ) स्थान में व (వ), ऋ (ఋ) के स्थान में र (ర), अक्षर आता है ।

उदा : इति + आदि = इत्यादि — ఇతి + ఆది = ఇత్యాది

अनु + एषण = अन्वेषण — అను + ఏషణ్ = అన్వేషణ

यदि + अपि = यद्यपि — యది + అపి = యద్యపి

1. **वृद्धि संधि వృద్ధి సంధి :** 'अ' या 'आ' के बाद 'ए' या 'ऐ' जोड़ी हुए तो दोनों मिलकर ऐ (ఐ) जैसा, और ओ (ఓ) या ऐ (ఐ) जोड़ी हुए तो दोनों मिलकर औ (ఔ) जैसा बदल जायेंगे ।

उदा : एक + एक = एकैक ఏక్ + ఏక్ = ఏకైక

लिंग + ऐकया = लिंगैक्या లింగ్ + ఐక్య = లింగైక్య

2. **व्यंजन संधि వ్యంజన్ సంధి (Union of Consonant)** : दो व्यंजन के मुलाकात से बनने वाले बदलाव को व्यंजन संधि कहतै है । और इसमें व्यंजन के बाद स्वर या व्यंजन शब्द आये तो व्यंजन में बदला आती है ।

उदा : वाक + दान = वाग्दान వాక్ + దాన్ = వాగ్దాన్

वाक + ईश = वागीश వాక్ + ఈశ్ = వాగీశ్

3. **विसर्ग संधि విసర్గ సంధి :** विसर्ग के बाद स्वर या व्यंजन शब्द आये तो विसर्ग में हुए बदलाव को 'विसर्ग संधि' कहते है ।

ఉదా : निः + चल = निश्चल నిః + చల్ + నిశ్చల్

धनुः + टंकार = धनुष्टंकार ధనుః + టంకార్ + ధనుష్టంకార్

सूचना : संधि के कई भेद है । यहाँ सब देने की जरूरत नहीं है ।

'कहावतें' सामेतलु - సామెతలు (Proverbs)

अपना हाथ जगन्नाथ ।
अरचेतिलो वैकुन्टमु ।
అరచేతిలో వైకుంఠము.

आकाश बाँधे पाताल बाँधे ।
तूटलु मूसि तूमुलु तेरिचिनटलु ।
తూట్లు మూసి తూములు తెరిచినట్లు

आओ चलें घर तुम्हारा, खाना माँगे दुश्मन हमारा ।
एक्कडयिना बावा अनु गानी, वंगतोट वद्द बावा अनकु ।
ఎక్కడయినా బావ అను గాని, వంగతోట వద్ద బావా అనకు.

एक कान सुनो, दूसरे कान उड़ा दो ।
ई चेवितो विनडमु, आ चेवितो वदलडमु ।
ఈ చెవితో వినడము, ఆ చెవితో వదలడము.

अपना पूत, पराया टटीगर
काकि पिल्ल काकिकि मुद्दु
కాకి పిల్ల కాకికి ముద్దు.

अधजल गगरी छलकत जाय ।
कन्चु म्रोगीनट्लु कनकन्बु म्रोगुना ?
కుంచు మ్రోగినట్లు కనకంబు మ్రోగునా ?

हाथी के दाँत खाने के और दिखाने के और ।
चप्पेदोकटि चेसे दोकटि
చెప్పే దొకటి, చేసే దొకటి

अपने बच्चे को ऐसा मारूँ पड़ोसन की छाती फट जाए ।
अत्तपेरु पेट्टी कूतुर्नि कुम्पटलो वेसीन्दट ।
అత్తపేరు పెట్టి కూతురిని కుంపట్లో వేసిందట.

आई माई को काजर नहीं बिलाइ की भर माँगा
कडुपु कूटिकि एडिस्ते, कोप्पु पूलकु एड्चिन्दट
కడుపు కూటికి ఏడిస్తే, కొప్పు పూలకు ఏడ్చిందట.

धोबी का गधा न घर का न घाट का
ये पनी अवकुंडा पोवटं
ఏ పనీ అవకుండా పోవటం

आगे कुआँ, पीछे खाई ।
मुन्दुकु पोते गोय्यि, वेन्नकु पोते नुय्यी ।
ముందుకు పోతే గొయ్యి, వెనక్కు పోతే నుయ్యి.

आने के धन पर सोर राजा ।

अंगटलो बेल्लमु गुल्लो लिंगानिकि नैवेद्यमु ।

అంగట్లో బెల్లము గుళ్ళో లింగానికి నైవేద్యము.

अंधा सिपाही, कानी घोड़ी विधाना ने आप मलाई जोड़ी ।

गति लेनम्मकु मति लेनी मोगुडु ।

గతి లేనమ్మకు మతి లేని మొగుడు.

आप ही मियाँ माँगते, बाहर खडे धखेश

एकादशि इन्टिकि शिवरात्रि पोयीनट्लु

ఏకాదశి ఇంటికి శివరాత్రి పోయినట్లు

उल्टा चोर कोतवाल को डाँटे

मोगुण्णि कोट्टि मोगसालिकेक्कि एड्चिंदटा

మొగుణ్ణి కొట్టి మొగసాలికెక్కి ఏడ్చిందట.

18

मुहावरे / जातीयमुलु / జాతీయములు (Idioms)

अँगूठा चूमना	मुखस्तुति चेयुटा	ముఖస్తుతి చేయుట
जी लगना	मनस्सु लग्नमगुटा	మనస్సు లగ్నమగుట
जी लुभाना	मनस्सु नाकर्षिंचुटा	మనస్సు నాకర్షించుట
जीते जी	ब्रतिकि युंडगा	బ్రతికి యుండగా
टर फिस करना	अल्लरि चेयुटा	అల్లరి చేయుట
टाट उलटना	दिवाला तीयुटा	దివాలా తీయుట
टाल मटोल करना	नाकु चेप्पुटा	నాకు చెప్పుట
टीकाटिप्पणी करना	समीक्षिंचुटा	సమీక్షించుట
टीका लगाना	टीकालु वेयुटा	టీకాలు వేయుట
अँगूठा दिखाना	नम्मिंचि मोसगिंचुटा	నమ్మించి మోసగించుట
आँचल पसारना	दिनमुगा प्रार्थिंचुटा	దీనముగా ప్రార్థించుట
अंड बंड बकना	असंबद्दपु प्रलापमु चेयुटा	అసంబద్ధపు ప్రలాపము చేయుట
अंत करना	मितिमीरुटा, नाशनं चेयुटा	మితిమీరుట, నాశనం చేయుట
अंधाधूंध मचाना	अन्यायमु,अत्याचारमु चेयुटा	అన్యాయము, అత్యాచారము చేయుట
अंधा बनना	लेक्काचेयकपोवुटा	లెక్కచేయకపోవుట
अंधे की लाठी या लकड़ी	एकैक आधारमु	ఏకైక ఆధారము
अंधेरे मुँह या मुँह अंधेरे	कनु चीकटि उंडगाने	కను చీకటి ఉండగానే
अकड जाना	मिडिसिपडुटा	మిడిసిపడుట
अक्ल का दुश्मन	मूरखुडु	మూర్ఖుడు
अक्मजारी जाना	विवेकशून्युडगुटा	వివేకశూన్యుడగుట
अखरने लगना	गुच्चुकोनुटा	గుచ్చుకొనుట
अपनी बात का एक	माट निलकड गलवाडु	మాట నిలకడ గలవాడు

अपने ढंग का	अदभुतमैना	అద్భుతమైన
अपने मुँह मियाँ मिट्ठू बनना	तन्नुतानु पोगडुकोनुटा	తన్నుతాను పొగడుకొనుట
आफर जाना	पोट्टा उब्बिपोवुटा	పొట్ట ఉబ్బిపోవుట
अफवाह उड़ाना	पुकारु पुट्टिंचुटा	పుకారు పుట్టించుట
अब तब करना	नाकु चेप्पुटा, इदिगो आदिगो	నాకు చెప్పుట, ఇదిగో అదిగో
	अनि मोसमु चेयुटा	అని మోసము చేయుట
अब तब होना	मृत्युवु समीपिंचुटा	మృత్యువు సమీపించుట
अलख जगाना	एलुगेत्ति भगवंतुनि स्मरिंचुटा	ఎలుగెత్తి భగవంతుని స్మరించుట
आँख अटखना	प्रेम कलुगुटा	ప్రేమ కలుగుట
आँख आना, उठाना	कन्नुलु कलुगुटा	కన్నులు కలుగుట
आँख का काँटा	कंटिलो नलुसु	కంటిలో నలుసు
आँख गड़ना	रेप्पवाल्चका चूचुटा	రెప్పవాల్చక చూచుట
आँखें घुलना	चूपुलु कलियुटा	చూపులు కలియుట
अंकवार भरना	संतानमु कलुगुटा	సంతానము కలుగుట
अंकुश देना	ओत्तिडि चेयुटा	ఒత్తిడి చేయుట
अंग छूना	ओट्टु पेट्टुकोनुटा	ఒట్టు పెట్టుకొనుట
अंग करना	ओप्पुकोनुटा	ఒప్పుకొనుట
अंगार उगलना	मंडिपडुटा	మండిపడుట
अंगारे बरसाना	निप्पु चेरिगिनट्टलु एंडकायुटा	నిప్పు చెరిగినట్లు ఎండకాయుట
अंगुली काटना	पश्चात्ताप पडुटा	పశ్చాత్తాప పడుట
आँख में चढ़ना	कोपगींचुकोनुटा	కోపగించుకొనుట
आँखें चार होना	चूपुलु कलियुटा	చూపులు కలియుట
आँख निकालना	गुड्लुरूमिचूचुटा	గుడ్లురుమిచూచుట

आँखें पथराना	रेप्पा वाल्वा कुंडुटा	రెప్ప వాల్చ కుండుట
आँखें फटना	आश्चर्यपडुटा	ఆశ్చర్యపడుట
आँखें चढ़ाना	कोपगींचुटा	కోపగించుట
आँख में धूल झोंकना	कंटिलो दुम्मुकोटुटा	కంటిలో దుమ్ముకొట్టుట
आंचल पसारना	दीनुरालै प्रार्थिंचुटा	దీనురాలై ప్రార్థించుట
आँसू पोंछना	कन्नीरू तुडुचुटा	కన్నీరు తుడుచుట, ఓదార్చుట
अजिज करना	विसुगुचेंदुटा	విసుగుచెందుట
आठ-आठ आँसू रोना	वेक्कि वेक्कि एड्चुटा	వెక్కి వెక్కి ఏడ్చుట
आड़े आना	विघ्नमु कलिगिंचुटा	విఘ్నము కలిగించుట
आपे से बाहर होना	कोपमुतो तननु तानु मरचुटा	కోపముతో తనను తాను మరచుట
आबरु मिट्टी में मिलाना	मर्यादा मंटकलियुटा	మర్యాద మంటకలియుట
आवारा होना	पनिपाटु लेका देशदिम्मरियगुटा	పనిపాటు లేక దేశదిమ్మరియగుట
आशिक होना	वलपुलो चिक्कुटा	వలపులో చిక్కుట
आसमान पर चढ़ना	बढ़ाई कोट्टुटा	బడాయి కొట్టుట
आसमान सिर पर उठाना	अल्लकल्लोलमु चेयुटा	అల్లకల్లోలము చేయుట
आस्तीन का साँप	पक्कलो बल्लेमु	పక్కలో బల్లెము
छोटा कहना	व्यंग्योक्तुलाडुटा	వ్యంగ్యోక్తులాడుట
जंगल में पडना, फसना	चिक्कुलो पडुटा	చిక్కులోపడుట
जख्मखाना	गायपडुटा	గాయపడుట
जख्म देना	गायपरचुटा	గాయపరచుట
जड़ें जमाना	स्थिरमुगा स्थापिंचुटा	స్థిరముగా స్థాపించుట
जबान काट देना	प्रतिज्ञ चेयुटा	ప్రతిజ్ఞ చేయుట
जबान चलाना	चेड्डमाटलाडुटा	చెడ్డమాటలాడుట

जर्द पड़ना	वेलवेलपोवुटा, पालिपोवुटा	వెలవెలపోవుట, పాలిపోవుట
जल उठना	मंडिपडुटा	మండిపడుట
ज़वाब देना	तिरुगुबाटुचेयुटा	తిరుగుబాటుచేయుట
जहर उगलना	विषमुकक्कुटा	విషముకక్కుట
जान मारना	कष्टपडि पनिचेयुटा	కష్టపడి పనిచేయుట
जाया करना	व्यर्थमु चेयुटा	వ్యర్థము చేయుట
जाल फैलाना	उच्चुपन्नुटा	ఉచ్చుపన్నుట
जी उकताना	विसुगुचेंदुटा	విసుగుచెందుట
जी करना	कोरिका कलुगुटा	కోరిక కలుగుట
जी जान से चाहना	मनस्पूर्तिगा कोरुटा	మనస్ఫూర్తిగా కోరుట
जी भरकर	मनसारा	మనసారా
टेटे करना	चिलुक पलुकुलु	చిలుక పలుకులు పలుకుట
टेक निभाना	प्रतिज्ञ पूर्तिचेयुटा	ప్రతిజ్ఞను పూర్తిచేయుట
ठेढ़ी आँखों से देखना	वक्र दृष्टितो चूचुटा	వక్ర దృష్టితో చూచుట
गरदन नापना	मेडबेट्टि गेंटुटा	మెడబెట్టి గెంటుట
गर्क होना	लीनमैं उंडु	లీనమై ఉండు
गर्दन पर छुरी फेरना	अत्याचारमु चेयुटा	అత్యాచారముచేయుట
गला छूटना	पीड वदलुटा, रक्षिंपबडुटा	పీడ వదలుట, రక్షింపబడుట
गला फाड़ना	गोंतु चिंचुकोनुटा	గొంతు చించుకొనుట
गशखाना	मूर्छपोवुटा	మూర్ఛపోవుట
गाँठ खोलना	मनस्सुलोनि माटा चेप्पुटा	మనస్సులోని మాట చెప్పుట
गाढ़े दिन	आपत्कालमु	ఆపత్కాలము
गाल फुलाना	गर्वपडुटा, अलुगुटा	గర్వపడుట, అలుగుట
गाल बजाना	बडायी कोट्टुटा	బడాయి కొట్టుట

गालिब होना	व्यापिंचुटा	వ్యాపించుట
गाली खाना	तिट्लु तिनुटा	తిట్లు తినుట
गिरफ्तारी निकलना	वारंटु जारीयगुटा	వారంటు జారీయగుట
गीदड़ भभकी	बेदिरिंपु	బెదిరింపు
गडर जाना	चनिपोवुटा	చనిపోవుట
गुस्सा उतरना	कोपमु तग्गुटा	కోపము తగ్గుట
गुस्सा चढ़ना	कोपपडुटा	కోపపడుట
गोट पकड़ना	काल्ल मीद पडुटा	కాళ్ళ మీద పడుట
गोता खाना	नीट मुनुगुटा, मोसपोवुटा	నీట మునుగుట, మోసపోవుట
गोद लेना	दत्तु तीसुकोनुटा	దత్తు తీసుకొనుట
गोबर गणेश होना	अन्दा विहीनुडगुटा	అంద విహీనుడగుట
गोलमोल बात	डोंक तिरुगुडुगा माट्लाडुटा	డొంక తిరుగుడుగా మాట్లాడుట
गोल माल करना	कल्तीचेयुटा	కల్తీచేయుట
गोलधार बरसना	भोरून वर्षमु कुरीयुटा	భోరున వర్షము కురియుట
घनचक्कर में पड़ना	आपदलो चीक्कुकोनुटा	ఆపదలో చిక్కుకొనుట
घर आबाद करना	पेळळी चेसुकोनुटा	పెళ్ళి చేసుకొనుట
घाटे में आना	चिक्कुकोनुटा	చిక్కుకొనుట
घाटा उठाना	नष्टपडुटा	నష్టపడుట
घात चलाना	मंत्र तंत्रमुलु चेयुटा	మంత్ర తంత్రములు చేయుట
घाव पर नमक छिड़कना	पुंडुपै कारमु चल्लुटा	పుండుపై కారము చల్లుట
घिन करना	एवगिंचुकोनुटा	ఏవగించుకొనుట
घुटने टेकना	मोकरिल्लुटा	మోకరిల్లుట
घुन लगाना	चेदलु पट्टुटा	చెదలు పట్టుట
घुल मिल कर	कलसि मेलसि	కలసి మెలసి
घुला-घुला के मारना	पीडिंची चंपुटा	పీడించి చంపుట

घूँसा लगाना	गुद्दुटा	గుద్దుట
जंग चडना	किर्ति वच्चुटा	కీర్తి వచ్చుట
चकमा खाना	मोसपोवुटा	మోసపోవుట
चक्कर में आना	आश्चर्य चकितुडगुटा	ఆశ్చర్య చకితుడగుట
चक्की पीसना	एडतेगक पनिचेयुटा	ఎడతెగక పనిచేయుట
चपत जमाना	चंप देब्ब कोटुटा	చెంప దెబ్బ కొట్టుట
चिकनी चुपड़ी बातें करना	तिय्यनि माटलु माट्लाडुटा	తియ్యని మాటలు మాట్లాడుట
चित्त करना	कोरिक कलुगुटा	కోరిక కలుగుట
चित्त चुराना	मनस्सुनाकर्षिंचुटा	మనస్సునాకర్షించుట
चुगली करना, लगाना	चाडिलु चेप्पुटा	చాడీలు చెప్పుట
चुटकी देना	चिटिके वेयुटा	చిటికె వేయుట
चुप लाधना	मौनमु वहिंचुटा	మౌనము వహించుట
चेहरा उतरना	नाशनमु चेयुटा	నాశనము చేయుట
छंटा हुआ	प्रसिद्धुडगुटा	ప్రసిద్ధుడగుట
छाती खोलना	औदार्यमु चूपुटा	ఔదార్యము చూపుట
छाती थाम कर रह जाना	कुमिलि कुमिलि एडचुटा	కుమిలి కుమిలి ఏడ్చుట
छाती धड़कना	गुंडे दड दड कोट्टुकोनुटा	గుండె దడ దడ కొట్టుకొనుట
छाती पर पत्थर रखना	गुंडेनु राई चेसिकोनुटा	గుండెను రాయి చేసికొనుట
छप्पर फाड़ कर कमाना	ओल्लु वंचि पनि चेयुटा	ఒళ్ళు వంచి పని చేయుట
छापा मारना	सूक्ष्ममुगा परिशीलिंचुटा	సూక్ష్మముగా పరిశీలించుట

भाग - २

భాగం - 2

PART - 2

Scan me

पृष्ठ संख्या 111 से 134 की विषय-सामग्री ऑनलाइन
https://www.dropbox.com/scl/fi/99r7g8pk2hxu2uqil8zj8/LEARN-TELUGU-THROUGH-HINDI-PART-2.pdf?rlkey=3ivzpnegz53mnvjuk1r4vy0yj&st=jcwbsh96&dl=0
पर उपलब्ध है।

भाग - ३

భాగం - 3

PART - 3

प्रश्नवाचक संभाषणाए ప్రశ్నవాచక సంభాషణలు (Question Tag Conversations)

हिन्दी सीखने के लिये सबसे महत्वपूर्ण है प्रश्नों को पूछना। सुबह उठते ही हमारी जिंदगी प्रश्नों के साथ ही शुरू होती है कि नहीं ? नीचे कुछ प्रश्नवाचक शब्द दिये गये हैं। इनका सावधानीपूर्वक अवलोकन करें उन्हे सीखने के पश्चात हम बोलचाल में छाप प्रवाह हिन्दी बोल सकते हैं ?

क्या	...	ఏమిటి ?	...	एमिटि ?
कैसा	...	ఎట్లా ?	...	एट्ला ?
कहाँ	...	ఎక్కడ ?	...	एक्कडा ?
कितना	...	ఎంత ? ఎన్ని ?	...	एन्ता ? एन्नि ?
क्यों	...	ఎందుకు ?	...	एन्दुकु ?
कब	...	ఎప్పుడు ?	...	एप्पुडु ?
कौन	...	ఎవరు ?	...	एवरू ?
कौन सा	...	ఏ ?	...	ए ?
जभी	...	అప్పుడే	...	अप्पुडे ?
कहाँ पर	...	ఎక్కడ ?	...	एक्कडा ?
किसको	...	ఎవడికి ?	...	एवडिकि ?
किनके	...	ఎవరికి ?	...	एवरिकि ?

अब छोटी छोटी बातें और छोटे छोटे आदेश सीख लेंगे।

छोटी-छोटी बातें / चिन्न चिन्न माटलु / చిన్న చిన్న మాటలు (Small Words)

1.	खामोश	निश्शब्दम्	నిశ్శబ్దం
2.	चुप रहिए	माट्लाडवद्दु	మాట్లాడవద్దు
3.	सुनो	विनु	విను
4.	समझ लो	अर्धंचेसुको	అర్థంచేసుకో
5.	यहीं इन्तजार करो	इक्कडे वेचि उन्डु	ఇక్కడే వేచి ఉండు
6.	भूलना मत	मर्चिपोवद्दू	మర్చిపోవద్దు
7.	इधर आईये	इक्कडकु रन्डि	ఇక్కడకు రండి
8.	बाहर जाओ	बयटकु वेल्लन्डि	బయటకు వెళ్ళండి
9.	आगे देखो	मन्दुकु चूडु	ముందుకు చూడు
10.	पीछे मत देखो	वेनक्कि चूडकु	వెనక్కి చూడకు
11.	बाजू में क्या हैं ?	पक्कन एमि उन्दि	పక్కన ఏమి ఉంది ?
12.	जल्दी आइये	त्वरगा रन्डि	త్వరగా రండి
13.	नीचे उतरिये	किन्दकि दिगन्डि	కిందకి దిగండి
14.	ऊपर चढ़िये	पैकि एक्कन्डि	పైకి ఎక్కండి
15.	मुझे देखने दो	नन्नु चूडनिव्वु	నన్ను చూడనివ్వు
16.	बैठिये	कुर्चोन्डि	కూర్చోండి
17.	खड़े रहिए	निलबडन्डि	నిలబడండి
18.	यह क्या है ?	इदि एमिटि ?	ఇది ఏమిటి ?
19.	चाय पीओ	टी तागु	టీ తాగు
20.	मुँह धोओ	मोहं कदुक्कोन्डि	మొహం కడుక్కోండి
21.	उसको बुलाओ	अतडिनि पिलुवु	అతడిని పిలువు

22.	यह हटाओ	इदि जरुपु	ఇది జరుపు
23.	इसको हटाओ	दीन्नि जरूपु	దీన్ని జరుపు
24.	मुझे छोड़ दो	नन्नु वदलु	నన్ను వదలు
25.	बोलना मत	चेप्पवद्दु	చెప్పవద్దు
26.	मुझे बताओ	नाकु चेप्पु	నాకు చెప్పు
27.	मुझे नहीं चाहिए	नाकु वद्दु	నాకు వద్దు
28.	तुम्हे पानी चाहिये	नीकु नील्लु कावालि	నీకు నీళ్ళు కావాలి
29.	उन्हें दूध चाहिये	आयनकु पालु कावालि	ఆయనకు పాలు కావాలి

क्या / एमिटि / ఏమిటి (What)

1.	क्या बात है ?	एमिटि संगति ?	ఏమిటి సంగతి ?
2.	यह क्या है ?	इदि एमिटि ?	ఇది ఏమిటి ?
3.	उसका नाम क्या है ?	अतनि पेरू एमिटि ?	అతని పేరు ఏమిటి ?
4.	इसका मतलब क्या है ?	दीनि अर्दं एमिटि ?	దీని అర్థం ఏమిటి ?
5.	आपको क्या होना ?	तमरिकि एमि कावालि ?	తమరికి ఏమి కావాలి ?
6.	इस वक्त कितने बजे है ?	इप्पुडु समयं एंता ?	ఇప్పుడు సమయం ఎంత ?
7.	तुम इस समय में क्या करते हो ?	नीवु ई समयंलो एमि चेस्तावु?	నీవు ఈ సమయంలో ఏమి చేస్తావు?
8.	वह क्या है ?	अदि एमिटि ?	అది ఏమిటి ?
9.	आपने उनसे क्या कहा ?	तमरू आयनकु एमि चेप्पारु?	తమరు ఆయనకు ఏమి చెప్పారు ?
10.	तुम क्या खरीदना चाहते हो ?	नीवु एमिकोनालनु कोंटुन्नावु?	నీవు ఏమి కొనాలను కొంటున్నావు?

12. मै क्या करूँ ? नेनु एमि चेय्यालि ? నేను ఏమి చెయ్యాలి ?

13. तुम क्या करते हो ? नीवु एमि चेस्तावु ? నీవు ఏమి చేస్తావు ?

14. आप मुझे क्या देते हैं ? मीरू नाकु एमि इस्तारु ? మీరు నాకు ఏమి ఇస్తారు ?

कौन एवरु ఎవరు ? (Who)

1. आप कौन हैं ? मीरु एवरु
मీరు ఎవరు ?

2. तुम कौन हो ? नीवु एवरू ?
నీవు ఎవరు ?

3. मै कौन हूँ ? नेनु एवरु ?
నేను ఎవరు ?

4. आप किससे मिलना चाहते हैं ? मीकु एवरु कावालि ?
మీకు ఎవరు కావాలి ?

5. वह किससे मिलना चाहते हैं ? आयनकु एवरु कावालि ?
ఆయనకు ఎవరు కావాలి ?

6. वह कौन है ? अतनु/आमे/अदि एवरु ?
అతను/ఆమె/అది ఎవరు ?

7. इस घर में कौन-कौन रहते है ? ई इंट्लो एवरेवरुंटारु ?
ఈ ఇంట్లో ఎవరెవరుంటారు ?

8. वह मोटा लड़का कौन है ? आ लावाटि पिल्लवाडु एवरु ?
ఆ లావాటి పిల్లవాడు ఎవరు ?

9. इस जमीन का मालिक कौन है ? | ई भूमि यजमानि एवरु?
ఈ భూమి యజమాని ఎవరు ?

10. आपके परिवार में बड़े कौन है ? | मी कुटुंबंलो पेद्दवारू एवरू?
మీ కుటుంబంలో పెద్దవారు ఎవరు ?

11. यह प्रश्न पूछने वाले आप कौन हैं ? | ई प्रश्न अडगटानिकि तमरू एवरू ?
ఈ ప్రశ్న అడగటానికి తమరు ఎవరు ?

12. इस गली में तुम्हारा दोस्त कौन है ? | ई वीधिलो नी स्नेहितुडु एवरू ?
ఈ వీధిలో నీ స్నేహితుడు ఎవరు ?

13. वह तुमसे क्या बात करते हैं ? | अक्कड नीतो एवरु माट्लाडतारु ?
అక్కడ నీతో ఎవరు మాట్లాడతారు ?

14. आज की सभा में कौन-कौन सम्बोधित करेंगे ? | ई रोजु समावेशंलो एवरेवरू माट्लाडतारु ?
ఈరోజు సమావేశంలో ఎవరెవరు మాట్లాడతారు ?

15. तुम्हारी बहन कौन है ? | नी सोदरि एवरू ?
నీ సోదరి ఎవరు ?

16. मुझ से बात करने वाले तुम कौन हो ? | नातो माट्लाडटानिकि नुव्वु एवरू ?
నాతో మాట్లాడటానికి నువ్వు ఎవరు ?

17. ये किनके बच्चे है ? | वील्लु एवरि पिल्ललु ?
వీళ్ళు ఎవరి పిల్లలు ?

18. ये गुड़ियाँ किनकी है ? | अवि एवरि बोम्मलु?
అవి ఎవరి బొమ్మలు ?

19. यह किताब किसका है ? | ई पुस्तकं एवरिदि ?
ఈ పుస్తకం ఎవరిది ?

20. वह तुम्हारा कौन है ? | अतनु नीकु एमवुताडु ?
అతను నీకు ఏమవుతాడు ?

क्यों / एंदुकु / ఎందుకు ? (Why)

तुम मेरे घर क्यों आये हो ?	नुव्वु मा इन्टिकि एन्दुकु वच्चावु ? నువ్వు మా ఇంటికి ఎందుకు వచ్చావు ?
क्यों नही आना बोलो ?	एन्दुकु रावद्दो चेप्पु ? ఎందుకు రావద్దో చెప్పు ?
तुम क्यों नाराज होते हो ?	नुव्वु एन्दुकु कोप्पडतावु ? నువ్వు ఎందుకు కోప్పడతావు ?
तुमने तेलुगु क्यों सीख लिया ?	नुव्वु तेलुगु एन्दुकु नेर्चुकुन्नावु ? నువ్వు తెలుగు ఎందుకు నేర్చుకున్నావు ?
तुमने क्यों नहीं सीखा बोलो ?	नुव्वु एन्दुकु नेर्चुकोलेदो चप्पु ? నువ్వు ఎందుకు నేర్చుకోలేదో చెప్పు ?
आप वहाँ क्यों गये ?	मीरु अक्कडिकि एन्दुकु वेल्लारु మీరు అక్కడికి ఎందుకు వెళ్ళారు ?
आज आप क्यों नहीं आये ?	ई रोजु मीरू एन्दुकु रालेदु ? ఈ రోజు మీరు ఎందుకు రాలేదు ?
तुम प्रतिदिन दफ्तर क्यों जाते हो ?	नुव्वु प्रति रोजु कार्यालयानिकि एन्दुकु वेलतावु ? నువ్వు ప్రతి రోజు కార్యాలయానికి ఎందుకు వెళతావు ?
वह औरत क्यों जोर से बात कर रही है ?	आ स्त्री एन्दुकु गट्टिगा माट्लाडुतू उन्दि ? ఆ స్త్రీ ఎందుకు గట్టిగా మాట్లాడుతూ ఉంది ?
तुम क्यों नहीं खेले ?	नुव्वु एन्दुकु आडलेदु ? నువ్వు ఎందుకు ఆడలేదు ?

आपने इतनी देर क्यों की (किया) ?	मीरु एन्दुकु इन्त आलस्यं चेशारु ? మీరు ఎందుకు ఇంత ఆలస్యం చేశారు ?
आपने उनसे क्यों नहीं बोले ?	मीरु आयनकु एन्दुकु चेप्पलेदु ? మీరు ఆయనకు ఎందుకు చెప్పలేదు ?
तुम उनसे क्यों मिले ?	नुव्वु वारिनि एन्दुकु कलिशावु ? నువ్వు వారిని ఎందుకు కలిశావు ?
मैं आपको क्यों जवाब दूँ ?	नेनु तमरिकि एन्दुकु जवाबु इव्वालि ? నేను తమరికి ఎందుకు జవాబు ఇవ్వాలి ?
वह क्यों हँसा ?	अदि एन्दुकु नव्विन्दि ? అది ఎందుకు నవ్వింది ?
वह हमको क्यों ?	अदि मनकु एन्दुकु ? అది మనకు ఎందుకు ?
उसने वह नौकरी क्यों छोड़ दी ?	अतनु आ उद्योगं एन्दुकु वदिलेशाडु ? అతను ఆ ఉద్యోగం ఎందుకు వదిలేశాడు ?
तुम क्यों भागते हो ?	नुव्वु एन्दुकु परुगेडतावु ? నువ్వు ఎందుకు పరుగెడతావు ?
मैं भागा तो तुम्हें क्या हुआ ?	नेनु परुगेडिते नीकु एमवुतादि ? నేను పరుగెడితే నీకు ఏమవుతాది ?
तुम क्यों सीधा जवाब नहीं देते हो ?	नुव्वु एन्दुकु नेरुगा जवाबु इव्ववु ? నువ్వు ఎందుకు నేరుగా (తిన్నగా) జవాబు ఇవ్వవు ?

कहाँ / किधर एक्कडा / ఎక్కడ ? (Where)

आप कहाँ रहते हैं ? — मीरु एक्कड उंटारु ?
మీరు ఎక్కడ ఉంటారు ?

हम कहाँ रहते है ? — मनं एक्कड उंटां ?
మనం ఎక్కడ ఉంటాం ?

वे लोग कहाँ रहते हैं ? — वाल्लु एक्कड उंटारु ?
వాళ్ళు ఎక్కడ ఉంటారు ?

तुम्हारी पाठशाला कहाँ है ? — नी पाठशाला एक्कडा ?
నీ పాఠశాల ఎక్కడ ?

मुझे कहाँ जाना है ? — नेनु एक्कडिकि वेल्लालि ?
నేను ఎక్కడికి వెళ్ళాలి ?

तुम कहाँ जाओगे ? — नीवु एक्कडिकि वेल्लालि ?
నీవు ఎక్కడికి వెళ్ళాలి ?

आप कहाँ जा रहे हैं ? — मीरु एक्कडिकि वेल्लालि ?
మీరు ఎక్కడికి వెళ్ళాలి ?

आपके गाड़ी को कहाँ खड़ी करनी है ? — मी वाहनान्नि एक्कड निलपालि ?
మీ వాహనాన్ని ఎక్కడ నిలపాలి ?

तुम कहाँ काम करते हो ? — नीवु एक्कड पनि चेस्तावु ?
నీవు ఎక్కడ పని చేస్తావు ?

तुम कहाँ काम रहे हो ? — नीवु एक्कड पनि चेस्तू उन्नावु ?
నీవు ఎక్కడ పని చేస్తూ ఉన్నావు ?

तुम कहाँ से देखते हो ? — नीवु एक्कडि नुंडि चूस्तावु ?
నీవు ఎక్కడి నుండి చూస్తావు ?

हम किधर मिलेंगे ?

मनम् एक्कड कलुसुकुन्दाम् ?

మనం ఎక్కడ కలుసుకుందాం ?

उनको कहाँ मिलते हो ?

वारिनि एक्कडा कलुस्तावु ?

వారిని ఎక్కడ కలుస్తావు ?

तुम्हारे पास इतने रूपये कहाँ से आये ?

आपका घर कहाँ है ?

नीकु इन्त डब्बु (इन्नी रूपायलु)

एक्कडि नुन्डि वच्चिंदि ?

నీకు ఇంత డబ్బు (ఇన్ని రూపాయలు)

ఎక్కడి నుండి వచ్చింది ?

आपका घर कहाँ है ?

मी इल्लु एक्कडा ?

మీ ఇల్లు ఎక్కడ ?

कैसा / एटला / ఎట్లా ? (How)

आप कैसे जाते है ?

मीरू एट्ला वेलतारू ?

మీరు ఎట్లా వెళతారు ?

तुम कैसे जाते हो ?

नीवु एट्ला वेलतावु

నీవు ఎట్లా వెళతావు ?

मैं कैसे जाना ?

नेनु एट्ला वेल्लालि ?

నేను ఎట్లా వెళ్ళాలి.

वे लोग कैसे जाने ?

वाल्लु एट्ला वेल्लालि ?

వాళ్ళు ఎట్లా వెళ్ళాలి ?

ये / इन लोग कैसे जाने ?

वील्लु एट्ला बतकालि ?

వీళ్ళు ఎట్లా బతకాలి ?

मुझे कैसे मालूम हुआ ?

नाकु एट्ला तेलुस्तुन्दि ?

నాకు ఎట్లా తెలుస్తుంది ?

तुम्हें कैसे मालूम हुआ ?

नीकु एट्ला तेलिसिन्दि ?

నీకు ఎట్లా తెలిసింది ?

मैं तुम्हें कैसे दूँ ?	नेनु नीकु एट्ला इव्वालि ? నేను నీకు ఎట్లా ఇవ్వాలి ?
मैंने तुमको कैसे दिया ?	नेनु नीकु एट्ला इच्चानु ? నేను నీకు ఎట్లా ఇచ్చాను ?
वे मुझे कैसे देंगे ?	वाल्लु नाकु एट्ला इस्तारू ? వాళ్ళు నాకు ఎట్లా ఇస్తారు ?
इसकी पढ़ाई कैसी चल रही है ?	वीडि / इतनि चदुवु एट्ला सागुतोंदि ? వీడి/ఇతని చదువు ఎట్లా సాగుతోంది ?
उनके गाँव कैसे जायेंगे ?	वारि ग्रामानिकि एट्ला वेल्लालि ? వారి గ్రామానికి ఎట్లా వెళ్ళాలి ?
शादी किस तरह हुई ?	पेंड्लि ए विधंगा जरिगिंदि ? పెండ్లి ఏ విధంగా జరిగింది ?
तुम कैसे हो ?	नीवु एट्ला उन्नावु ? నీవు ఎట్లా ఉన్నావు ?
व्यापार / धंधा कैसे चला रहे हो ?	व्यापारं एट्ला नडिपिस्तुन्नावु ? వ్యాపారం ఎట్లా నడిపిస్తున్నావు ?
गायों को कैसे चरा रहे हो ?	आवुलनु एट्ला मेपुतुन्नारू ? ఆవులను ఎట్లా మేపుతున్నారు ?
भैंस कैसे चर रही है ?	बर्रेलु गेदेलु एट्ला मेस्तुन्नाई ? బర్రెలు/గేదెలు ఎట్లా మేస్తున్నాయి ?
आप कैसे निगलते है ?	मीरू एट्ला मिंगुतारू ? మీరు ఎట్లా మింగుతారు ?

चाय कैसे बनाते हैं ?	टी एट्ला (तयारू) चेयाली ? టీ ఎట్లా (తయారు) చెయ్యాలి ?
सब्जी कैसे खरीदी जाती हैं ?	कूरगायलु एट्ला कोनालि ? కూరగాయలు ఎట్లా కొనాలి ?
रसोइया कैसे रहता है ?	वंटवाडु एट्ला उन्टाडु ? వంటవాడు ఎట్లా ఉంటాడు ?

कब / एप्पुडु / ఎప్పుడు ? (When)

तुम कब उठते हो ?	नीवु एप्पुडु निद्र लेस्तावु ? నీవు ఎప్పుడు నిద్ర లేస్తావు ?
मुझे कब उठना चाहिए ?	नेनु एप्पुडु मेल्कोनालि ? నేను ఎప్పుడు మేల్కొనాలి ?
कब उठे तो अच्छा रहेगा ?	एप्पुडु निद्र लेस्ते मंचिदि ? ఎప్పుడు నిద్ర లేస్తే మంచిది ?
कब गए तो अच्छा रहेगा ?	एप्पुडु वेलिते मंचिदि ? ఎప్పుడు వెళితే మంచిది ?
तुम कब आओगे ?	नीवु एप्पुडु वस्तावु ? నీవు ఎప్పుడు వస్తావు ?
आप कब आयेंगे ?	मीरू एप्पुडु वस्तारू ? మీరు ఎప్పుడు వస్తారు ?
मैं कब आऊँगा ?	नेनु एप्पुडु वस्तानु ? నేను ఎప్పుడు వస్తాను ?
आपकी बेटी की शादी कब हैं ?	मी अम्माई पेल्लि एप्पुडु ? మీ అమ్మాయి పెళ్ళి ఎప్పుడు ?

मैं अपने घर कब जाऊँगा ?	नेनु ना इंटिकि एप्पुडु वेलतानु ? నేను నా యింటికి ఎప్పుడు వెళతాను ?
मैं यह काम कब शुरू कर सकता हूँ ?	नेनु ई पनि एप्पुडु प्रारंभिन्चगलनु ? నేను ఈ పని ఎప్పుడు ప్రారంభించగలను ?
आप कार्यालय / दफ्तर कब जायेंगे ?	मीरु अफिसुकि एप्पुडु वेलतारू ? మీరు ఆఫీసుకి ఎప్పుడు వెళతారు ?
हम कब जायेंगे ?	मनम् एप्पुडु वेलतां ? మనం ఎప్పుడు వెళతాం ?
हम कब शादी करेंगे ?	मनं एप्पुडु पेल्लि चेसुकुन्दां మనం ఎప్పుడు పెళ్ళి చేసుకుందాం ?
हम कब खाना खायेंगे ?	मनम् एप्पुडु भोजनं चेद्दां మనం ఎప్పుడు భోజనం చేద్దాం ?
हम वहाँ/उधर कब पहुँचेंगे ?	मनम् अक्कडिकि एप्पुडु चेरूकुन्टां ? మనం అక్కడికి ఎప్పుడు చేరుకుంటాం ?
उसने कब किया ?	अतडु एप्पुडु चेशाडु ? అతడు ఎప్పుడు చేశాడు ?
वह कब होगा ?	अदि एप्पुडु जरूगुतुन्दि ? అది ఎప్పుడు జరుగుతుంది ?
छुट्टी किस दिन होगी ?	सेलवु रोजु एप्पुडु ? సెలవు రోజు ఎప్పుడు ?
आपका शादी कब होगी ?	मी पेल्लि एप्पुडु ? మీ పెళ్ళి ఎప్పుడు ?

कितना / एन्नि / एंता - ఎన్ని / ఎంత? (How many ? / How much ?)

एक रूपया में कितने पैसे है ?	ओक रूपयीकि एन्नि पैसलु ? ఒక రూపాయికి ఎన్ని పైసలు ?
एक करोड में कितने शून्य रहते हैं ?	ओक कोटिलो एन्नि सुन्नालुंटाई ? ఒక కోటిలో ఎన్ని సున్నాలుంటాయి ?
आपकी उम्र कितनी है ?	मी वयस्सेन्ता ? మీ వయస్సెంత ?
तुम सुबह कितनी इडली खा सकते हो ?	नीवु उदयं एन्नि इडलीलु तिनगलवु ? నీవు ఉదయం ఎన్ని ఇడ్లీలు తినగలవు ?
आप प्रतिदिन कितने बजे कार्यालय/दफ्तर जाते हैं?	प्रतिरोजु एन्नि गंटलकु अफिसुकु वेलतारू ? ప్రతిరోజు ఎన్ని గంటలకు ఆఫీసుకు వెళతారు ?
तुम प्रतिदिन कितना काम करते हो ?	नुव्वु रोजू एन्नि पनुलु चेस्तावु ? నువ్వు రోజూ ఎన్ని పనులు చేస్తావు ?
तुम्हें कितना चाहिए ?	नीकु एन्नि कावालि ? నీకు ఎన్ని కావాలి ?
इन्द्रधनुष में कितने रंग रहते हैं ?	इन्द्रधनुस्सुलो एन्नि रंगुलुंटायि ? ఇంద్రధనుస్సులో ఎన్ని రంగులుంటాయి ?
तुम प्रतिदिन कितने बार खाना खाते हो ?	नीवु रोजू एन्निसारलु भोजनं चेस्तावु ? నీవు రోజూ ఎన్నిసార్లు భోజనం చేస్తావు ?
यह सब्जी कितने में बेचते हो ?	ई कूरगायलु एन्ता धरकु इस्तावु ? ఈ కూరగాయలు ఎంత ధరకు ఇస్తావు ?

इसके पहले हम कब, क्यों, कितना, कौन जैसे प्रश्न वाचक **(Question tag Words)** शब्दों का प्रयोग कर प्रश्न पूछने का तरीका सीख चुके हैं । अब इसमें ही साधारण पद्धति से कुछ आज्ञा सूचक वाक्यों का अध्ययन करेंगे ।

तुम क्या समझते हो ?	नुव्वु एमनुकुन्टुन्नावु నువ్వు ఏమనుకుంటున్నావు ?
इसको उधर / वहाँ रखो	दीन्नि अक्कड पेट्टु దీన్ని అక్కడ పెట్టు.
फौरन आओ ?	वेंटने रा ! వెంటనే రా !
आपको क्या मालूम है ?	मीकु एमि तेलुसु? మీకు ఏమి తెలుసు ?
धीरे जाओ ?	नेम्मदिगा वेल्लु నెమ్మదిగా వెళ్ళు
जल्दी जाओ	वेगंगा वेल्लु వేగంగా వెళ్ళు
इसे / इसको सम्भालिये	दीन्नि जाग्रत्ता पेट्टंडि దీన్ని జాగ్రత్త పెట్టండి
चुपचाप रहो	नोरमूसुकुनि उन्डु నోర్మూసుకుని ఉండు
यहाँ / इधर आओ	इटु रा ఇటు రా
खामोश	निश्शब्दं నిశ్శబ్దం
यहाँ / इधर देखो	इटु चूडु ఇటు చూడు
देखो / देखिए	चूडु / चूडंडि చూడు / చూడండి

हठो / हठिए	तप्पुको / तप्पुकोंडि తప్పుకో / తప్పుకోండి
हठाइए	तप्पिंचन्डि / तोलगिंचन्डि తప్పించండి/తొలగించండి
कोशिश करो	प्रयत्निंचु ప్రయత్నించు
तैयार रहिए	सिद्दंगा उंडन्डि సిద్ధంగా ఉండండి
यह खाओ	इदि तिनु ఇది తిను
उसको छोड़ो	दान्नि वदलु దాన్ని వదలు
इसको छोड़ दो	दीन्नि वदिलेय దీన్ని వదిలెయ్
धीरे धीरे चलो	नेम्मदि नेम्मदिगा नड्डु నెమ్మది నెమ్మదిగా నడు
तुम यहाँ रूको	नुव्वु इक्कड आगु నువ్వు ఇక్కడ ఆగు
सोच समझकर बोलो	आलोचिन्चि माट्लाडु ఆలోచించి మాట్లాడు
देखकर चलो	चूसि नड्डु చూసి నడువు

भूलना मत / मत भूलो	मर्चि पोवद्दु మర్చి పోవద్దు
बोलना मत / मत बोलो	माट्लाडवद्दु మాట్లాడవద్దు
मत बताना	चेप्पवद्दु చెప్పవద్దు
उन्हे तंग मत करो	आयननु विसिगिंचकु ఆయనను విసిగించకు
असली बात बताओ	असलु संगति चेप्पु అసలు సంగతి చెప్పు
देर से मत जाना	आलस्यंगा वेलवद्दु ఆలస్యంగా వెళ్ళవద్దు
मुझे परेशान मत करो	नन्नु इब्बन्दि पेट्टवददु నన్ను ఇబ్బంది పెట్టవద్దు
मुझे जाने दो	नन्नु वेल्लनिव्वु నన్ను వెళ్ళనివ్వు
वापस जाइए	वेनक्कि तिरिगि वेल्लिपोन्डि వెనక్కి తిరిగి వెళ్ళిపోండి
पढ़ो, लिखो आगे बढ़ो	चदुवु, व्राइ, मुन्दुकु पो చదువు, వ్రాయి, ముందుకు పో !
आप थोड़ा समझ लेना	तमरु कोंचें अर्थं चेसुकोवालि తమరు కొంచెం అర్థం చేసుకోవాలి
तुम मुझे समझाओ	नुव्वु नाकु अर्धमय्येट्टु चेय्यी నువ్వు నాకు అర్థమయ్యేటట్టు చెయ్యి

अब हम कुछ क्रोध से सम्बन्धित बातें सीखेंगे । क्रोध वाले वाक्यों के अंत में आनेवाली क्रिया शब्द को हम हल्का छोडते है । उदाहरण : करो (चेय्यि చెయ్యి) रहो (उंडु - ఉండు), बोलो - (माटलाडु మాట్లాడు).

तुमको अकल नहीं है	नीकु बुद्धिलेदु నీకు బుద్ధిలేదు
तुम मेरी बात सुनो	नुव्वु ना माट विनु నువ్వు నా మాట విను
सीधी तरह बातें करो	माटलु तिन्नगा रानिव्वु మాటలు తిన్నగా రానివ్వు
फिजुल बातें मत करो	अनवसर माटलु माट्लाडकु అనవసర మాటలు మాట్లాడకు
नाराज मत हो	कोपपडकु కోపపడకు
गुस्सा मत करो	अवेशपडकु ఆవేశపడకు
मैं क्या करूँ	नेनु एं चेय्यनु నేను ఏం చెయ్యను ?
मेरी नजर से दूर हो जाओ ।	ना कंटी नुन्चि दूरंगा फो । నా కంటి నుంచి దూరంగా ఫో !
वह बेकार है	आयन पनिकिमालिनवाडु ఆయన పనికిమాలినవాడు
मैं तुमको कभी भी माफ नहीं करूँगा ।	नेनु निन्नु एप्पटिकी क्षमिंचनु నేను నిన్ను ఎప్పటికీ క్షమించను.

घूर कर देखना अच्छा नहीं है ।	कोपंगा चूडटम् मंचिदिकादु కోపంగా చూడటం మంచిదికాదు
वह बकवास करती है ।	अदि / आमे अवसरंलेनि वागुडु वागुतुन्दि అది / ఆమె అవసరంలేని వాగుడు వాగుతుంది.
मेरी बोलचाल बन्द है ।	ना माटलु आगि पोईनै నా మాటలు ఆగి పోయినై
फिजुल झगड़ा मत करो	अनवसरा तगादा वद्दु అనవసర తగాదా వద్దు
तुम पर यकीन नहीं है ।	नी मीद नम्मकं लेदु నీ మీద నమ్మకం లేదు
गलती किसकी है ?	तप्पु एवडिदि ? తప్పు ఎవడిది ?
गलती किस की भी नहीं है	तप्पु एवरिदी कादु తప్పు ఎవరిదీ కాదు
सीधी बात करो ।	सरिगा माट्लाडु సరిగా మాట్లాడు
सीधा खड़े रहो ।	तिन्नगा नुंचो / निलचो / निलबडु తిన్నగా నుంచో / నిల్చో / నిలబడు
आप मुझसे बात मत कीजिए ।	मीरू नातो माट्लाडवद्दु మీరు నాతో మాట్లాడవద్దు
वह बहुत सुस्त है ।	अदि महा नीर्संदि అది మహా నీర్సంది.

मुझे शौक नहीं है	नाकु मोजु लेदु నాకు మోజు లేదు.
तुम अपना वादा भूल गये क्या ?	नुव्वु इच्छिन माटा मर्चिपोयावा ? నువ్వు ఇచ్చిన మాట మర్చిపోయావా ?
कैसे आदमी हो तुम ?	नुव्वें मनिषिवि ? నువ్వేం మనిషివి ?
मुझ से बच कर नहीं जा सकते ।	ना नुन्चि तप्पिंचुकुनि पोलेवु నా నుంచి తప్పించుకుని పోలేవు.
वे लोग अचानक झगड़ा करने लगे	वाल्लु हठात्तुगा उन्नट्टुन्डि पोट्लाटकु दिगारू వాళ్ళు హఠాత్తుగా ఉన్నట్టుండి పోట్లాటకు దిగారు.
परेशान मत करो	कंगारू पडकु కంగారు పడకు.
घबराओ मत	गाबरा पडकु గాబరా పడకు
तुम जान बुझकर कर रहे हो ।	नुव्वु कावालने चेस्तुन्नावु నువ్వు కావాలనే చేస్తున్నావు.
ये / यह सब तुम्हारी वजह से ही हो रहा है ।	इदन्ता नी वल्लने / नी मूलंगाने ఇదంతా నీ వల్లనే / నీ మూలంగానే

अभी तक हम प्रश्नवाचक, आज्ञावाक्य और क्रोध सम्बन्धी शब्दों के बारे में थोडा सीख लिया हैं। अब हम कुछ सरल वाक्य सीखेंगे ।

अंदर आईए	लोपलिकि रंडि లోపలికి రండి
बैठिये	कूर्चोंडि కూర్చోండి
आपका नाम क्या है ?	तमरि पेरेमिटि ? తమరి పేరేమిటి ?
मेरा नाम गौरीनाथ है ।	ना पेरू गौरीनाथ నా పేరు గౌరీనాథ్
आपका नाम बहुत अच्छा है ।	मी पेरू चाला बागुन्दि మీ పేరు చాలా బాగుంది.
शुक्रिया	कृतज्ञतलु / थांक्स् కృతజ్ఞతలు/థాంక్స్
आप कहाँ रहते है ?	मीरू एक्कडा उन्टारू మీరు ఎక్కడ ఉంటారు ?
हम मौलाली में रहते है ।	में मौलालिलो उंटां మేం మౌలాలిలో ఉంటాం.
क्या काम करते हैं आप ?	एम पनि चेस्तारू मीरू ? ఏం పని చేస్తారు మీరు ?
मैं कुम्हार हूँ ।	नेनु कुम्मारिनि నేను కుమ్మరిని
आपकी उम्र क्या है ?	मी वयसु एन्ता ? మీ వయస్సు ఎంత ?
क्या खाते हैं आप ?	मीरू एमि तिन्टारू ? మీరు ఏమి తింటారు ?

मैं कुछ भी नहीं खाता हूँ ।	नेनु एमी तिननु నేను ఏమీ తినను.
पानी पीता हूँ ।	नील्लु तागुतानु నీళ్ళు తాగుతాను.
खाना लाओ ।	भोजनं पट्टुकुरा । **భోజనం పట్టుకురా**
मैंने अभी चाय पी है	नेनु इप्पुडे टी तागानु నేను ఇప్పుడే టీ తాగాను.
परवाह नहीं ।	फर्वालेदु ఫర్వాలేదు.
बेफिक्र	भयपडकु భయపడకు.
बाद में देख लेंगे ।	तर्वाता चूसुकुन्दां తర్వాత చూసుకుందాం.
खाना खायेंगे ।	भोजनं चेद्दां భోజనం చేద్దాం.
आपको क्या चाहिए ।	मीकु एम् कावालि ? మీకు ఏం కావాలి ?
दोनों	रेंडूनु రెండూను.
आप वहाँ आइए	मीरू अक्कडिकि रन्डि మీరు అక్కడకి రండి.
आपने क्या कहा ?	मीरू एमन्नारू ? మీరు ఏమన్నారు ?

मैं कुछ भी नहीं बोला ।	नेनु एमी अनलेदु నేను ఏమీ అనలేదు.
आप क्या करते है ?	मीरू एमि चेस्तारू ? మీరు ఏమి చేస్తారు ?
मैं कुछ भी नहीं करता हूँ ।	नेनु एमी चेय्यनु నేను ఏమీ చెయ్యను.
आपकी जिन्दगी अच्छी है ।	मी जीवितं बागुन्दि మీ జీవితం బాగుంది.
रहने दो	उन्डनिव्वु ఉండనివ్వు.
रहने नहीं देता हूँ ।	उण्डनिव्वनु ఉండనివ్వను.
मैं छोड़ता हूँ ।	नेनु वदिलेस्तानु నేను వదిలేస్తాను.
मैं नहीं छोड़ता हूँ ।	नेनु वदलनिव्वनु నేను వదలనివ్వను.
मुझे भूख लग रही हैं ।	नाकु आकलिगा उन्दि నాకు ఆకలిగా ఉంది.
कितनी भूख है ?	एंता आकलि ? ఎంత ఆకలి ?
थोड़ी भूख ।	कोन्त आकलि కొంత ఆకలి.

भाग - ४

భాగం - 4

PART - 4

साधारण बातचीत

సాధారణ సంభాషణలు

हमें थोड़े वक्त के अन्तराल के पश्चात दूसरों से मुलाकात करनी है। इस दौरान हमें अपनी व्यवहारिक शैली ऊँची रखनी चाहिये इसलिए इस अभिवादन के पश्चात ही बातचीत प्राप्य करेंगे।

1. अभिवादन / वंदनं / వందనం

अभिवादन	अभिवंदनं	అభివందనం
नमस्ते / नमस्कार	नमस्ते / नमस्कार	నమస్తే/నమస్కార్
शुभदिन	मन्चिरोजु	మంచిరోజు
शुभोदय	शुभोदयं	శుభోదయం
कैसे है।	एला उन्नारू ?	ఎలా ఉన్నారు ?
मैं कुशल हूँ।	नेनु कुशलमे	నేను కుశలమే.
मैं खैरियत से हूँ।	नेनु क्षेमंगा उन्नानु	నేను క్షేమంగా ఉన్నాను.
आपसे मिल कर मैं खुश हूँ	मिम्मलनि कलुसुकुन्नंदुकु नाकु संतोषंगा उन्दि	మిమ్మల్ని కలుసుకున్నందుకు నాకు సంతోషంగా ఉంది.
हमे आपसे मिले काफी दिन हो गये।	मनं कलिसि चाला कालमैन्दि	మనం కలిసి చాలా కాలమైంది.
बहुत दिनों के बाद हम मिले।	चाला कालं तर्वाता मनं कलुसुकुन्नां	చాలా కాలం తర్వాత మనం కలుసుకున్నాం.
तुमसे / आपसे अचानक मिलकर मैं प्रसन्न हुआ।	मिम्मलनि / निन्नु अकस्मात्तुगा चूसि नेनु संतोष पड्डानु	మిమ్మల్ని / నిన్ను అకస్మాత్తుగా చూసి నేను సంతోష పడ్డాను.

2. शिष्टाचार सम्बन्धी वाक्य - సభ్యత-సంప్రదాయం (Courtesy and Tradition)

1. अतिथि महोदय, आइये अंदर पधारिये । — हाय सार ! रन्डि, रन्डि लोपलकि रन्डि ।
   హాయ్ సార్ ! రండి, రండి లోపలికి రండి.

2. आइये, आराम से बैठिये । — कूर्चोन्डि सार, कुर्चोन्डि, कोंचें विश्रांतीगा कूर्चोन्डि ।
   కూర్చోండి సార్, కూర్చొండి, కొంచెం విశ్రాంతిగా కూర్చోండి.

3. बेटा इधर एक गिलास पानी लाओ — बाबु इटु रा ओक गिलासुतो मंचिनील्लु तीसुकुरा
   బాబూ ఇటు రా ! ఒక గ్లాసుతో మంచినీళ్ళు తీసుకు రా

4. कृपया कष्ट न करें । — दयचेसि इब्बन्दिपडकन्डि
   దయచేసి ఇబ్బందిపడకండి.

5. इसमें कोई कष्ट नहीं है । साब । — इन्दुलो कष्टमेमी लेदु सार
   ఇందులో కష్టమేమీ లేదు సార్.

6. हम आपकी क्या मदद कर सकते है ? — चेप्पन्डि मेमु मीकु ए सहायं चेय्यगलं ?
   చెప్పండి, మేం మీకు ఏ సహాయం చేయగలం ?

7. कुछ भी नही चाहता मैं । — एमी वद्दु नाकु ।
   ఏమీ వద్దు నాకు.

8. ठीक है । कृपया और थोड़ी देर रूकिये । — सरे, दयचेसि इन्का कोंचे सेपु उन्डंन्डी
   సరే, దయచేసి ఇంకా కొంచెం సేపు ఉండండి.

9. मुझे माफ कीजिये साब बस एक बार आपको देखने के लिए आया था । — क्षमिंचंडि ओकसारि मिम्मलनि चूड्डानिकि वच्चानन्ते.
   క్షమించండి ఒకసారి మిమ్మల్ని చూడడం కోసం వచ్చానంతే.

10. आपकी इजाज़त हो तो फिर मिलूँगा ठीक है ना । — तमरु सेलविस्ते मल्ली कलुस्ता, सरेना ?
    తమరు సెలవిస్తే మళ్ళీ కలుస్తా, సరేనా ?

11. ओ. के. जरूर । — सरे तप्पकुन्डा
    సరే తప్పకుండా.

3. मोची / चेप्पुलु कुट्टेवाडु / చెప్పులు కుట్టేవాడు (Cobbler)

मेरे चप्पल का फीता टूट गया है ।	ना चेप्पु पट्टी चिरिगि पोईन्दि నా చెప్పు పట్టీ చిరిగి పోయింది.
इसे निकाल कर दूसरा डालना । डाल रहे हो क्या?	इदि तीसिवेसि मरोकाटि वेय्यालि / वेस्तावा ? ఇది తీసివేసి మరొకటి వెయ్యాలి. వేస్తావా ?
हां साब ?	तप्पकुन्डा सार ! తప్పకుండా సార్ !
कितने हुये ?	एन्तवुतुन्दि ? ఎంతవుతుంది ?
दस रूपये साब ।	पदि रुपायलु अवुतुन्दि పది రూపాయలు అవుతుంది.
इस चप्पल में जो कील है उसे निकालकर सी देना ।	ई चेप्पुकि मेकु उन्दि अदि तीसिवेसि कुट्टालि चेस्तावा ? ఈ చెప్పుకి మేకు ఉంది. అది తీసివేసి కుట్టాలి. చేస్తావా?
कैसे सीना है साब ?	एट्ला कुट्टालि सार ? ఎట్లా కుట్టాలి సార్ ?
चमड़े या रेग्जिन से सीना ?	तोलुतो कुट्टाला ? लेक रेग्जिनतो कुट्टाला ? తోలుతో కుట్టాలా? లేక రెగ్జిన్‌తో కుట్టాలా?
चमड़ा रखकर सीना अच्छा रहेगा । समझ में आया क्या ?	तोलुपेट्टि कुट्टु, गट्टिगा उन्डालि अर्धमैन्दा ? తోలుపెట్టి కుట్టు, గట్టిగా ఉండాలి. అర్థమైందా ?
यह चप्पल अच्छा नहीं दिख रहा है पालिश करो ।	ई चेप्पुलु चक्कगा कनिपिंचटं लेदु । वीटिकि पालिश चेय्यी ఈ చెప్పులు చక్కగా కనిపించటంలేదు. వీటికి పాలిష్ చెయ్యి.

अब मैं इस पर बढ़िया पालिश करता हूँ फिर इसकी चमक आप देखना ।	इप्पुडु नेनु वीटिकि चक्कगा पालिशचेस्तानु. एट्ला मेरूस्तायो मीरे चूस्तारु ఇప్పుడు నేను వీటికి చక్కగా పాలిష్ చేస్తాను. ఎట్లా మెరుస్తాయో మీరే చూస్తారు.
तुम सिर्फ पुराने चप्पल की मरम्मत ही करते हो क्या ?	नुव्वु पाता चेप्पुलकि मरम्मत्तु मात्रमे चेस्तावा ? నువ్వు పాత చెప్పులకి మరమ్మత్తు మాత్రమే చేస్తావా?
वैसा कुछ भी नहीं है साब । नया चप्पल भी बनाता हूँ ।	अट्ला एम लेदु सार ! कोत्ता चेप्पुलु कूडा तयारू चेस्तानु అట్లా ఏం లేదు సార్ ! కొత్త చెప్పులు కూడా తయారు చేస్తాను.

4. बैंक में / बैंक लो / బ్యాంక్ లో (In the Bank)

क्षमा करिए साब ।	क्षमिंचन्डि सार् ! క్షమించండి సార్.
मैं इस बैंक में बचत खाता खोलना चाहता हूँ ।	नेनु ई बैंकलो पोदुपु खाता तेरवालनुकोन्दुन्नानु నేను ఈ బ్యాంక్‌లో పొదుపు ఖాతా తెరవాలను కొంటున్నాను.
ठीक है जी !	सरेनन्डि ! సరేనండి !
मैं आपको एक आवेदन पत्र देता हूँ ।	नेनु मीकु ओक दरखास्तु पत्रान्नि इस्तानु నేను మీకు ఒక దరఖాస్తు పత్రాన్ని ఇస్తాను.
इसको कैसे भरना है साब ।	दीनिनि नेनु एट्ला निंपालि सार । దీనిని నేను ఎట్లా నింపాలి సార్.
इस अच्छी प्रकार से पढ़ने पश्चात सही ढंग से भरिए ।	दीनिनि मोदटा बागा चदिवि तर्वाता सरिगा निंपंडि దీనిని మొదట బాగా చదివి తర్వాత సరిగా నింపండి
इस पत्र के साथ और कुछ देना है क्या ?	ई पत्रंतोपाटु इन्का एमैना इव्वाला ? ఈ పత్రంతోపాటు ఇంకా ఏమైనా ఇవ్వాలా ?

इस आवेदन पत्र के साथ एक हजार रूपयें जमा करना ।	ई पत्रंतोपाटु ओक वेय्यी रूपायलु जमा चेय्यालि ఈ పత్రంతో పాటు ఒక వెయ్యి రూపాయలు జమ చెయ్యాలి.
और कुछ साब !	इन्का एमैना सार ! ఇంకా ఏమైనా సార్ !
हमारे पुराने बैंक ग्राहक का आवेदन पत्र पर जमानत देना जरूरी है ।	मीकु तेलिसिना एवरैना मा ब्यांक कष्टमर हामी इव्वाली మీకు తెలిసిన ఎవరైనా మా బ్యాంక్ కష్టమర్ హామీ ఇవ్వాలి.
मतलब !	अन्टे అంటే !
कुछ नहीं । आवेदन पत्र में हस्ताक्षर करेगा बस ।	एम लेदु ! दरखास्तु पत्रंलो संतकं चेस्ते चालु ఏంలేదు ! దరఖాస్తు పత్రంలో సంతకంచేస్తే చాలు.
ये सब होने के बाद आप पास बुक देते हैं क्या ?	इवन्नी आईपोईना वेंटने पास बुक इच्चेस्तारा ? ఇవన్నీ అయిపోయిన వెంటనే పాస్‌బుక్ ఇచ్చేస్తారా ?
हाँ ! जरूर !	ऊँ तप्पकुन्डा । ఊం తప్పకుండా !
मेल ट्रान्सफर का क्या उपयोग है ?	मेईल ट्रान्सफर वल्ला उपयोगं एमिटि ? మెయిల్ ట్రాన్స్‌ఫర్ వల్ల ఉపయోగం ఏమిటి ?
यह डी.डी. से बहुत आसान है ।	इदि डि.डि. कन्टे चाला सुलभ मैनदि ఇది డి.డి. కంటే చాలా సులభమైనది.
अब आप यहाँ नगद डिपाजिट करोगे तो, वह सीधा आप लोगों के खाते में जमा हो जाता है ।	इप्पुडु मीरु इक्कडा डब्बु चेल्लींचिनट्लइते आदि मी वाल्ल अकौंटुलोनिकि नेरुगा वेलिपोतुन्दि ఇప్పుడు మీరు ఇక్కడ డబ్బు చెల్లించినట్లయితే, అది మీ వాళ్ళ అకౌంటులోనికి నేరుగా వెళ్ళిపోతుంది.
मैं एक जमीन खरीदना चाहता हूँ ।	नेनु ओक भूमि कोनालनुकुन्टुन्नानु నేను ఒక భూమి కొనాలనుకుంటున్నాను.

आपके बैंक में ऋण सुविधा हैं क्या ?	मी बैंकलो रुण सौकर्यं उन्नदा ? మీ బ్యాంక్‌లో రుణ సౌకర్యం ఉన్నదా ?
आप यह फार्म भर दीजिए। ऋण मिल जायेगा।	मीरु ई पत्रान्नि निंपन्डि, रुणं लभिस्तुन्दि। మీరు ఈ పత్రాన్ని నింపండి. రుణం లభిస్తుంది.
गहनों को सुरक्षित रखने के लिए आपके पास लॉकर सुविधा है क्या ?	नगलु भद्रंगा पेट्टूकोवडं कोसं मी वद्द लाकर सौकर्यं उन्नदा? నగలు భద్రంగా పెట్టుకోవడం కోసం మీ వద్ద లాకర్ సౌకర్యం ఉన్నదా ?

5. दर्जी की दुकान / दर्जी दुकाणं / దర్జీ దుకాణం (Tailoring Shop)

बोलिये साब ! क्या सीलाना है ?	चेप्पन्डि सार ! एम कुट्टाली ? చెప్పండి సార్ ! ఏం కుట్టాలి ?
सूट की सिलाई क्या लोगे ?	सूट कुट्टटानिकि एन्त तीसुकुन्टारु ? సూట్ కుట్టటానికి ఎంత తీసుకుంటారు ?
दो हजार लेता हूँ।	रेन्डु वेलु तीसुकुन्टानु రెండు వేలు తీసుకుంటాను.
यह बहुत ज्यादा है ?	वाव् ! इन्त मजूरीना ? వావ్ ! ఇంత మజూరీనా
उसमें बहुत काम होता है।	अदि चाला पनी तीसुकुंटुन्दि అది చాలా పని తీసుకుంటుంది.
मेरे कमीज के दो बटन टूट गये है। नये वाले टांक दीजिए।	ना शर्टकी रेन्डु गुंडिलु ऊडिपोईनाई कोत्तवी कुट्टन्डि నా షర్టుకి రెండు గుండీలు ఊడిపోయినాయి కొత్తవి కుట్టండి.
मैं एक कमीज बनवाना चाहता हूँ।	नेनु ओक शर्टु कुट्टिंचुकोवालनुकुन्टुन्नानु నేను ఒక షర్టు కుట్టించుకోవాలనుకుంటున్నాను.

मेरा नाप ले लीजिये ।	ना कोलतलु तीसुकोन्डि నా కొలతలు తీసుకోండి.
चुस्त नहीं ढीली सिलाइये ।	बिगुवुगा काकुन्डा वदुलुगा कुट्टंडी బిగువుగా కాకుండా వదులుగా కుట్టండి.
कमीज के लिए कितना कपड़ा चाहिए ?	चोक्काकि एन्त बट्टा कावाली ? చొక్కాకి ఎంత బట్ట కావాలి ?
ढाई मीटर कपड़ा चाहिए ।	रेन्डुन्नरा मीटरलु बट्टा कावालि. రెండున్నర మీటర్లు బట్ట కావాలి.
आपकी कमीज अभी सी रहे हैं साब ।	मी शर्टु इप्पुडे कुडुतू उन्नां सार । మీ షర్టు ఇప్పుడే కుడుతూ ఉన్నాం సార్.
पटलून कैसा बनेगा ?	पैन्टू संगति एमिटि ? ప్యాంటు సంగతి ఏమిటి ?
पटलून पेट के नीचे है ।	पैन्टू पोट्टा किंदिकि उन्दि । ప్యాంటు పొట్ట కిందికి ఉంది.
पटलून पेट पर ज्यादा फीट ।	पैन्टू पोट्टा मीद उन्डालि ? ప్యాంటు పొట్ట మీద ఉండాలి ?
ये दोनों कब तक तैयार होंगे ?	ई रेन्डू एप्पटिकल्ला तयारवुताई ? ఈ రెండూ ఎప్పటికల్లా తయారవుతాయి ?
पोंगल/त्योहार के पहले दे दूँगा ।	पंडुगकि मुन्दे इच्चेस्तानु । పండుగకి ముందే ఇచ్చేస్తాను.
आप फट गये सो भी सीते क्या ?	मीरु चिरिगि पोईनटुवंटिवि कूडा कुडतारा ? మీరు చిరిగి పోయినటువంటివి కూడా కుడతారా ?
नहीं साब ! उसमें काम ज्यादा । कमाई कम है ।	लेदु सार ! दानिलो पनि एक्कुवा, संपादना तक्कुवा లేదు సార్ ! దానిలో పని ఎక్కువ, సంపాదన తక్కువ.

रेडीमेड के आने के बाद हमारी आमदनी कम हो गयी।	रेडीमेड वच्चिन तर्वाता माकु आदायं तग्गिपोइन्दि రెడీమేడ్ వచ్చిన తర్వాత మాకు ఆదాయం తగ్గిపోయింది.

6. नाई की दुकान / मंगलि दुकाणं / మంగలి దుకాణం (Barber Shop)

बाल काटने को कितना लेते हो ?	जुट्टू कत्तिरिंचटानिकि एन्त तीसुकुंटारु ? జుట్టు కత్తిరించటానికి ఎంత తీసుకుంటారు ?
चालीस रूपये।	नलभैं रूपायलु। నలభై రూపాయలు.
हाँ ! चालीस रूपये क्या ?	हाँ ! नलभै रूपायला ? హాఁ ! నలభై రూపాయలా ?
इससे बिना बाल अच्छा है।	दीनि कन्टे गुन्डु मंचिदि। దీని కంటె గుండు మంచిది.
दाढ़ी को कितना लेते हो ?	गड्डानिकि एन्ता ? గడ్డానికి ఎంత ?
दस रुपये ?	पदि रूपायलु ? పది రూపాయలు ?
यह सब देखकर ऐसा लगता है गृहस्थ जीवन से सन्यासी बन जाऊँ।	इदंता चूस्तुन्टे संसारि कन्टे सन्यासि जीवितं मंचिदिगा अनिपिस्तोंदि। ఇదంతా చూస్తుంటే సంసారి కంటే సన్యాసి జీవితం మంచిదిగా అనిపిస్తోంది.
मेरे बाल कम करो।	ना जुट्टु तग्गिंचु। నా జుట్టు తగ్గించు.
मेरे बाल कट करिए।	ना जुट्टु कत्तिरिंचंडि। నా జుట్టు కత్తిరించండి.

उसके साथ दाढी भी बनाओ ।	दानितो पाटु गड्डं कुडा चेय्यी । దానితో పాటు గడ్డం కూడా చెయ్యి.
दाढ़ी बनाने के समय शेवर, ट्रिम्मर जैसे यन्त्रों को इस्तेमाल नहीं करना ।	गड्डं चेसेटप्पुडु शेवर, ट्रिम्मर मिशनलु उपयोगिंचवद्दु । గడ్డం చేసేటప్పుడు షేవర్, ట్రిమ్మర్ వంటి మిషన్లు ఉపయోగించవద్దు.
मेरे बाल कुछ कुछ झड़ रहे है ।	ना जुट्टु कोद्दि कोद्दिगा पलचबडुतोंदि । నా జుట్టు కొద్ది కొద్దిగా పలచబడుతోంది.
यह आपका खानदानी परंपरा है शायद ।	इदि बहुशा मी वंश पारंपर्थं एमो ! ఇది బహుశా మీ వంశ పారంపర్యం ఏమో !
बाल बढ़ने के लिए कुछ किया क्या ?	जुट्टु पेरगटानिकि एमैना चेशारा ? జుట్టు పెరగటానికి ఏమైనా చేశారా ?
कई इस्तेमाल किये । मगर फायदा कुछ भी नहीं मिला हैं ।	अनेकं उपयोगिंचानु, कानी कोंचें कूडा लाभं लेकपोइन्दि । అనేకం ఉపయోగించాను. కానీ కొంచెం కూడా లాభం లేకపోయింది.
तुम्हारा उस्तरा तेज नहीं चल रहा है ।	नी कत्ति पदुनुगा लेदु । నీ కత్తి పదునుగా లేదు.
दाढ़ी बनाते समय खरोंच नहीं लगनी चाहिये ।	गड्डं चेसेटप्पुडु गाट्लु पडवद्दु । గడ్డం చేసేటప్పుడు గాట్లు పడవద్దు.
मेरी मूँछें भी ठीक करो ।	ना मीसं सरिचेय्यी । నా మీసం సరిచెయ్యి.
तुम्हारे उस्तरे ने काट दिया है ।	नी कत्ति गादु पेट्टिन्दि । నీ కత్తి గాటు పెట్టింది.
वहाँ पर थोड़ी फिटकरी लगा दूँगा ।	अक्कडा कोंचें पटिका पेडतानु । అక్కడ కొంచెం పటిక పెడతాను

सिर पर थोड़ा तेल लगा दो । | तलमीद कोद्दिगा नूने पेट्टु ।
తలమీద కొద్దిగా నూనె పెట్టు.

मेरे नाखून काट दो । | ना गोल्लु कत्तिरिंचु ।
నా గోళ్ళు కత్తిరించు.

सबेरे कितने बजे दुकान खोलते हो ? | उदयं एन्निगंटलकु दुकाणं तेरुस्तारु ?
ఉదయం ఎన్నిగంటలకు దుకాణం తెరుస్తారు ?

रविवार को बहुत भीड़ रहती है । | आदिवारं चाला रद्दि उन्टुन्दि ।
ఆదివారం చాలా రద్దీ ఉంటుంది.

मंगलवार को हम दुकान नहीं खोलते । | मंगलवारं मेमु दुकाणं तेरवमु ।
మంగళవారం మేము దుకాణం తెరవము.

7. चश्मे की दुकान / कल्लजोल्ल दुकाणं / కళ్ళజోళ్ళ దుకాణం (Opticals Shop)

मेरे ऐनक की फ्रेम टूट गई है । | ना कल्लजोड़ु फ्रेम विरिगि पोइनदि ।
నా కళ్ళజోడు ఫ్రేమ్ విరిగి పోయినది.

इस मजबूत फ्रेम का दाम क्या है ? | ई मंदंगा उन्ना फ्रेम खरीदेंता ?
ఈ మందంగా ఉన్న ఫ్రేమ్ ఖరీదెంత ?

कुछ फ्रेमों के नमूने दिखाइए । | कोन्नि फ्रेमुला नमूनानु चूपिंचन्डि ।
కొన్ని ఫ్రేముల నమూనాను చూపించండి.

यह पहन कर देखिए । | इदि पेट्टुकुनि / धरिंचि चूडन्डि.
ఇది పెట్టుకుని / ధరించి చూడండి.

इस फ्रेम में तो आप बहुत अच्छे दिखते है । | ई नमूना फ्रेम धरिस्ते मीरु चाला बागा कनिपिस्तारु ।
ఈ నమూనా ఫ్రేం ధరిస్తే మీరు చాలా బాగా కనిపిస్తారు.

आजकल धूप ज्यादा है । | ई मध्या एन्ड वेडि एक्कुवगा उन्दि ।
ఈ మధ్య ఎండ వేడి ఎక్కువగా ఉంది.

उसलिए कुछ दिनों के लिए ठंडे चष्मे पहनिये ।

अन्दुवल्ल कोन्नि रोजुलुपादु कूलिंग ग्लासेस धरिंचन्डि

అందువల్ల కొన్ని రోజులుపాటు కూలింగ్ గ్లాసెస్ (చలువ అద్దాలు) ధరించండి.

मुझे अक्सर आँखों से पानी/आँसु आता है ।

नाकु अप्पुडप्पुडू कल्ल नुन्चि नीरु वस्तोन्दि

నాకు అప్పుడప్పుడూ కళ్ళ నుంచి నీరు వస్తోంది.

मुझे दृष्टि दोष है शायद ।

बहुशा नाकु दृष्टि दोषं उन्नदेमो !

బహుశా నాకు దృష్టి దోషం ఉన్నాదేమో !

पढ़ते समय मुझे आँख में दर्द होता है ।

चदिवेटप्पुडु नाकु कन्टि नोप्पि अवुतुन्दि ।

చదివేటప్పుడు నాకు కంటి నొప్పి అవుతుంది.

यहाँ कंम्पूटर द्वारा आँख की जांच करते है क्या?

इक्कड कंप्यूटर द्वारा कन्टि परिक्ष चेस्तारा ?

ఇక్కడ కంప్యూటర్ ద్వారా కంటి పరీక్ష చేస్తారా ?

उसके लिए स्पेशालिस्ट आयेंगे ।

दानिकोसं स्पेशलिस्ट वस्तारू ।

దానికోసం స్పెషలిస్ట్ వస్తారు.

वे लोग शाम को आयेंगे ।

वारु सायंत्रं वस्तारु ।

వారు సాయంత్రం వస్తారు.

हकीम से मिलने मैं आज शाम को आऊँगा ।

डाक्टरनि कलवटानिकि नेनु ई रोजु सायंत्रं वस्तानु ।

డాక్టర్‌ని కలవటానికి నేను ఈరోజు సాయంత్రం వస్తాను

आपकी शिकायत क्या है ?

मी समस्या एमिटि ?

మీ సమస్య ఏమిటి ?

मुझे दूर के अक्षर और चीजें स्पष्ट नहीं दिखती है ।

नाकु दूरंगा उन्न अक्षरालु मरियु वस्तुवुलु स्पष्टंगा कनिपिंचवु ।

నాకు దూరంగా ఉన్న అక్షరాలు మరియు వస్తువులు స్పష్టంగా కనిపించవు.

आँख की जाँच आप मुफ्त में करते हैं क्या ?	कन्टि परीक्ष मीरु उचितंगा चेस्तारा ? కంటి పరీక్ష మీరు ఉచితంగా చేస్తారా ?
जाँच तो मुफ्त में करते है । मगर ऐनक मुफ्त में नहीं देते ।	परीक्षा आइते उचितंगाने चेस्तामु कानी कल्लजोडु उचितंगा इव्वमु పరీక్ష అయితే ఉచితంగానే చేస్తాము. కానీ కళ్ళజోడు మాత్రం ఉచితంగా ఇవ్వము.
वह तो मुझे भी मालूम है ।	अदईते नाकू तेलुसु । అదయితే నాకూ తెలుసు.
फिर संदेह क्या है ?	मरि संदेहं एमिटि ? మరి సందేహం ఏమిటి ?
हाँ ! कुछ नहीं !	अब्बे ! एम् लेदंडि. అబ్బే ! ఏం లేదండి.
कुछ भी संदेह करो तो संदेह जैसा ही रहता है ?	एदैना सरे अनुमानंतो चेस्ते अनुमानंगाने उन्दुन्दि ఏదైనా సరే అనుమానంతో చేస్తే అనుమానంగానే ఉంటుంది
इसलिए संदेह छोड़ कर हम पर विश्वास/ यकीन रखिये ।	काबट्टि अनुमानं वदिलिपेट्टि मा मीद नम्मकं पेट्टन्डि కాబట్టి అనుమానం వదలిపెట్టి మామీద నమ్మకం పెట్టండి.
आप मे जो कुछ कहा वह बिलकुल ठीक है ।	मीरु एमिचेप्पारो आदि सरइनदे । మీరు ఏమిచెప్పారో అది సరయినదే.

8. सड़क पर / रोड्डु मीदा / రోడ్డు మీద (On the Road)

यह रास्ता कहाँ जाता है ?	ई रोड्डु एक्कडकु वेलुतुन्दि ? ఈ రోడ్డు ఎక్కడకు వెళుతుంది ?
यह कहीं भी नहीं जाता, हम ही जाते हैं ।	इदि एक्कडिकी पोदु । मनमें वेलतां । ఇది ఎక్కడికీ పోదు. మనమే వెళతాం.
आपकी बात पर मुझे हँसी आ रही है ।	मी माटकि नाकु नव्वु वस्तोंदि । మీ మాటకి నాకు నవ్వు వస్తోంది.
पास में कोई अच्छा सा होटल है क्या ?	दग्गरलो एदैना मंचि होटल उन्नदा ? దగ్గరలో ఏదైనా మంచి హోటల్ ఉన్నదా ?
ऑ है । मगर वहाँ का पानी अच्छा नहीं है ।	आँ उन्दि । कानी अक्कड नील्लु मंचिगा उन्डवु । ఆఁ ఉంది. కానీ అక్కడ నీళ్ళు మంచిగా ఉండవు.
इस सड़क में कई स्पीड ब्रेकर्स हैं ।	ई रोड्डुलो स्पीड् ब्रेकरलु चाला उन्नाई । ఈ రోడ్డులో స్పీడ్ బ్రేకర్లు చాలా ఉన్నాయి.
इस सड़क पर अकेले मोटार बाइक पर जाना अच्छा लगता है ।	ई रोड्डु मीद ओकल्लमे मोटर बैक मीद पोते बागुन्टुन्दि । ఈ రోడ్డు మీద ఒకళ్ళమే మోటార్ బైక్ మీద పోతే బాగుంటుంది.
वैसा क्यों ?	एन्दुकट्ला ? ఎందుకట్లా ?
क्यों मालूम ? थोड़ा ऊपर, नीचे होते हुए आप जोश में आ सकते हैं ।	एन्दुकन्टे तेलुसा? कोंचें पैकि किन्दिकि अवुतू हुषारुगा पोवच्चु गदा ! ఎందుకంటే తెలుసా ? కొంచెం పైకి, కిందికి అవుతూ హుషారుగా పోవచ్చు గదా !

इस सड़क के दोनों ओर एक झाड़ भी नहीं है ।	ई रोड्डुकि, इटुप्रक्क, अटु प्रक्क ओक्क चेटु कूडा लेदु । ఈ రోడ్డుకి ఇటుపక్క, అటు ప్రక్క ఒక్క చెట్టు కూడా లేదు.
झाड़ नहीं है तो क्या ? वहाँ एक नल है देखो ।	चेटु लेकपोतेनें ? अक्कडा ओक कुलाई उन्दि चूडु । చెట్టు లేకపోతేనేం? అక్కడ ఒక కుళాయి ఉంది చూడు.
नल है तो क्या ? उसमें पानी भी रहना चाहिए ?	कुलाइ उन्टे सरिपोतुन्दा ? अन्दुलो नील्लु उंडोद्दा ? కుళాయి ఉంటే సరిపోతుందా? అందులో నీళ్ళు ఉండొద్దా?
हाँ सबका होना अच्छा होता है ।	अन्नी कावालनुकुन्टे अदि अत्याशा अवुतुन्दि । అన్నీ కావాలనుకుంటే అది అత్యాశ అవుతుంది.
तुमको नमस्कार करता हूँ । वह सब छोड़ दो ।	नीकु दंण्णंपेडतानु । अवन्नी वदिलेय् ! నీకు దణ్ణంపెడతాను. అవన్నీ వదిలెయ్ !
इस सड़क द्वारा मैं रेल्वे स्टेशन को जा सकता हूँ क्या ?	ई रोड्डु द्वारा नेनु रेल्वे स्टेशनकु पोगलुगुताना ? ఈ రోడ్డు ద్వారా నేను రైల్వే స్టేషన్‌కు పోగలుగుతానా ?
हाँ ! सीधा जाइए ।	हाँ ! तिन्नगा वेल्लिपोन्डी । హాఁ ! తిన్నగా వెళ్ళిపోండి.
यह सड़क बहुत अच्छी है ।	ई रोड्डु चाला बागुन्दि । ఈ రోడ్డు చాలా బాగుంది.
आईने जैसी है ।	अद्दं लेक्क उन्दि । అద్దం లెక్క ఉంది.
यह सही है तो तुम तुम्हारा मुँह उसी में देख लो ।	अदि निजमइते नी मोहं दानिलो चूसुको । అది నిజమయితే నీ మొహం దానిలో చూసుకో.
आपको कुछ भी लेना हो तो इस दुकान में पूछ कर लीजिए ।	एमैना कावालन्टे ई दुकाणंलो वाकबु चेसुकोन्डि ఏమైనా కావాలంటే ఈ దుకాణంలో వాకబు చేసుకోండి.

9. फलों की दुकान / पंड्ला दुकाणं / పండ్ల దుకాణం (Fruit Shop)

यह फल कैसे दे रहे हो ?	इवि एट्ला इस्तुन्नावु ? ఇవి ఎట్లా ఇస్తున్నావు ?
अच्छे दाम में दे रहा हूँ।	मंचि धराकि इस्तुन्नानु । మంచి ధరకి ఇస్తున్నాను.
अच्छा दाम का मतलब क्या है ?	मंचि धर अन्टे अर्धं एमिटि ? మంచి ధర అంటే అర్థం ఏమిటి ?
इसका मतलब मुझे देना, आपको लेना है ।	दानि अर्धं, नेनु इच्चेदि, मीरु पुच्चुकुनेदि । దాని అర్థం, నేను ఇచ్చేది, మీరు పుచ్చుకునేది.
ये फल तो कच्चे दिख रहे है ?	ई पल्लु पच्चिगा कनिपिस्तुन्नाई । ఈ పళ్ళు పచ్చిగా కనిపిస్తున్నాయి.
ये अभी ठीक से पके नहीं है शायद ।	बहुशा इवि इन्का पन्डलेदेमो । బహుశా ఇవి ఇంకా పండలేదేమో !
शक मत करो ।	अनुमानिंचवद्दम्मा । అనుమానించవద్దమ్మా !
तो क्या करूं । सीधा खरीद लूं क्या ?	आइते एमचेय्यालि? नेरुगा तीसेसुकोवाला ? అయితే ఏంచెయ్యాలి ? నేరుగా తీసేసుకోవాలా ?
वैसे नहीं ! नाराज नहीं होना ।	अट्ला कादम्मा! चिराकुपडकन्डि అట్లా కాదమ్మా ! చిరాకుపడకండి !
नाराज नहीं ! खरीदते समय थोड़ा देख लेना चाहिये या नहीं !	चिराकु कादु, कोनुक्कोनेटप्पुडु कास्ता चूसुकोवाला वद्दा ? చిరాకు కాదు, కొనుక్కొనేటప్పుడు కాస్త చూసుకోవాలా వద్దా ?
तुम्हारे पास अच्छे संतरे हैं क्या ?	नी वद्द मंचि कमला पल्लु उन्नाया ? నీ వద్ద మంచి కమలా పళ్ళు ఉన్నాయా ?

है माँ ! आज ही ताजा मंगवाये ।	उन्नायम्मा ! ई रोजे वच्चाई ఉన్నాయమ్మా ! ఈరోజే వచ్చాయి.
ये तो कुछ हरे दिख रहे हैं ।	इवि कोंचें पच्चगा उन्नाइ ఇవి కొంచెం పచ్చగా ఉన్నాయి.
मैं तो आपको चुनकर पके हुए दे दूँगा ।	नेनइते मीकु एंपिका चेसि पंडिनवि इस्तानु । నేనయితే మీకు ఎంపిక చేసి పండినవి ఇస్తాను.
लेकिन ये महंगे हैं ।	कानी इवि चाला खरीदइनवि । కానీ ఇవి చాలా ఖరీదయినవి.
मालकी इसकी खूबी देखकर बात कीजिए ।	सरुकु नाण्यत चूसि माट्लाडन्डि । సరుకు నాణ్యత చూసి మాట్లాడండి.
खूबी तो ठीक है । मगर दाम ही अच्छा नहीं है ।	नाण्यत अइते बागाने उन्दि कानी धरये बागा लेदु నాణ్యత అయితే బాగానే ఉంది. కానీ ధరయే బాగా లేదు.
अमरूद देखकर अभी खाने को दिल कर रहा है ।	जामपल्लु चूस्तुन्टे इप्पुडे तिनेयालनिपिंचेस्तुन्दि జామపళ్ళు చూస్తుంటే ఇప్పుడే తినేయాలనిపించేస్తుంది.
लेकिन इन पर काले धब्बे है ।	कानी वीटिपै नल्लटि मच्चलु (डागुलु) उन्नाइ । కానీ వీటిపై నల్లటి మచ్చలు (డాగులు) ఉన్నాయి.
अमृतपाणी केले बहुत अच्छे हैं ।	अमृतपाणी अरटि पल्लु चाला बागुन्नाइ । అమృతపాణి అరటి పళ్ళు చాలా బాగున్నాయి.

10. सब्जी की दुकान / कूरगायला दुकाणं కూరగాయల దుకాణం (Vegetable Shop)

कैसे दे रहे हो ?	धर एट्ला उन्दि ? ధర ఎట్లా ఉంది ?
किसका ?	देनिदम्मा ? దేనిదమ్మా ?
बैंगन कैसे दे रहे हो ?	वंकाया एटला इस्तुन्नाव ? వంకాయ ఎట్లా ఇస్తున్నావ్ ?
ये बहुत ताजा है ?	इवि चाला ताजागा उन्नाइ ? ఇవి చాలా తాజాగా ఉన్నాయి ?
माल ताजा है या नहीं मालूम नहीं, मगर दाम तो ताजा है ।	सरूकु ताजादो कादो तेलियदु कानी घर मात्रं ताजादे సరుకు తాజాదో కాదో తెలియదు గానీ, ధర మాత్రం తాజాదే !
ऐसी बाते क्यों करते हो ?	अट्ला माट्लाडिते एट्लानंडि ? అట్లా మాట్లాడితే ఎట్లానండి ?
नहीं तो क्या ? कल तुम्ही ने पन्द्रह रूपये में डेढ़ किलो शकरकंद दिया था ?	लेकपोते एन्टि ? निन्ना नुव्वे किलोन्नर चिलकडदुम्पलु पदिहेनु रूपायलकि इच्चावु । లేకపోతే ఏంటి ? నిన్న నువ్వే కిలోన్నర చిలకడ దుంపలు పదిహేను రూపాయలకి ఇచ్చావు.
पूरे बाजार में घूम कर इसका दाम पता करें तो आपको वास्तविक कीमत का अंदाजा मिलेगा ।	ओकसारि मीरु मार्केट् मोत्तं तिरिगि चूस्ते तेलुस्तुन्दि । ఒకసారి మీరు మార్కెట్ మొత్తం తిరిగి చూస్తే తెలుస్తుంది.

ये सभी ताजा सब्जियाँ है क्या ?	इवन्नी ताजा कूरगायलेना ? ఇవన్నీ తాజా కూరగాయలేనా ?
जी हाँ ! ताजा है ।	अवुनन्डि ! ताजावे అవునండి ! తాజావే.
मेरे पास खराब नहीं रहते है ।	ना वद्दा पाडइनवि उन्डवु । నా వద్ద పాడయినవి ఉండవు.
पेठा कहाँ से लाया ?	बूडिदा गुम्मडिकाया एक्कडि नुन्चि तेच्चारु ? బూడిద గుమ్మడికాయ ఎక్కడి నుంచి తెచ్చారు ?

11. पंसारी की दुकान / किराना दुकाणं / కిరాణా దుకాణం (Grocery Shop)

आपके पास अचार में लगने वाली सब चीजें मिलती है क्या ?	मी वद्द पच्चडिकि कावलसिना अन्नि सामानलु दोरुकुताया ? మీ వద్ద పచ్చడికి కావలసిన అన్ని సామాన్లు దొరుకుతాయా ?
हाँ जरूर ।	हाँ ! तप्पकुन्डा ! హాఁ ! తప్పకుండా !
आधा किलो सरसों का तेल दीजिए ।	अर्ध किलो आवनूने इव्वन्डि । అర్ధ కిలో ఆవనూనె ఇవ్వండి.
और क्या ?	इंका एमिटि ? ఇంకా ఏమిటి ?
मेथी, धनियाँ, हींग, लहसून है क्या ?	मेंतुलु, धनियालु, इन्गुवा, वेल्लुल्लि उन्नाया ? మెంతులు, ధనియాలు, ఇంగువ. వెల్లుల్లి ఉన్నాయా?
चावल बेचते है क्या ?	बिय्यम अम्मुतारा ? బియ్యం అమ్ముతారా ?

बासमती चावल क्या रेट है ?	बासुमति बिय्यम् घर एट्‌ला उन्दि ? బాసుమతి బియ్యం ధర ఎట్లా ఉంది ?
एक बार इधर ही मैं घर गृहस्थी में लगने वाली कुछ चीजें खरीद कर ले गया ?	ओकसारि इक्कडने नेनु इन्टिकि कावलसिन कोन्नि वस्तुवुलनु कोन्नानु । ఒకసారి ఇక్కడనే నేను ఇంటికి కావలసిన కొన్ని వస్తువులను కొన్నాను.
आटा बहुत मोटा लग रहा है ?	पिन्डि चाला मोरूँगा / नूकल्लाग अनिपिस्तोन्दि । పిండి చాలా మొరుంగా / నూకల్లాగ అనిపిస్తోంది.
मुझे काजू, लौंग, किसमिस, इलायची आदि चाहिए ।	नाकु जीडिपप्पु, लवंगालु, किसमिस, यालुकुलु कावालि । నాకు జీడిపప్పు, లవంగాలు, కిస్‌మిస్, యాలుకులు కావాలి.
बेसन, मूँगफली, तिल, साबूदाना, ये वस्तयें एक-एक किलो देना ।	शेनगपिन्डि, वेरूशेनग, नुव्वुलु, सग्गुबिय्यम् ओक्कोक्कटि ओक्कोक्क किलो चोप्पुना इव्वु । శెనగపిండి, వేరుశెనగ, నువ్వులు, సగ్గుబియ్యం ఒక్కొక్కటి ఒక్కొక్క కిలో చొప్పున ఇవ్వు.
देखे तो यह तराजू ठीक नहीं लग रहा है ।	चूस्तुन्टे ई तक्केड सरिगा उन्नट्‌लुगा अनिपिंचडं लेदु । చూస్తుంటే ఈ తక్కెడ సరిగా ఉన్నట్లుగా అనిపించడం లేదు.
नहीं जी । ठीक है । आपको अच्छी तरह फिर से तौलकर देता हूँ ।	लेदम्मा ! सरिगाने उन्दि । मीकु मंचिगा तूचि इस्तानु లేదమ్మా ! సరిగానే ఉంది. మీకు మంచిగా తూచి ఇస్తాను.
परसों दिया हुआ (सो) उडद दाल घटियाँ किस्म का था	मोन्न इच्चिनटुवन्टि मिनपप्पु तक्कुव रकानिदि । మొన్న ఇచ్చినటువంటి మినపప్పు తక్కువ రకానిది.
हमारी चीजों को खराब कहनेवाला अभी तक कोई नहीं है	मा सरुकुलकि चेड्ड पेरु पेट्‌टेवाल्लु इप्पटि वरकु लेरु । మా సరుకులకి చెడ్డ పేరు పెట్టేవాళ్ళు ఇప్పటి వరకు లేరు.

आपके पास की चीजों में कुछ मीलावट तो नहीं है ?	मी दग्गर उन्नटुवन्टि सरुकुललो कोंचे कूडा कलती लेदु । మీ దగ్గర ఉన్నటువంటి సరకులలో కొంచెం కూడా కల్తీ లేదు.
यह बात आप पक्का कह सकते हैं क्या ?	ई माट गट्टिग (पक्कागा) चेप्पगलुगुतारा ? ఈ మాట గట్టిగా (పక్కాగా) చెప్పగలుగుతారా?
इस पनीर के पाकेट में कोई उपहार है क्या ?	ई जुन्नु पाकेट् कि एदैना बहुमति (आफर) उन्दा ? ఈ జున్ను పాకెట్‌కి ఏదైనా బహుమతి (ఆఫర్)ఉందా?
बिना मिलावट मिट्टी का तेल भी मिलता है क्या ?	कलती लेनि किरसनाइल दोरुकुतुन्दा ? కల్తీ లేని కిరసనాయిల్ దొరుకుతుందా ?
सुना है कि कुछ भ्रष्टाचारी लोग आजकल मिट्टी के तेल में भी मिलावट कर रहे हैं ।	कोन्तमन्दि अविनीति परुलु किरोसिन् आइललो कूडा कलती चेस्तुन्नारनि विन्नानु । కొంతమంది అవినీతిపరులు కిరోసిన్ ఆయిల్‌లో కూడా కల్తీ చేస్తున్నారని విన్నాను.

12. कपड़े की दुकान / बट्टला दुकाणं / బట్టల దుకాణం (Cloth Shop)

आयिये, आयिये, अंदर आयिये, यहाँ बैठिये ।	रन्डि, रन्डि, लोपलिकि रन्डि, इक्कड कूर्चोन्डि । రండి, రండి, లోపలికి రండి, ఇక్కడ కూర్చోండి.
आपको क्या चाहिये ? क्या दिखाना है बोलिये ।	मीकु एम कावालि ? एमि चूपिन्चालनो चेप्पन्डि । మీకు ఏం కావాలి ? ఏమి చూపించాలనో చెప్పండి.
हमें साडी दिखाइये ।	माकु चीरेलु कावालि ? మాకు చీరెలు కావాలి.
किस कीमत में चाहिए जी ?	ए धरालो कावालन्डि ? ఏ ధరలో కావాలండి ?

कोई सस्ती सी।	एदैना तक्कुवलो चूपिंचन्डि।
	ఏదైనా తక్కువలో చూపించండి.
आपके पास रेश्मी साड़ियाँ हैं क्या ?	मी वद्द पट्टु चीरेलु उन्टाया ?
	మీ వద్ద పట్టు చీరెలు ఉంటాయా ?
है। लेकिन महँगी है।	उन्नाइ, कानी प्रियंगा (एक्कुव धरलो) उन्नाई।
	ఉన్నాయి, కానీ ప్రియంగా (ఎక్కువ ధరలో) ఉన్నాయి.
आप ये साडियाँ कहाँ से लाते हो ?	मीरू ई चीरेलनु एक्कडि नुन्चि तेच्चारु ?
	మీరు ఈ చీరెలను ఎక్కడి నుంచి తెచ్చారు ?
कई प्रांतों से लाते हैं।	अनेक प्रांताल नुन्चि तेस्तां।
	అనేక ప్రాంతాల నుంచి తెస్తాం.
इस साडी की क्या कीमत है?	ई चीरा धर एन्त ?
	ఈ చీర ధర ఎంత ?
यह नमूना मुझे पसंद नहीं है।	ई मोडल् नाकु नच्चलेदु ?
	ఈ మోడల్ నాకు నచ్చలేదు ?
यह पसंद नहीं तो दूसरी साड़ी दिखाता हूँ।	इदि नच्चकपोते वेरोक चीरे चूपिस्तानु।
	ఇది నచ్చకపోతే వేరొక చీర చూపిస్తాను.
यह वह (ये, वो) नहीं रोजमर्रा के लिए मुझे कुछ साड़ियाँ दिखाइये।	इदी, अदी, कादु, रोजुवारी वाडडानिकि नाकु कोन्नि चीरेलु चूपिंचन्डि।
	ఇదీ, అదీ, కాదు. రోజువారీ వాడడానికి నాకు కొన్ని చీరెలు చూపించండి.
साड़ी कितनी लम्बी है।	चीरा एन्त पोडुवु उन्टुन्दि।
	చీర ఎంత పొడవు ఉంటుంది.

हमारी सभी साडीयाँ छः मीटर लंबी है ।	मा चीरलन्नी आरु मीटरलु उन्टाइ । మా చీరలనన్నీ ఆరు మీటర్లు ఉంటాయి.
मुझे एक कपड़ा चाहिए ।	नाकु ओक बट्टा कावालि । నాకు ఒక బట్ట కావాలి.
लेकिन / (मगर) मैं जितना चाहता हूँ, उतना नाप कर देना ।	कानी नेनु एन्त कावालन्टे अन्ता कोलिचि इव्वालि । కానీ, నేను ఎంత కావాలంటే అంత కొలిచి యివ్వాలి.
यहाँ के कपडे देखकर तो सभी खरीदने को मन कर रहा है ।	इक्कडि बट्टलु चूस्तुन्टे अन्नी कोनेयालनि (मनसुकि) अनिपिस्तोंदि ఇక్కడి బట్టలు చూస్తుంటే అన్నీ కొనేయాలని (మనసుకి) అనిపిస్తోంది.
देर क्यों जी ! अभी खरीद दीजिए ।	आलस्यं देनिकन्डि इप्पुडे कोनेसेयन्डि । ఆలస్యం దేనికండి ఇప్పుడే కొనేసేయండి.
मेरे पास पैसे कम पड़ गये हैं, नहीं तो मैं अभी तक सब खरीद लेता ।	ना वद्द पैसलु (डब्बु) तक्कुव उन्नाइ (पड्डाइ) लेकपोते ई पाटिकल्ल अन्नी कोनेसेवाण्णि నావద్ద పైసలు (డబ్బు) తక్కువ ఉన్నాయి (పడ్డాయి). లేకపోతే ఈ పాటికల్లా అన్నీ కొనేసేవాణ్ణి.
कोइ परवाह आपके पास पैसे नहीं तो भी नहीं जी । बाद में भी दे सकते हैं ।	इप्पुडु मी दग्गर पैसलु (डब्बु) लेकपोइना फर्वालेदन्डि । तर्वाता कूडा इव्ववच्चु । ఇప్పుడు మీ దగ్గర పైసలు (డబ్బు) లేకపోయినా ఫర్వాలేదండీ, తర్వాత కూడా ఇవ్వవచ్చు.
वह कैसे ।	अदेट्ला ? అదెట్లా ?
ओ ! कुछ नही भी साब ! हम क्रेडिट कार्ड स्वीकार करते है ।	अब्बे ! एं लेदन्डि ! में क्रेडिट् कार्ड अंगीकरिस्तां అబ్బే! ఏం లేదండీ ! మేం క్రెడిట్ కార్డ్ అంగీకరిస్తాం.

आहाँ ! नहीं जी ! भागते हुए दूध क्यों पीना ?	आहाँ ! वददु लेन्डि ! परुगेत्तुतू पालु तागडमेन्दुकु ? ఆహాఁ ! వద్దు లెండి ! పరుగెత్తుతూ పాలు తాగడమెందుకు ?
अच्छी बात है ! सब लोग आप जैसे होते तो यह दुनिया कितनी सुंदर होती ?	मन्चि माट । अन्दरू मीलागे उन्नट्लइते ई प्रपंचं एन्त अन्दंगा उन्टुन्दि । మంచి మాట ! అందరూ మీలాగే ఉన్నట్లయితే ఈ ప్రపంచం ఎంత అందంగా ఉంటుంది.

13. बाजार / मार्केट / మార్కెట్ (Market)

इस शहर में बाजार कहाँ है ?	ई नगरंलो मारकेट् एक्कड उन्टुन्दि ? ఈ నగరంలో మార్కెట్ ఎక్కడ ఉంటుంది ?
कौन सा बाजार ?	ए मारकेट् कावालि ? ఏ మార్కెట్ కావాలి ?
कौन सा बाजार मतलब ?	ए मारकेट् अन्टे ? ఏ మార్కెట్ అంటే ?
मतलब ! मछली का बाजार, सब्जी का बाजार या कपड़े का बाजार ।	अन्टे चेपल मारकेट् ? कूरगायल मारकेटा लेदा, बट्टल मारकेटा अनि । అంటే చేపల మార్కెట్ ? కూరగాయల మార్కెటా లేదా, బట్టల మార్కెటా అని.
यहाँ (इधर) इतने बाजार होते है मुझे मालूम नहीं है ।	इक्कड इन्नि मारकेट्लु उन्टायनि नाकु तेलियदु । ఇక్కడ ఇన్ని మార్కెట్లు ఉంటాయని నాకు తెలియదు.
मुझे साधारण बाजार जाना है ।	नाकु साधारण (जनरल्) मारकेट् कावालि । నాకు సాధారణ (జనరల్) మార్కెట్ కావాలి.

इस तरफ से गये तो मोन्डा मार्केट आता है ।	इटुवैपु पोते मोंडा मारकेट् वस्तुन्दि ఇటువైపు పోతే మోండా మార్కెట్ వస్తుంది.
वहाँ (उधर) आपको सभी चीजें मिल जायेगी ।	अक्कड मीकु कावलसिन अन्नि वस्तुवुलु दोरुकुताइ । అక్కడ మీకు కావలసిన అన్ని వస్తువులు దొరుకుతాయి.
आपके पास पाँच रूपये के छुट्टे पैसे हैं क्या ?	मीवद्द अइदु वंदल रूपयालकि चिल्लर उन्दा? మీవద్ద అయిదు వందల రూపాయలకి చిల్లర ఉందా?
इधर है सो सब चीजें बहुत महँगी लग रही है ।	इक्कडा उन्नटुवन्टि वस्तुवुलन्नी चाला प्रियंगा (एक्कुव घरगा) अनिपिस्तुन्नाइ । ఇక్కడ ఉన్నటువంటి వస్తువులన్నీ చాలా ప్రియంగా (ఎక్కువ ధరగా) అనిపిస్తున్నాయి.
वह सब आपका भ्रम है ।	अदन्ता मी भ्रमा । అదంతా మీ భ్రమ.
वही है क्या ?	अदेना ? అదేనా ?
इसके बिना कुछ भी नहीं है ?	अदि तप्प एमी कादु ? అది తప్ప ఏమీ కాదు ?
इधर क्या खास चीज मिलती है ?	इक्कड प्रत्येकंगा दोरिके वस्तुवु एमिटि ? ఇక్కడ ప్రత్యేకంగా దొరికే వస్తువు ఏమిటి ?
कई चीजें है ।	अनेकं उन्नाइ ? అనేకం ఉన్నాయి ?
वे क्या हैं ?	अवि एमिटि ? అవి ఏమిటి ?
यहाँ लकड़ी से बनायी गई गुड़िया भी मिलती है ।	इक्कड कट्टेतो चेसिनटुवन्टि बोम्मलु कूडा दोरूकुताइ । ఇక్కడ కట్టెతో చేసినటువంటి బొమ్మలు కూడా దొరుకుతాయి.

मुझे चंदन की लकड़ी से बनायी गई एक टोकरी चाहिए ।

नाकु गंधपुचेक्कतो चेसिन ओक बुट्ट कावालि ।
నాకు గంధపుచెక్కతో చేసిన ఒక బుట్ట కావాలి.

वह तो नहीं मिलती मगर हाथी दाँत की चीजें तो मिलती है ।

अदइते दोरकदु । कानी एनुगु दंतपु वस्तुवुलइते दोरकुताइ ।
అదయితే దొరకదు. కానీ, ఏనుగు దంతపు వస్తువులయితే దొరకుతాయి.

अब तो देखकर ही जायेंगे ।

इप्पुडैते चूसि पोदां
ఇప్పుడైతే చూసి పోదాం.

14. बस स्टैण्ड / बस स्टैण्ड / బస్ స్టాండ్ (Bus Stand)

यहाँ बस स्टैण्ड कहाँ है ?

इक्कड बस् स्टान्ड् एक्कडुन्दि
ఇక్కడ బస్ స్టాండ్ ఎక్కడుంది ?

यहां से आधा किलो मीटर दूर हैं ।

अर्ध किलोमीटर् दूरंलो उन्दि
అర్ధ కిలోమీటర్ దూరంలో ఉంది.

प्रार्थना पर बस रोकने की जगह कहाँ है ?

रिक्वेस्ट् स्टाप एक्कड उन्दि ?
రిక్వెస్ట్ స్టాప్ ఎక్కడ ఉంది ?

जहाँ देखें वहाँ बस है ।

एक्कड चूस्ते अक्कडे बस्सु ।
ఎక్కడ చూస్తే అక్కడే బస్సు.

लेकिन हाथ देने से एक बस भी नहीं रूक रही है ।

कानी ओक्का बस्सु कूडा आगटं लेदू ।
కానీ ఒక్క బస్సు కూడా ఆగటం లేదు.

वह ऑटो नहीं है । जो जहाँ हाथ उठे वहाँ रोक दें !

अदि आटो कादु, एक्कड चेय्यी एत्तिते अक्कड आपटानिकि ।
అది ఆటో కాదు, ఎక్కడ చెయ్యి ఎత్తితే అక్కడ ఆపటానికి.

जहाँ लोग खड़े है वहाँ बस रोकना चाहिये या नहीं ?	एक्कड जनं उन्टारो अक्कड बस्सु आपाला वद्दा ? ఎక్కడ జనం ఉంటారో అక్కడ బస్సు ఆపాలా వద్దా ?
वैसे रोकते हुए गये तो बस एक मीटर भी आगे नहीं बढ़ सकती है ।	अट्ला आपुकोंटू पोते ओक्क मीटर कूडा मुन्दुकु पोदु । అట్లా ఆపుకొంటూ పోతే ఒక్క మీటర్ కూడా ముందుకు పోదు.
उस बस में बहुत ज्यादा यात्री है ।	आ बस्सुलो चाला एक्कुव मंदि प्रयाणिकुलु उन्नारु । ఆ బస్సులో చాలా ఎక్కువ మంది ప్రయాణీకులు ఉన్నారు.
वे लोग कैसे हैं वह देखो ।	वाल्लु एट्ला उन्नारो अदि चूडु । వాళ్ళు ఎట్లా ఉన్నారో అది చూడు.
वे सब खड़े है ।	वारतं निलबडि उन्नारु । వారంతా నిలబడి ఉన్నారు.
सिटी बस का मतलब !	अदे मरि सिटी बस अन्टे । అదే మరి సిటీ బస్ అంటే.
टिकट कहाँ लेना है ?	टिकेट् एक्कड तीसुकोवालि ? టికెట్ ఎక్కడ తీసుకోవాలి ?
काउंटर में लीजिये ।	कौन्टर्लो तीसुकोंडि । కౌంటర్‌లో తీసుకోండి.
बस के अंदर नहीं देते है क्या ?	बसलो इव्वरा ? బస్‌లో ఇవ్వరా ?
जिलों को जाने वाली बस का स्टैण्ड कहाँ है ?	जिल्लालकु पोये बस स्टैण्ड एक्कड उन्दि ? జిల్లాలకు పోయే బస్ స్టాండ్ ఎక్కడ ఉంది ?

इधर ही रहो । मैं एक बार समय सारिणी को देख कर आता हूँ ।	इक्कडे उन्डु । नेनु ओकसारि टैम् टेबुल चूसि वस्तानु । ఇక్కడే ఉండు. నేను ఒకసారి టైం టేబుల్ చూసి వస్తాను.
यहाँ से राज्य में चारो ओर जाने वाली बसें मिलती है क्या ?	इक्कडि नुन्चि राष्ट्रंलो नालुगु वैपुलकि वेल्ले बस्सुलु दोरूकुताया ? ఇక్కడి నుంచి రాష్ట్రంలో నాలుగు వైపులకి వెళ్ళే బస్సులు దొరుకుతాయా ?
नहीं मिलती है ।	नहीं मिलती है । దొరకవు.
थोड़ी दूर जाने के बाद बस बदलनी पड़ेगी ।	कोद्दि दूरं वेल्लाक बस्सु मारवलसि उन्टुंदि । కొద్ది దూరం వెళ్ళాక బస్సు మారవలసి ఉంటుంది.
हैदराबाद से राजमंडी जाने को कितना समय लगता है ?	हैदराबाद नुन्चि राजमंड्रि वेल्लडानिकि एन्त टैम् पडुतुन्दि ? హైదరాబాద్ నుంచి రాజమండ్రి వెళ్ళడానికి ఎంత టైం పడుతుంది ?
नौ घंटे लगते है ।	तोम्मिदि गंटलु वरकू पडुतुन्दि । తొమ్మిది గంటలు వరకూ పడుతుంది.
आजकल बस में यात्रा करना बेहद कठिन हो गया ।	ई मध्यकालंलो बस प्रयाणमु इब्बंदिगा अइपोतोंदि । ఈమధ్యకాలంలో బస్సు ప్రయాణము చాలా ఇబ్బందిగా అయిపోతోంది.
मुझे खटारा बस में चढ़ना पसंद नहीं है ।	रद्दी बस्सुलु एक्कडं नाकु इष्टं उन्डदु । రద్దీ బస్సులు ఎక్కడం నాకు ఇష్టం ఉండదు.

15. हमारा राज्य / मना राष्ट्रं / మన రాష్ట్రం (Our State)

हमारा राज्य का नाम आन्ध्र प्रदेश है ।	मन राष्ट्रं पेरु आन्ध्रप्रदेश మన రాష్ట్రం పేరు ఆంధ్రప్రదేశ్।
इसमें तेईस जिले है ।	इन्दुलो २३ जिल्लालु उन्नाइ । ఇందులో 23 జిల్లాలు ఉన్నాయి.
हमारे राज्य में तीन प्रान्त है ।	मन राष्ट्रंलो मूडु प्रांतालु उन्नाइ । మన రాష్ట్రంలో మూడు ప్రాంతాలు ఉన్నాయి.
उनके नाम कोस्ता, रायलसीमा और तेलंगाणा ।	वाटि पेरलु कोस्ता, रायल्सीमा मरियु तेलंगाणा । వాటి పేర్లు కోస్తా, రాయలసీమ మరియు తెలంగాణా.
इन तीनों प्रान्तों में लोग एक ही भाषा बोलते है ।	ई मूडिंटिलोनू प्रजलु ओके भाषा माट्लाडुतारु ఈ మూడింటిలోనూ ప్రజలు ఒకే భాష మాట్లాడుతారు.
समुंदर किनारे वाले प्रान्त कोस्ता कहलाते हैं ।	समुद्रमु ओड्डुन उन्नटुवंटि प्रांतान्नि 'कोस्ता' अन्टारु । సముద్రము ఒడ్డున ఉన్నటువంటి ప్రాంతాన్ని 'కోస్తా' అంటారు.
इसलिए श्रीकाकुलम से नेल्लूर तक के प्रांत कोस्ता जिले कहलाते है ।	अन्दुके श्रीकाकुलं नुन्डि नेल्लूरु वरकु उन्नटुवन्टि प्रांतान्नि 'कोस्ता' जिल्लालु अन्टारु । అందుకే శ్రీకాకుళం నుండి నెల్లూరు వరకు ఉన్నటువంటి ప్రాంతాన్ని 'కోస్తా' జిల్లాలు అంటారు.
श्री कृष्ण देवराय ने जिस प्रांत का निर्माण किया वह रायलसीमा कहलाता है ।	श्रीकृष्ण देवरायलु पालिंचिन प्रांतान्नि 'रायलसीमा' अन्टारु । శ్రీకృష్ణ దేవరాయలు పాలించిన ప్రాంతాన్ని 'రాయలసీమ' అంటారు.

इसलिए कडपा, कर्नूल, चित्तूर और अनन्तपूर जिलों को रायलसीमा कहते हैं ।	अन्दुके कडपा, करनूलु, चित्तूरु, अनंतपुरं जिल्लालनु 'रायलसीमा' अन्टारु । అందుకే కడప, కర్నూలు, చిత్తూరు, అనంతపురం జిల్లాలను 'రాయలసీమ' అంటారు.
अब महाराष्ट्र, कर्नाटक और आन्ध्र प्रदेश राज्यों के कुछ प्रान्त मुस्लिम शासन में थे ।	इप्पुडु महाराष्ट्र, करनाटका, आन्ध्रप्रदेश राष्ट्राल्लो उन्नटुवंटि कोन्नि प्रांतालु मुसलिं पालनलो उन्डेवि । ఇప్పుడు మహారాష్ట్ర, కర్నాటక, ఆంధ్రప్రదేశ్ రాష్ట్రాల్లో ఉన్నటువంటి కొన్ని ప్రాంతాలు ముస్లిం పాలనలో ఉండేవి.
वे सब एक की तरह राज्य थे ।	अवि अन्नी ओक प्रत्येक राज्यं वले उंटुंडेवि । అవి అన్నీ ఒక ప్రత్యేక రాజ్యం వలె ఉంటుండేవి.
इस राज्य में तेलुगु बात करनेवाले प्रांत को तेलंगाणा कहते थे ।	आ राज्यंलो तेलुगु माट्लाडे प्रांतालनु तेलंगाणा अन्टुंडेवारु । ఆ రాజ్యంలో తెలుగు మాట్లాడే ప్రాంతాలను తెలంగాణా అంటుంటేవారు.
वही उसके बाद तेलंगाणा जैसा बन गया है ।	अदे आ तर्वाता तेलंगाणागा अइपोइन्दि । అదే ఆ తర్వాత తెలంగాణాగా అయిపోయింది.
हमारे राज्य की राजधानी हैदराबाद है ।	मन राष्ट्रानिकि राजधानि हैदराबाद । మన రాష్ట్రానికి రాజధాని హైదరాబాద్.
हमारे राष्ट्र में कृष्णा, गोदावरी, मंजीरा, तुंगभद्रा जैसी पवित्र नदियाँ बहती है ।	मन राष्ट्रंलो कृष्ण, गोदावरी, मंजीरा, तुंगभद्र वंटि पवित्र नदुलु प्रवहिस्तुन्नाइ । మన రాష్ట్రంలో కృష్ణ, గోదావరి, మంజీరా, తుంగభద్ర వంటి పవిత్ర నదులు ప్రవహిస్తున్నాయి.

इस राज्य में कई दरगाह, मस्जिद, चर्च और कई देवालय है ।

ई राष्ट्रंलो अनेक दर्गालु, मसीदलु, चर्चिलु मरियु अनेक देवालयालु उन्नाइ ।

ఈ రాష్ట్రంలో అనేక దర్గాలు, మసీదులు, చర్చిలు, మరియు అనేక దేవాలయాలు ఉన్నాయి.

हमारा राज्य शांति चाहने वाला राष्ट्र है ।

मन राष्ट्रं शान्ति कामुक राष्ट्रं ।

మన రాష్ట్రం శాంతి కాముక రాష్ట్రం.

यहाँ के निवासी शान्ति प्रिय है ।

इक्कड उन्डे प्रजलु कूडा शान्तिये कोरुकुन्टारु ।

ఇక్కడ ఉండే ప్రజలు కూడా శాంతియే కోరుకుంటారు.

भारत देश में आन्ध्र प्रदेश को एक विशिष्ट स्थान प्राप्त है ।

भारतदेशंलो आन्ध्रप्रदेशकि ओक प्रत्येक स्तानं उन्दि ।

భారతదేశంలో ఆంధ్రప్రదేశ్‌కి ఒక ప్రత్యేక స్థానం ఉంది.

16. जलपान गृह फलहारशाला ఫలహార శాల (Tiffin Centre)

भाई साब ! इसके आस पास कोई अच्छा जलपान गृह है क्या ?

सोदरा ! ई चुट्टुपक्कल एदैना मंचि टिफिन् सेंटर उन्दा ?

సోదరా ! ఈ చుట్టుపక్కల ఏదైనా మంచి టిఫిన్ సెంటర్ ఉందా ?

है साब ! सीधा जाकर के दाईं तरफ मुड़ियें ।

उन्दंडि ! तिन्नगा वेल्लि कुडिवैंपु मल्लंडि ।

ఉందండి ! తిన్నగా వెళ్ళి కుడివైపు మళ్ళండి.

हम सब मिलकर एक अच्छे होटल में जायेंगे ।

मनंदरं कलसि ओक मंचि होटलकि वेलदां ।

మనందరం కలసి ఒక మంచి హోటల్‌కి వెళదాం.

अभी नहीं थोड़ी देर के बाद देखेंगे ।

इप्पुडु वद्दु कोंचें सेपय्याक चुद्दां ।

ఇప్పుడు వద్దు కొంచెంసేపయ్యాక చూద్దాం.

नास्ता सबेरे करते हैं । दोपहर में नहीं ।

टिफिन् उदयं चेस्तारु, मध्यान्हं कादु ।

టిఫిన్ ఉదయం చేస్తారు. మధ్యాహ్నం కాదు.

आप क्या लेंगे ?	मीरु एम तीसुकुन्टारु ? మీరు ఏం తీసుకుంటారు ?
मुझे इडली, डोसा चाहिए ।	माकु इड़ली, दोसे कावालि । మాకు ఇడ్లీ, దోసె కావాలి.
साम्बर गरम है क्या ?	सांबार वेडिगा उन्दा ? సాంబార్ వేడిగా ఉందా ?
पहले पानी लाओ ।	मोदट नील्लु तीसुकुरा । మొదట నీళ్ళు తీసుకురా !
यह मेज साफ करो ।	ई टेबुल शुभ्रं चेय्यी । ఈ టేబుల్ శుభ్రం చెయ్యి.
इधर काफी गंदगी है ।	इक्कड अन्ता चेत्ता, चेत्तगा उन्दि । ఇక్కడ అంతా చెత్త, చెత్తగా ఉంది.
उधर अच्छा है वहाँ बैठेंगे ।	अक्कड मंचिगा उन्दि । अक्कड कूरचुन्दाम् । అక్కడ మంచిగా ఉంది. అక్కడ కూర్చుందాం.
यहाँ पंखा है लेकिन नहीं घूमता, लाईट है, नहीं जलता हैं ।	इक्कड फ्यान उन्दि । कानी तिरगदु । लैट उन्दि कानी वेलगदु । ఇక్కడ ఫ్యాన్ ఉంది. కానీ తిరగదు. లైటు ఉంది కానీ వెలగదు.
मुझे थोड़ा दूध चाहिए ।	नाकु कोंचे पालु कावाली । నాకు కొంచెం పాలు కావాలి.
दूध पसंद है । मगर उसमें चीनी डालना पसंद नहीं है ।	पालु इष्टमे, कानी दानिलो पंचधार वेस्ते इष्टं कादु । పాలు ఇష్టమే, కానీ దానిలో పంచదార వేస్తే ఇష్టం కాదు.
डोसा में प्याज डालना ।।	दोसेलो उल्लिपाय वेयालि । దోసెలో ఉల్లిపాయ వేయాలి.

सबसे अच्छा मसाला डोसा है ।	अन्निंटि कन्टे मसाला दोसा मंचिदि । అన్నింటి కంటె మసాలా దోస మంచిది.
यहाँ अच्छी चीजें मिलती है क्या ?	इक्कड मंचि पदार्थाले दोरुकुताया ? ఇక్కడ మంచి పదార్థాలే దొరుకుతాయా ?
इधर एक बार खा लिया तो बस ।	इक्कड ओकसारि तिन्टे चालु । ఇక్కడ ఒకసారి తింటే చాలు.
बार-बार इधर ही खाने को मन करता है ।	मल्ली मल्ली इक्कडे तिनालनि मनसुकि अनिपिस्तुन्दि । మళ్ళీ మళ్ళీ ఇక్కడే తినాలని మనసుకి అనిపిస్తుంది.

17. भोजनालय భోజనశాల (Hotel)

मुझे भूख लग रही है ।	नाकु आकलि वेस्तोंदि (अनिपिस्तोंदि) నాకు ఆకలి వేస్తోంది (అనిపిస్తోంది).
इधर एक ही भोजनालय है ।	इक्कडे ओक भोजनशाला उन्दि । ఇక్కడే ఒక భోజనశాల ఉంది.
वहाँ पर खाना अच्छा है क्या ?	अक्कड भोजनं मंचिगा उन्टुन्दा ? అక్కడ భోజనం మంచిగా ఉంటుందా ?
स्वाद अच्छा है ।	रुचि बागुन्टुन्दि । రుచి బాగుంటుంది.
क्या चाहिए साब ?	एम कावालि सार ? ఏం కావాలి సార్ ?
मुझे मेनू की सूची चाहिए ।	नाकु आहार पदार्थालु जाबिता कावालि । నాకు ఆహార పదార్థాల జాబితా కావాలి.

क्या चाहिए साब ?	एम तीसुकुन्टारु सार ? ఏం తీసుకుంటారు సార్ ?
मुझे साऊथ इंडियन खाना चाहिए ।	नाकु दक्षिण भारतीय भोजनं कावालि । నాకు దక్షిణ భారతీయ భోజనం కావాలి.
आपको साऊथ इंडियन भोजन ज्यादा पसंद है क्या ?	मीकु दक्षिण भारतीय भोजनं एक्कुव इष्टं अनिपिस्तुन्दा ? మీకు దక్షిణ భారతీయ భోజనం ఎక్కువ ఇష్టం అనిపిస్తుందా ?
मुझे बहुत पसंद है ।	नाकु चाला इष्टं । నాకు చాలా ఇష్టం.
किसलिए उतना पसंद है आपको ?	एन्दुकनि अन्त इष्टं मीकु ? ఎందుకని అంత ఇష్టం మీకు ?
उस खाने में मुझे छः स्वाद मिलते है ।	आ भोजनंलो मनकु आरु रुचुलु दोरुकुताइ । ఆ భోజనంలో మనకు ఆరు రుచులు దొరుకుతాయి.
मतलब ?	अन्टे అంటే ?
जैसे चावल लीजिए वह फीका रहता है ।	उदाहरणकि अन्नं तीसुकोंडि अदि चप्पगा उन्तुन्दि । ఉదాహరణకి, అన్నం తీసుకోండి, అది చప్పగా ఉంటుంది.
उसमें तूर दाल, घी, अचार मिलाये तो स्वाद कैसा लगता है मालूम ?	अन्दुलो कन्दिपप्पु, नेय्यी, पच्चडि कलिपिते रुचि एट्ला उन्तुन्दो तेलुसा ? అందులో కందిపప్పు, నెయ్యి, పచ్చడి కలిపితే రుచి ఎట్లా ఉంటుందో తెలుసా ?

नहीं बता सकता हूँ मैं।

चेप्पलेनु नेनु।

చెప్పలేను నేను.

तुम ही खाकर समझ लो।

नुव्वे तिनि अर्थं चेसुको !

నువ్వే తిని అర్థం చేసుకో !

भोजन में गुझिया भी हैं।

भोजनंलो कज्जिकाय कूडा इच्चारु।

భోజనంలో కజ్జికాయ కూడా ఇచ్చారు.

खाली गुझिया नहीं साब पूड़ी, छोंका बात, बरोयें, सूखी सब्जी भी देंगे।

कज्जिकाय मात्रमें कादु सार, पूरी, पुलिहोर, वडियालु, वरुगुलु कूडा इस्तां।

కజ్జికాయ మాత్రమే కాదు సార్ ! పూరీ, పులిహోర, వడియాలు, వరుగులు కూడా ఇస్తాం.

धन्यवाद भाई, मुझे अच्छा खाना खिलाया।

कृतज्ञतलु सोदरा ! नाकु मंचि भोजनं तिनिपिंचावु (पेट्टिंचावु)

కృతజ్ఞతలు సోదరా ! నాకు మంచి భోజనం తినిపించావు (పెట్టించావు).

मैं कितना बख्शीस दूँ ?

नेनु एन्त टिप्पु इव्वालि ?

నేను ఎంత టిప్పు ఇవ్వాలి ?

वह आपकी मर्जी है साब !

अदि मी दय सार !

అది మీ దయ సార్ !

इधर सेवा थोड़ी सुस्त / धीमी है।

इक्कड सर्विस् कोंचें नेम्मदि / आलस्यं।

ఇక్కడ సర్వీస్ కొంచెం నెమ్మది / ఆలస్యం.

18. डाकघर तपाला कार्यालयं తపాలా కార్యాలయం (Post Office)

डाकघर कहाँ है ?	पोस्टाफिस एक्कड उन्दि ? పోస్టాఫీస్ ఎక్కడ ఉంది ?
थोड़ा सीधा जा के बाईं तरफ पलटे तो एक चढ़ाई आती है ।	कोंचें तिन्नगा वेल्लि एडम वैपु तिरिगिते ओक मिट्ट (एत्तु) वस्तुंदि కొంచెం తిన్నగా వెళ్ళి ఎడమ వైపు తిరిగితే ఒక మిట్ట (ఎత్తు) వస్తుంది.
वह चढ़कर दाईं ओर देखे तो लाल बोर्ड पर सफेद अक्षरों में लिखा दिखता है ।	अदि एक्कि कुडिवैपु तिरिगिते एर्रटि बोर्ड मीद तेल्लटि अक्षरालतो कनिपिस्तुन्दि । అది ఎక్కి కుడివైపు తిరిగితే ఎర్రటి బోర్డు మీద తెల్లటి అక్షరాలతో కనిపిస్తుంది.
मैं इस चिट्ठी को जल्दी से भेजना चाहता हूँ ।	नेनु ई उत्तरान्नि त्वरगा पंपिंचालनुकुन्टुन्नानु । నేను ఈ ఉత్తరాన్ని త్వరగా పంపించాలనుకుంటున్నాను.
स्पीड पोस्ट में भेजिए ।	स्पीड् पोस्टलो पंपिंचन्डि । స్పీడ్ పోస్ట్‌లో పంపించండి.
लिफाफे पर कितने का डाक टिकट चिपकाना है साब?	कवर मीद एन्नि तपाल बिल्ललु अंटिचालि सार ? కవర్ మీద ఎన్ని తపాలా బిళ్ళలు అంటించాలి సార్?
और टिकट चिपकाने की जरूरत नहीं है ।	इन्का स्टांपुलु अंटिंचवलसिन अवसरं लेदु । ఇంకా స్టాంపులు అంటించవలసిన అవసరం లేదు.
कृपया, आप इस लिफाफे को तौलते हैं क्या ?	दयचेसि मीरु ई कवरनु तूस्तारा ? దయచేసి మీరు ఈ కవరును తూస్తారా ?

इसके भार के (वजन के) अनुसार आप इसके उपर अस्सी रूपये का टिकट चिपकाइये ।

दीनि बरुवुनु बट्टि दीनिकि यनभै रूपायलु स्टांपुलु अंटिंचन्डि ।

దీని బరువును బట్టి దీనికి ఎనభై రూపాయలు స్టాంపులు అంటించండి.

पत्र जल्दी पहुँचने के लिए पिनकोड नंबर सही लिखना ज़रूरी है ।

उत्तरं त्वरगा चेरटंकोसं पिनकोड नंबरू सरिगा रायडं तप्पनि सरि ।

ఉత్తరం త్వరగా చేరటంకోసం పిన్‌కోడ్ నంబరు సరిగా రాయడం తప్పని సరి.

बुक पोस्ट लिफाफा है तो बन्द नहीं करना ।

बुक पोस्ट कवरैते मूसि वेयवद्दु ।

బుక్ పోస్ట్ కవరైతే మూసి వేయవద్దు.

मनीआर्डर कब तक लेते हैं ?

मनीआर्डरलु एप्पटि वरकु तीसुकुन्टारु ?

మనీఆర్డర్లు ఎప్పటి వరకు తీసుకుంటారు ?

तीन बजे तक स्वीकार करते हैं ।

मूडू गंटल वरकु तीसुकुन्टामु ।

మూడు గంటల వరకు తీసుకుంటాము.

हजार रुपये भेजने के लिये कितना शुल्क है ?

वेय्यी रूपायलु पंपिंचटानिकि एन्त कमीशन अवुतुन्दि ।

వెయ్యి రూపాయలు పంపించడానికి ఎంత కమీషన్ అవుతుంది.

पचास रुपये है ।

याभै रूपायलु अवुतुन्दि ।

యాభై రూపాయలు అవుతుంది.

मनीआर्डर पत्र कैसे भाते हैं साब ?

मनीआर्डर फारं एट्ला निंपालि सार ?

మనీఆర్డర్ ఫారం ఎట్లా నింపాలి సార్ ?

उसे कैसा भरना है उसमें उसे तीन भाषाओं में लिखा है	दान्नि एट्ला निंपालो अन्दुलोने मूडु भाषल्लो राशारु । దాన్ని ఎట్లా నింపాలో అందులోనే మూడు భాషల్లో రాశారు.
पोस्ट कब निकालते है ?	पोस्ट एप्पुडु तीस्तारु ? పోస్ట్ ఎప్పుడు తీస్తారు ?
अबका पोस्ट तो निकाल दिया ।	इप्पटि पोस्ट अइते तीसेशारु ఇప్పటి పోస్ట్ అయితే తీసేశారు.
अगला तो दोपहर में चार बजे निकलता है ।	तर्वात (राबोये) पोस्ट अइते मध्यान्हं नालुगु गंटलकि तीस्तारु । తర్వాత (రాబోయే) పోస్ట్ అయితే మధ్యాహ్నం నాలుగు గంటలకి తీస్తారు.
आज चिट्ठियों का वितरण करते हैं क्या ?	ई रोजु उत्तरालु बट्वाडा चेस्तारा ? ఈరోజు ఉత్తరాలు బట్వాడా చేస్తారా ?
क्यों नहीं करते ? जरूर करते है ।	एन्दुकु चेय्यरु ? तप्पकुन्डा चेस्तारु । ఎందుకు చెయ్యరు ? తప్పకుండా చేస్తారు.

19. रेलवे स्टेशन / రైల్వే స్టేషన్ (Railway Station)

आज मैं राजमन्ड्री जाना चाहता हूँ ।	ई रोजु नेनु राजमंड्री वेल्लालनुकुन्टुन्नानु । ఈరోజు నేను రాజమండ్రి వెళ్ళాలనుకుంటున్నాను.
कैसा जाना चाहते हैं ? रेल से या बस से ?	एट्ला वेल्लालनुकुन्टुन्नारु ? रैलु द्वाराना लेक बस द्वाराना ఎట్లా వెళ్ళాలనుకుంటున్నారు ? రైలు ద్వారానా, లేక బస్ ద్వారానా ?

रेल द्वारा तो नौ घंटे में आराम से जा सकते है ।	रेलु द्वारा आइते तोम्मिदि गंटल्लो हायीगा (विश्रांतिगा) वेल्लगलरु । రైలు ద్వారా అయితే తొమ్మిది గంటలలో హాయిగా (విశ్రాంతిగా) వెళ్ళగలరు.
आप आरक्षण करा लिये हैं क्या ?	मीरू रिजर्वेशन चेइन्चुकुन्नारा ? మీరు రిజర్వేషన్ చేయించుకున్నారా ?
हाँ ! हो गया ।	हाँ ! अइपोइन्दि । హాఁ ! అయిపోయింది !
हमारे नसीब से खिड़की के पास सीट मिली है ।	मा अदृष्टं वल्ल किटिकी दग्गर सीटु दोरिकिन्दि । మా అదృష్టం వల్ల కిటికీ దగ్గర సీటు దొరికింది.
आप आपके सीट में बैठे या दूसरों के सीट पर बैठे हैं देख लिजिए ।	मीरु मी सीट्लोने कूर्चुन्नारा ? लेक वेरे वाल्ल सीटुलो कूर्चुन्नारा ? चूसुकोन्डि । మీరు మీ సీట్లోనే కూర్చున్నారా ? లేక వేరే వాళ్ళ సీటులో కూర్చొన్నారా ? చూసుకోండి.
मैं सब देखकर बैठा हूँ ।	नेनु मोत्तं अन्नी चूसुकुने कूर्चुन्नानु । నేను మొత్తం అన్నీ చూసుకునే కూర్చున్నాను.
वह खिडकी बंद कर लो नहीं तो कचरा अंदर आ जायेगा है ।	आ किटिकी मूसि वेसुको लेकपोते चेत्त लोपलिकि वच्चेस्तुन्दि । ఆ కిటికీ మూసి వేసుకో లేకపోతే చెత్త లోపలికి వచ్చేస్తుంది.
खाने का डिब्बा किस तरफ है ?	भोजनाल पेट्टे एटुवैपु उन्दि ? భోజనాలపెట్టె ఎటువైపు ఉంది ?
वह उस तरफ है ।	अदि अटु वैपु उन्दि । అది అటు వైపు ఉంది.

मैं कल रात की गाड़ी से मुंबई जाऊँगा ।	नेनु रेपु रात्रि बन्डिकि वेलतानु నేను రేపు రాత్రి బండికి ముంబై వెళతాను.
मुंबई को एक ही गाड़ी जाती है क्या ?	मुंबइकि ओके बन्डि पोतुन्दा ? ముంబయికి ఒకే బండి పోతుందా ?
एक ही गाड़ी जाती है ।	ओके बन्डि पोतुन्दि ఒకే బండి పోతుంది.
है, तो कोई बात नहीं ।	अइते फर्वा लेदु అయితే ఫర్వా లేదు.
नहीं तो बीच में गाड़ी बदलना पड़ेगा ।	लेदन्टे, मध्यलो बन्डि मारालसि वुन्टुन्दि లేదంటే, మధ్యలో బండి మారాల్సివుంటుంది.
मैं आपके साथ स्टेशन को जाऊँगा ।	नेनु मीतो पाटु स्टेशनकु वस्तानु నేను మీతో పాటు స్టేషన్‌కు వస్తాను.
ऐसा है तो तुम जल्दी तैयार हो जाना ।	अटला अइते नुव्वु त्वरगा तयारव्वाली అట్లాఅయితే నువ్వు త్వరగా తయారవ్వాలి.
वे लोग गाड़ी नहीं पकड़ सके ।	वाल्लु बन्डिनि पट्टुकोलेकपोयारु । వాళ్ళు బండిని పట్టుకోలేకపోయారు.
आज गाड़ी बहुत देर से आ रही है ।	ई रोजु बन्डि चाला आलस्यंगा वस्तोंदि ఈరోజు బండి చాలా ఆలస్యంగా వస్తోంది.
हाँ ! जी ! आज सही समय पर से पीछे से चल रही है ।	आँ अवुनन्डि ई रोजु असलु टैं कन्टे वेनुकगा (अलस्यंगा) नडुस्तोंदि । ఆఁ అవునండి. ఈరోజు అసలు టైం కంటె వెనుకగా (ఆలస్యంగా) నడుస్తోంది.

खाने के लिए गाड़ी से उतरने की जरूरत नहीं है ।	भोजनं चेयडं कोसं बन्डि दिगवलसिन अवसरं लेदु భోజనం చేయడం కోసం బండి దిగవలసిన అవసరం లేదు.
खाना गाड़ी में ही मिलता है ।	भोजनं बन्डिलोने दोरुकुतुन्दि భోజనం బండిలోనే దొరుకుతుంది.
खाना अच्छा मिले तो कितनी भी दूर हो कोई बात नहीं मैं आसानी से सफर कर सकता हूँ ।	मंचि भोजनं दोरिकिते एन्त दूरमैना कूडा फर्वालेदु प्रयाणं चेयगलुगुतानु మంచి భోజనం దొరికితే ఎంత దూరమైనా కూడా ఫర్వాలేదు. ప్రయాణం చేయగలుగుతాను.

20. खेल आटलु ఆటలు (Sports)

आप कौन सा खेल खेलते है ?	मीरु ए आट आडतारु ? మీరు ఏ ఆట ఆడతారు ?
मैं शतरंज खेलता हूँ ।	नेनु चदरंगं आडतानु నేను చదరంగం ఆడతాను.
आपको कौन सा खेल पसंद है ।	मीकु ए आट इष्टं. మీకు ఏ ఆట ఇష్టం.
मैं पतंग उड़ा सकता हूँ ।	नेनु गालिपटं एगुरवेयगलनु నేను గాలిపటం ఎగురవేయగలను.
वे लोग किस खेल के कुशल खिलाडी हैं ?	वारु ए आटलो प्रावीण्यंगलवारु వారు ఏ ఆటలో ప్రావీణ్యంగలవారు.

वे लोग कबड्डी अच्छा खेलते हैं ।	वारु कबड्डी मंचिगा आडतारु వారు కబడ్డీ మంచిగా ఆడతారు.
आजकल क्रिकेट को अधिक प्रोत्साहन मिल रहा है ।	ई मध्या(इवालरेपु) क्रिकेट्कि चाला प्रोत्साहं लभिस्तोन्दि ఈ మధ్య (ఇవాళరేపు) క్రికెట్‌కి చాలా ప్రోత్సాహం లభిస్తోంది.
आज या कल नहीं हमेशा भाई उसको प्रोत्साहन मिलता है आपको नहीं मालूम ?	इवाला, रेपु कादु सोदरा ! दानिकि एप्पुडू प्रोत्साहं लभिस्तूने उन्दि तेलुसा? ఇవాళా, రేపు కాదు సోదరా ! దానికి ఎప్పుడూ ప్రోత్సాహం లభిస్తూనే ఉంది తెలుసా ?
आप जो बोल रहे हैं वह सच है ।	मीरू एमन्टुन्नारो अदि निजमे మీరు ఏమంటున్నారో అది నిజమే !
क्रिकेट के अलावा कोई दूसरा खेल नहीं है क्या ?	क्रिकेट तप्प मिगतावि आटलु कावा ? క్రికెట్ తప్ప మిగతావి ఆటలు కావా ?
मुझे ऊँची कूद पसंद है ।	नाकु है जम्पइष्टं నాకు హై జంప్ ఇష్టం.
तुम उसमें अच्छा कर सकते हो ?	नुव्वु अन्त बागा चेयगलुगुतावा ? నువ్వు అంత బాగా చేయగలుగుతావా ?
नहीं ! नहीं ! मैं अच्छा देख सकता हूँ ।	लेदु, लेदु बागा चूडगलुगुतानु లేదు, లేదు, బాగా చూడగలుగుతాను.

वह कौन है आपको मालूम है ?	आयना एवरो तेलुसा ? ఆయన ఎవరో తెలుసా ?
मालूम है । तेज धावक है ।	तेलुसु, वेगंगा परूगेत्तेवाडु తెలుసు, వేగంగా పరుగెత్తేవాడు.
आपके कलाशाला में रोजाना खेलने के लिए पीरियड है क्या ?	मी कालेजिलो प्रतिरोजु आटल पिरियड् उन्टुन्दा ? మీ కాలేజిలో ప్రతిరోజు ఆటల పిరియడ్ ఉంటుందా ?
जी हाँ ! हर रोज हम चार बजे मैदान में जाते हैं ।	अवुनन्डि, प्रतिरोजु मेमु नालुगु गंटलकि मैदानंकि वेलतामु అవునండి, ప్రతిరోజు మేము నాలుగు గంటలకి మైదానంకి వెళతాము.
आप लोग उधर कौन-कौन से खेल खेलते हैं ?	मीरंता अक्कड ए ए आटलु आडतारू మీరంతా అక్కడ ఏ ఏ ఆటలు ఆడతారు ?
आप नहीं हँसोगे तो मैं बोलूं ।	मीरू नव्वकपोते नेनु चेपुतानु మీరు నవ్వకపోతే నేను చెపుతాను.
मैं नहीं हँसूगा बोलो ।	नेनु नव्वनु चेप्पु నేను నవ్వను చెప్పు.
वहाँ हम कंचे भी खेलते हैं ।	अक्कड मेमु गोलीलु कूडा आडतामु అక్కడ మేము గోళీలు కూడా ఆడతాము.
उसको तैरना पसंद है ।	वाडिकि ईदडमन्टे इष्टं వాడికి ఈదడమంటే ఇష్టం
लेकिन पानी नहीं है ।	कानी नील्लु लेवु । కానీ నీళ్ళు లేవు.

खेलों में कौन हारेगा, कौन जीतेगा किसी को भी मालूम नहीं है ।

आटललो एवरू ओडतारु ? एवरू गेलुस्तारू ? एवरिकी तेलियदु ?

ఆటలలో ఎవరు ఓడతారు ? ఎవరు గెలుస్తారు ? ఎవరికీ తెలియదు ?

एक चीज तो पक्की है कि खिलाडियों का स्वास्थ्य अच्छा रहता है ।

ओक विषयमैते खच्चितं । आटगाल्ल आरोग्यं मंचिगा उन्टुन्दि

ఒక విషయమైతే ఖచ్చితం. ఆటగాళ్ళ ఆరోగ్యం మంచిగా ఉంటుంది.

21. स्वास्थ्य आरोग्यं ఆరోగ్యం (Health)

आप कैसे हैं ?

नुव्वु एला उन्नावु ?

నువ్వు ఎలా ఉన్నావు ?

ठीक नहीं हूँ ।

सरिगा लेनु

సరిగా లేను.

क्या हुआ ?

एमइन्दि ?

ఏమయింది ?

आखिर मुझे पेट में दर्द हो रहा है ।

तरचू नाकु कडुपु नोप्पि वस्तू उन्दि

తరచూ నాకు కడుపు నొప్పి వస్తూఉంది.

क्यों हो रहा है ?

एन्दुकु ?

ఎందుకు ?

वह मालूम होता तो इतनी परेशानी क्यों होती ?

अदि तेलिस्ते इन्त गंदरगोलं एन्दुकु नडुस्तादि ।

అది తెలిస్తే ఇంత గందరగోళం ఎందుకు నడుస్తాది?

एक या दो बार है तो ठीक है ।	ओकटि, लेदा रेन्डुसार्लु आइते सरे । ఒకటి లేదా రెండుసార్లు అయితే సరే.
बार-बार आ रही तो पेट में कुछ गड़बड़ जैसा मालूम पड़ता है ।	मल्ली मल्ली वस्तू उन्टे कडुपुलो एदो (कोंचें) अइनट्लु तेलुसा ? మళ్ళీ మళ్ళీ వస్తూ ఉంటే కడుపులో ఏదో (కొంచెం) అయినట్లు తెలుసా ?
इसके पहले तो आप अच्छे थे ।	इन्तकु मुन्दु रोजुल्लो मीरू बागाने उन्डेवारू (कदा !) ఇంతకు ముందు రోజుల్లో మీరు బాగానే ఉండేవారు (కదా !).
मुझे एक धंधे में (व्यापार में) नुकसान हुआ है ।	नाकु ओक व्यापारंलो नष्टं वच्चिंदि నాకు ఒక వ్యాపారంలో నష్టం వచ్చింది.
उस घबराहट में समय कुछ नहीं खाया ।	आ गाबरालो (वत्तिडिलो) नेनु समयानिकि तिनलेदु ఆ గాబరాలో (వత్తిడిలో) నేను సమయానికి తినలేదు.
कौन सी दवा ली है ?	ए मन्दु तीसुकुन्नारू ? ఏ మందు తీసుకున్నారు ?
कई दवाइयाँ ली है ।	अनेक मन्दुलु तीसुकुन्नानु అనేక మందులు తీసుకున్నాను.
आपके बच्चे कैसे हैं ?	मी पिल्ललु एट्ला उन्नारू ? మీ పిల్లలు ఎట్లా ఉన్నారు ?
छोटे बच्चे को सिर मे दर्द, बड़े बच्चे को खाँसी है ?	चिन्नब्बाइकि तलनोप्पि, पेद्दब्बइकि दग्गु ? చిన్నబ్బాయికి తలనొప్పి, పెద్దబ్బాయికి దగ్గు ?

इसका मतलब क्या है मालूम ?	दीनि अर्थं एमिटो तेलुसा ? దీని అర్థం ఏమిటో తెలుసా ?
आप लोग स्वास्थ्य के नियमों का पालन नहीं कर रहे हैं ।	मीरू आरोग्य नियमालु पाटिंचडंलेदु మీరు ఆరోగ్య నియమాలు పాటించడంలేదు.
क्या करें ?	एम् चेय्यालि? ఏం చెయ్యాలి ?
हर दिन सुबह में एक डेढ़ लीटर पानी पीजिए ?	प्रतिरोजु वेकुवझामुन ओक लीटरून्नर नील्लु तागन्डि ప్రతిరోజు వేకువఝూమున ఒక లీటరున్నర నీళ్ళు తాగండి.
सुबह में पानी पीयें तो मुझे चक्कर आते हैं ।	वेकुवझामुन नील्लुतागिते नाकु तल तिरुगुतू उनट्लुगा अनिपिस्तुन्दि వేకువఝూమున నీళ్ళుతాగితే నాకు తల తిరుగుతూ ఉన్నట్లుగా అనిపిస్తుంది.
आप सीगरेट पीते हैं क्या ?	मीरू पोग तागुतारा ? మీరు పొగ తాగుతారా ?
तुम कुछ गोलियाँ देते हो क्या ?	नुव्वु एमैना मात्रलु इस्तावा ? నువ్వు ఏమైనా మాత్రలు ఇస్తావా ?
मैं तो नहीं देता हूँ मगर वे देते है ।	नेनु इव्वनु कानी, आयन इस्ताडु నేను ఇవ్వను కానీ, ఆయన ఇస్తాడు.
स्वास्थ्य ही सब कुछ है । वह बात सबसे महत्वपूर्ण है ।	आरोग्य मे महा भाग्यमु आमाट अन्निटिकन्टे मंचि माट ఆరోగ్యమే మహా భాగ్యము. ఆమాట అన్నటికంటె మంచి మాట.

22. हकीम वैदयुडु వైద్యుడు (Doctor)

यहाँ बैठिये ।	इक्कड कूर्चोंडि ? ఇక్కడ కూర్చోండి.
समस्या क्या है ?	समस्य एमिटि ? సమస్య ఏమిటి ?
श्वांस लेते समय दर्द हो रहा है ।	श्वास तीसुकुनेटप्पुडु नोप्पि अवुतू उन्दि । శ్వాస తీసుకునేటప్పుడు నొప్పి అవుతూ ఉంది.
श्वांस लीजिए ।	श्वास तिसुकोन्डि శ్వాస తీసుకోండి.
यह समस्या कब से है ?	ई समस्य एप्पटिनुन्चि उन्दि ? ఈ సమస్య ఎప్పటినుంచి ఉంది ?
सात महीने से ।	एडु नेलल नुन्चि ఏడు నెలల నుంచి.
और क्या समस्या है आपको ?	इन्का ए समस्य उन्दि मीकु ? ఇంకా ఏ సమస్య ఉంది మీకు ?
भूख नहीं लग रही है ।	आकलि वेयडं लेदु ఆకలి వేయడం లేదు.
भार बढ़ गया है ।	बरूवु पेरिगिपोइन्दि బరువు పెరిగిపోయింది.
अक्सर खाँसी है ।	तरचू दग्गु తరచూ దగ్గు.

कुछ भी करने को मन नहीं करता है ।	एमि चेयडानिकी मनसु रावटं लेदु (पालुपोवटंलेदु) ఏమి చేయడానికీ మనసు రావటం లేదు (పాలుపోవటంలేదు).
चिड़चिड़ापन हो रहा है ।	चिकाकु चिकाकुगा उन्टोन्दि अवुतोन्दि । చికాకు చికాకుగా ఉంటోంది (అవుతోంది).
एक सवाल पूछा तो सौ जवाब दे दिया ।	ओक प्रश्न अडिगिते वंद समाधानालु इच्चारु । ఒక ప్రశ్న అడిగితే వంద సమాధానాలు ఇచ్చారు.
क्या करें साब ? समस्याओं से तो मैं जूझ ही रहा हूँ ।	एं चेय्यनु सार् ? समस्यलतो संग्रामं चेस्तुन्नानु ఏం చెయ్యను సార్ ? సమస్యలతో సంగ్రామం చేస్తున్నాను.
सबसे पहला और सबसे बड़ी दवा क्या है मालूम, आप बातें कम करना ।	अन्निटिकन्टे मुन्दु अन्निटि कन्टे पेद्द मन्दु एमिटो तेलुसा ? मीरु माटलु तक्कुव चेयंडि । అన్నిటికంటె ముందు అన్నిటి కంటె పెద్ద మందు ఏమిటో తెలుసా ? మీరు మాటలు తక్కువ చేయండి.
आहार के बारे में जागरूक रहिये ।	आहारानिकि संबंधिंचि जाग्रत्तगा उन्डन्डि ఆహారానికి సంబంధించి జాగ్రత్తగా ఉండండి.
थोड़े दिनों तक दो बार ही खाना खाईए ।	कोद्दि रोजुलु वरकु रेन्डु सार्ले भोजनं चेयंडि కొద్ది రోజులు వరకు రెండు సార్లే భోజనం చేయండి.
घबराइए मत ।	कंगारु पडवद्दु । కంగారు పడవద్దు.
उपवास की आवश्यकता नहीं है ।	आंदोलन अवसरं लेदु ఆందోళన అవసరం లేదు.

मैं गोलियाँ दे रहा हूँ ।

नेनु मात्रलु इस्तुन्नानु

నేను మాత్రలు ఇస్తున్నాను.

आप उनको समय पर मैं जैसा बोलूं वैसे लीजिए ।

मीरु वाटिनि, समयानिकि, नेनु एट्ला चेप्पानो अट्ला तीसुकोंडि

మీరు వాటిని, సమయానికి, నేను ఎట్లా చెప్పానో అట్లా తీసుకోండి.

आपको जुकाम तो नहीं है ना ?

मीकु जलुबु अइते लेदु कदा !

మీకు జలుబు అయితే లేదు కదా ?

हर दिन सुबह में व्यायाम भी शुरू किजिये ।

प्रतिरोजु वेकुवझामुन व्यायामं कूडा प्रारंभिंचंडि

ప్రతిరోజు వేకువఝామున వ్యాయామం కూడా ప్రారంభించండి.

धन्यवाद हकीम साब !

धन्यवादमुलु डाक्टर गारु.

ధన్యవాదములు డాక్టర్ గారు.

23. मनोरंजन / विनोदमु / వినోదము (Entertainment)

आजकल कई लोग मनोरंजन के लिए बहुत खर्च कर रहे है ।

इवाला रेपु (ई मध्य कालंलो) चाला मंदि प्रजलु विनोदं कोरकु चाला डब्बु खर्चु पेट्टेस्तू उन्नारु ।

ఇవాళ రేపు (ఈమధ్య కాలంలో) చాలా మంది ప్రజలు వినోదం కొరకు చాలా డబ్బు ఖర్చు పెట్టేస్తూ ఉన్నారు.

इस यांत्रिक जीवन में सब को ज्यादा तनाव हो रहा है ।

ई आयांत्रिक जीवनंलो अन्दरिकी आंदोलन एक्कुव । (टेन्शन्) अइपोतोंदि ।

ఈ ఆయాంత్రిక జీవనంలో అందరికీ ఆందోళన (టెన్షన్) ఎక్కువ అయిపోతోంది.

हर एक आदमी सुख से जीना चाहता है ।	प्रतिओक्क मनिषि सुखंगा जीविंचालनी ओलोचिस्ताडु ప్రతిఒక్క మనిషి సుఖంగా జీవించాలని ఆలోచిస్తాడు.
मगर सोचने और सुख की को कोई रिश्तेदारी नहीं रहती है ।	कानी आलोचनकी, सुखानिकी चुट्टुरिकमे उन्डदु కానీ ఆలోచనకీ, సుఖానికీ చుట్టరికమే ఉండదు
इसलिये मनोरंजन के पीछे भागते है ।	अन्दुके विनोदं वेनुक परुगुपेडतारु అందుకే వినోదం వెనుక పరుగుపెడతారు
कुछ लोगों को संगीत पसंद है ।	कोंतमंदिकि संगीतं इष्टं కొంతమందికి సంగీతం ఇష్టం.
और कुछ लोगों को सिनेमा पसंद है ।	मरिकोन्त मंदिकि सिनिमा इष्टं మరికొంత మందికి సినిమా ఇష్టం.
ये सब किसलिए ?	इदंता एन्दुको तेलुसा ? ఇదంతా ఎందుకో తెలుసా ?
मानसिक शान्ती के लिए ।	मनःशान्ती कोसं । మనశ్శాంతి కోసం.
मन में चिन्ता और तनाव जितना रहता है उतना ही वह मनोरंजन की ओर खींचता है ।	मनसुलो चिन्ता, मरियु आंदोलन एन्तगा उन्टुंदो अन्तगा विनोदं वैपु लागुतुन्दि మనసులో చింత, మరియు ఆందోళన ఎంతగా ఉంటుందో అంతగా వినోదం వైపు లాగుతుంది.

क्योंकि मालूम है जितना देर मन मनोरंजन में लगा होता है उतनी देर वह प्रसन्न रहता है

एन्दुको तेलुसा? एन्त सेपु मनसु विनोदं मीद लग्नमवुतुंदो अन्त सेपु अतडु सुप्रसन्नंगा उन्टाडु

ఎందుకో తెలుసా ? ఎంత సేపు మనసు వినోదం మీద లగ్న మవుతుందో అంతసేపు అతడు సుప్రసన్నంగా ఉంటాడు.

उधर देखो बच्चे क्या कर रहे हैं ?

अक्कड चूडु पिल्ललु एम चेस्तू उन्नारू ?

అక్కడ చూడు పిల్లలు ఏం చేస్తూ ఉన్నారు ?

वहाँ पर बच्चें झूले पर खेल रहे हैं ।

अक्कड पिल्ललु उय्याल मीद आटलाडुतू उन्नारू

అక్కడ పిల్లలు ఉయ్యాల మీద ఆటలాడుతూ ఉన్నారు.

उन लोगों को देखो ।

वीलनु चूडु

వీళ్ళను చూడు.

वे लोग बहुत खुश है

वालु चाला संतोशंगा उन्नारू

వాళ్ళు చాలా సంతోషంగా ఉన్నారు.

यह तो मुझे भी मालूम है ।

अदइते नाकु कूडा तेलुसु

అదయితే నాకు కూడా తెలుసు.

कारण क्या है ? यह बताओ मुझे ।

कारणं एमिटि ? अदि चेप्पु नाकु

కారణం ఏమిటి ? అది చెప్పు నాకు.

उनके पास ज्यादा धन है । इसलिए उनके दिल में खुशी रहती है ।

वाल दग्गर डब्बु चाला उन्दि. अन्दुवल्लने वाल मनसु सुखंगा उल्लासंगा उन्टुंदि

వాళ్ళ దగ్గర డబ్బు చాలా ఉంది. అందువల్లనే వాళ్ళ మనసు సుఖంగా, ఉల్లాసంగా ఉంటుంది.

वैसा मत सोचो ।

अट्ला अनुकोकु

అట్లా అనుకోకు.

मन को थोड़ा आराम दो ।

मनसुकि कोन्त विश्रान्ति इव्वालि ।
మనసుకి కొంత విశ్రాంతి ఇవ్వాలి.

इसलिए प्रत्येक आदमी और औरत को खेल या संगीत में मन लगाना पडता है

अन्दुके प्रति ओक्क पुरुषुडु, स्त्री आटलु लेदा संगीतं मीद मनसु लग्नं चेयवलसि उन्टुन्दि
అందుకే ప్రతి ఒక్క పురుషుడు, స్త్రీ ఆటలు లేదా సంగీతం మీద మనసు లగ్నం చేయవలసి ఉంటుంది.

तुम सुखदायक जीवन चाहते हो तो आज से नटन, नृत्य, खेल या संगीत सीखने के लिए तैयार हो जावो ।

नुव्वु, सुखमैन जीवीतं कोरुकुन्नट्लैइते ई रोजु नुन्चे नटन, नाट्यं, आट लेदा संगीतं नेरुचुकोवडानिकि सिद्दमैपो ।
నువ్వు సుఖమైన జీవితం కోరుకున్నట్లయితే ఈ రోజు నుంచే నటన, నాట్యం, ఆట లేదా సంగీతం నేర్చుకోవడానికి సిద్ధమై పో.

24. बेकरी शॉप रोट्टेला दुकाणं రొట్టెలదుకాణం (Bakery)

हमें आज एक अच्छे बेकरी को जाना है ?

मनं ई रोजु ओक मंचि रोट्टेला दुकाणंकि वेल्लालि ?
మనం ఈ రోజు ఒక మంచి రొట్టెల దుకాణంకి వెళ్ళాలి ?

किसलिए ? कुछ विशेष है क्या ?

एन्दुकु ? एमैना विशेषं उन्दा ?
ఎందుకు ? ఏమైనా విశేషం ఉందా ?

जी हाँ ! परसों हमारा बेटे का जन्म दिन है ।

ऑ, अवुनन्डि. एल्लुन्डि मन अब्बाई पुट्टिन रोजु ?
ఆఁ అవునండి. ఎల్లుండి మన అబ్బాయి పుట్టిన రోజు.

उसी गली में एक बेकरी है ।

आ संदुलो ओक रोट्टेल दुकाणं उन्दि ।
ఆ సందులో ఒక రొట్టెల దుకాణం ఉంది.

वह नानबाई ताजा रोटियाँ बेचता है

आ रोट्टेल दुकाणमतनु ताजा रोट्टेलु अम्मुताडु
ఆ రొట్టెల దుకాణమతను తాజా రొట్టెలు అమ్ముతాడు.

ठीक है । उसके पास जायेंगे ।	सरे अतनि दग्गरिके वेलदां సరే అతని దగ్గరికే వెళదాం.
भाई साब ! आप एक बर्थ डे केक का आर्डर ले सकते हैं क्या ?	सोदरा ! मीरु ओक बर्तडे केक्कु आर्डर तीसुकुन्टारा ? సోదరా ! మీరు ఒక బర్త్‌డే కేక్‌కు ఆర్డర్ తీసుకుంటారా ?
बिलकुल ले सकता हूँ साब !	तप्पकुन्डा तीसुकुन्टानु सार ! తప్పకుండా తీసుకుంటాను సార్ !
किस प्रकार का केक होना साब ?	ए केक कावालि सार् ? ఏ కేక్ కావాలి సార్ ?
आप के पास कितने प्रकार के केक मिलते है ?	ए ए केकुलु दोरुकुताइ तम वद्द । ఏ ఏ కేకులు దొరుకుతాయి తమ వద్ద.
सादा केक, बटर केक, स्पेशल केक, अंडा केक, बिना अंडा केक, सभी तरह के केक मिलते हैं । हमारे पास ।	सादा केकु, वेन्न केकु, प्रत्येक केकु, कोडि गुड्डु कोडि गुड्डू लेनि केकु एदैना कूडा दोरुकुतुन्दि मा दग्गर సాదా కేకు, వెన్న కేకు, ప్రత్యేక కేకు, కోడిగ్రుడ్డు కేకు, కోడిగ్రుడ్డు లేని కేకు ఏదైనా కూడా దొరుకుతుంది మా దగ్గర.
केक के लिए एडवांस दीजिए ।	केक् कि अडवान्स् इव्वंडि కేక్ కి అడ్వాన్స్ ఇవ్వండి.
केक के उपर क्या लिखना है भी बताइये ।	केक् मीद रायवलसिनवी कूडा चेप्पन्डि । కేక్ మీద రాయవలసినవి కూడా చెప్పండి.

मुझे एक जैम का बॉटल और एक दर्जन अंडे दीजिए ।	नाकु ओक जाम् सीसा मरियु ओक डजन कोडिगृड्लु इव्वन्डि నాకు ఒక జామ్ సీసా మరియు ఒక డజన్ కోడిగ్రుడ్లు ఇవ్వండి.
आपने मुझे कल ताजा वस्तुयें नहीं दी थी ।	मीरु नाकु निन्न इच्चिनटुवन्टि वस्तुवुलु ताजागा लेवू మీరు నాకు నిన్న ఇచ్చినటువంటి వస్తువులు తాజాగా లేవు.
यह बात मैं नहीं मानूंगा ।	आ माट नेनु अंगीकरिंचनु ఆమాట నేను అంగీకరించను.
मैं सच बोल रहा हूँ ।	नेनु निजमे चेबुतुन्नानु నేను నిజమే చెబుతున్నాను.
हम कभी भी खराब चीजें दुकान में नहीं रखते है ।	में एप्पुडु कूडा पाडैपोईनटुवन्टि वस्तुवुलनु पेट्टमु మేం ఎప్పుడూ కూడా పాడైపోయినటువంటి వస్తువులను పెట్టము.
मै उसे लाकर दिखाउं क्या ?	नेनु तीसुकु वच्चि चूपिंचवलेना ? నేను తీసుకు వచ్చి చూపించవలెనా ?
नाराज मत हो साब।	अट्ला चिराकु पडिपोवद्दु सार् ! అట్లా చిరాకు పడిపోవద్దు సార్ !
कितनी भी अच्छी चीज रखो फिर भी खराब हो जाती है साब ।	एट्लइना ओकोक्कसारि एन्त मंचि वस्तुवु अइना कूडा पाडवुतुन्दि कदा सार् ! ఎట్లయినా ఒక్కొక్క సారి ఎంత మంచి వస్తువు అయినా కూడా పాడవుతుంది కదా సార్ !
ठीक है ।	सरे ! సరే !

मुझे एक ऐस क्रीम दो ।	नाकु ओक ऐस् क्रीं इव्वु నాకు ఒక ఐస్ క్రీం ఇవ్వు.
उसको दो पेस्ट्रीयाँ एक डिब्बे में रखकर भेज दो	अतनिकि रेंडु पेस्ट्रीलनु ओक डब्बालो पेट्टि पंपु అతనికి రెండు పేస్ట్రీలను ఒక డబ్బాలో పెట్టి పంపు.

25. मरम्मत / मरम्मत / రిపేరు (Repair)

भाई साब ! हमारा कंप्यूटर काम नहीं कर रहा है ।	सोदरा ! मा कम्प्यूटर पनि चेय्यटं लेदु సోదరా ! మా కంప్యూటర్ పని చెయ్యటం లేదు.
आपके कंप्यूटर में क्या खराबी है ।	मी कंप्यूटरलो समस्या / दोषं एमिटि ? మీ కంప్యూటర్‌లో సమస్య / దోషం ఏమిటి
हमें मालूम नहीं है ।	माकु तेलियदु మాకు తెలియదు
कंप्यूटर कहाँ है ?	कंप्यूटर एक्कड उन्दि ? కంప్యూటర్ ఎక్కడ ఉంది ?
उस हॉल में है ?	आ हालुलो उन्दि ? ఆ హాలులో ఉంది ?
यह कब तक ठीक काम किया ?	इदि एप्पटि वरकू पनि चेसिन्दि ? ఇది ఎప్పటి వరకూ పని చేసింది ?
कल रात तक ठीक काम किया ?	निन्न रात्रि वरकू पनि चेसिंदि ? నిన్న రాత్రి వరకూ పని చేసింది ?

किसी ने कुछ किया था क्या ?	एवरैना एमैना चेशारा ? ఎవరైనా ఏమైనా చేశారా ?
किसी ने कुछ भी नहीं किया तो अपने आप रूक गया क्या?	एवरु एमी चेय्यकपोते दानिकदे आगि पोइन्दा ? ఎవరూ ఏమీ చెయ్యకపోతే దానికదే ఆగి పోయిందా ?
वह ही बोल रहा हूँ ?	अदे चेबुतुन्नानु ? అదే చెబుతున్నాను ?
मैंने इसको ठीक करने की कोशिश की।	नेनु दीन्नि बागु चेयडानिकि प्रयत्निंचानु నేను దీన్ని బాగు చేయడానికి ప్రయత్నించాను.
लेकिन मेरी पूरी मेहनत बेकार हो गयी।	कानी ना मोत्तं श्रम वृधा अइ पोइन्दि । కానీ నా మొత్తం శ్రమ వృధా అయి పోయింది.
इसे ठीक करने में कितना खर्चा आयेगा।	दीन्नि बागु चेयडानिकि एन्त खर्चु अवुतुन्दि దీన్ని బాగు చేయడానికి ఎంత ఖర్చు అవుతుంది.
मैं अभी नहीं बोल सकता हूँ	इप्पुडे नेनु चेप्पलेनु ఇప్పుడే నేను చెప్పలేను.
अब तो मैं इसको अपनी दुकान में ले जाता हूँ	इप्पुडैते नेनु दीन्नि मा दुकाणानिकि तीसुकोनि पोतानु ఇప్పుడైతే నేను దీన్ని మా దుకాణానికి తీసుకుని పోతాను.
पूरी तरह देखने के बाद इसकी खराबी के बारे में बताता हूँ।	मोत्तं चूसि दीनिलो दोषं एमिटो मीकु चेबुतानु । మొత్తం చూసి దీనిలో దోషం ఏమిటో మీకు చెబుతాను.

आपके पास हाथौड़ा हैं ? — मी वद्द सुत्ति उन्नदा ?

మీ వద్ద సుత్తి ఉన్నదా ?

है ! मगर क्यों ? — उन्दि - कानी एन्दुकु ?

ఉంది - కానీ ఎందుకు ?

मुझे घर में थोड़ी मरम्मत करनी है — मा इन्टिलो कोंचें मरम्मतु चेय्यालि

మా ఇంటిలో కొంచెం మరమ్మతు చెయ్యాలి

मेरे खिड़की की कीलें टूट गयी है । — मा किटिकी मेकुलु ऊडि पोइनवि

మా కిటికీ మేకులు ఊడి పోయినవి

अपना काम होने के बाद हमारा काम करोगे क्या ? — मी पनि अइपोइन तर्वात मा पनि चेस्तारा ?

మీ పని అయిపోయిన తర్వాత మా పని చేస్తారా ?

ओ ! जरूर ! — ओ ! तप्पकुन्डा !

ఓ ! తప్పకుండా !

घर में ऐसी छोटी मोटी चीजों की मरम्मत कराने की इच्छा है । — इन्टिलो इट्लान्टि चिन्न, चितका वस्तुवुल मरम्मत्तु चेयडानिकि मनसु अवुतुन्दि

ఇంటిలో ఇట్లాంటి చిన్న, చితకా వస్తువుల మరమ్మత్తు చేయదానికి మనసు అవుతుంది

26. कंप्यूटर की खरीददारी कंम्प्यूटर कोनुटा కంప్యూటర్ కొనుట

(Computer Purchase)

मुझे एक कंप्यूटर चाहिए ।	नाकु ओक कंप्यूटर कावालि । నాకు ఒక కంప్యూటర్ కావాలి.
किस कंपनी का चाहिए ?	ए कंपेनीदि कावालि ? ఏ కంపెనీది కావాలి ?
आपके पास किस कंपनी का है ?	मी वद्द ए कंपेनीदि उन्दि ? మీ వద్ద ఏ కంపెనీది ఉంది ?
हमारे पास कई कंपनी के हैं ?	मा वद्द चाला कंपेनीलवि उन्नाइ ? మా వద్ద చాలా కంపెనీలవి ఉన్నాయి ?
कौन सी कंपनी सबसे अच्छी है ?	ए कंपेनी मंचि कंपेनी ? ఏ కంపెనీ మంచి కంపెనీ ?
साब ! मैं बेचने वाला हूँ	सार ! नेनु अम्मे वाणि సార్ ! నేను అమ్మే వాణ్ణి.
मुझे सब अच्छे लगते हैं ।	नाकु अन्नी मंचिवे నాకు అన్నీ మంచివే.
कौनसी कंपनी का कम्प्यूटर ज्यादा बेच रहे हैं	ए कंपेनीवि एक्कुवगा अम्मुतू उन्नारू ఏ కంపెనీవి ఎక్కువగా అమ్ముతూ ఉన్నారు
सच बोले तो हम बनाकर बेचते हैं	निजं चेप्पाटंलटे में असंबुल (मिश्रमं) चेसिनवि अम्मुतुन्टां । నిజం చెప్పాలంటే మేం అసంబుల్ (మిశ్రమం) చేసినవి అమ్ముతుంటాం.
मतलब !	अन्टे ! అంటే ?

अलग अलग कंपनी की चीजें लगाकर एक सेट बनाते है साब !	वेरेव्वरू कंपेनील वस्तुवुलु तीसुकुनि ओक सेट्टु तयारुचेस्तां सार ! వేర్వేరు కంపెనీల వస్తువులు తీసుకుని ఒక సెట్టు తయారు చేస్తాం సార్ !
मुझे समझ में नहीं आया है	नाकु अर्ध कालेदु । నాకు అర్థం కాలేదు
कैसे बतायें तो आपकी समझ में आएगा ।	एटला चेबिते मीकु अर्धमवुतुन्दि ఎట్లా చెబితే మీకు అర్థమవుతుంది.
देखिए साब !	चूडन्डि सार ! చూడండి సార్ !
जैसे ! मानीटर 'एक्स' कंपनी का है तो की बोर्ड 'वाई' कंपनी का, युपीएस 'जड' कंपनी का है तो माउस 'ए' कंपनी का	उदाहरणकि, मानिटर 'एक्स', कंपनीदि अइते, कीबोर्ड 'वै' कंपेनीदि, यू.पि.यस., 'जड्' कंपेनीदि आइते मिशन 'ए' कंपनीदि ఉదాహరణకి, మానిటర్ 'ఎక్స్' కంపెనీది అయితే, కీబోర్డ్ 'వై' కంపెనీది, యు.పి.ఎస్. 'జడ్' కంపెనీది అయితే మిషన్ 'ఎ' కంపెనీది.
ठीक है साब !	सरे सार ! సరే సార్ !
मेरे लिए एक अच्छा सेट बनाइये।	माकु ओक मंचि सेट् तयारु चेयन्डि మాకు ఒక మంచి సెట్ తయారు చేయండి.
वैसा करके तैयार करने में कितना खर्च हो जाएगा?	अट्ला चेसि इव्वडानिकि एन्त अवुतुन्दि ? అట్లా చేసి ఇవ్వడానికి ఎంత అవుతుంది ?

कम से कम बत्तीस हजार रूपये ।	तक्कुवलो तक्कुव मुप्पइ रेन्डु वेलु अवगलदु తక్కువలో తక్కువ ముప్పయి రెండు వేలు అవగలదు.
आप उसे चालू करके दिखाते हो क्या ?	मीरु दान्नि आन् चेसि चूपिस्तारा ? మీరు దాన్ని ఆన్ చేసి చూపిస్తారా ?
किस्तों पर खरीदने की व्यवस्था है क्या ?	वाइदाल पै कोनडानिकि अवकाशं उन्नदा ? వాయిదాలపై కొనడానికి అవకాశం ఉన్నదా ?
चालीस प्रतिशत नकद देना और जो बच गये उसे छः प्रतिशत बराबर की माहवारी किश्तों में देना पड़ता है ।	नलभै शातं सोम्मु, चेल्लिंचालि मिगता अरवै शातं नेलवारी समान वाइदाललो चेल्लिंचवलसि उन्टुन्दि నలభై శాతం సొమ్ము చెల్లించాలి. మిగతా అరవై శాతం నెలవారీ సమాన వాయిదాల్లో చెల్లించవలసి ఉంటుంది.
यह सेट कब तक तैयार मिलेगा ?	ई सेट् एप्पुडु इस्तारु ? ఈ సెట్ ఎప్పుడు ఇస్తారు ?
कल शाम तक सेट आपके घर में रहेगा ।	रेपु सायंत्रं कल्ला सेट्टु मी इन्टिलो उन्टुन्दि రేపు సాయంత్రం కల్లా సెట్టు మీ ఇంటిలో ఉంటుంది.

27. दवाइयों की दुकान मंदुला दुकाणं మందుల దుకాణం (Medical Shop)

इस पुर्जे में लिखी हुई दवाइयाँ दीजिए ।	ई चीटीलो रासिन मंदुलु इव्वन्डि ఈ చీటీలో రాసిన మందులు ఇవ్వండి.
हमारे पास 'एक्स' गोली नहीं है । 'वाइ' देना है क्या ?	मा वद्द 'एक्स' बिल्ल लेदु 'वै' इव्वाला ? మా వద్ద 'ఎక్స్' బిళ్ళ లేదు. 'వై' ఇవ్వాలా ?
डॉक्टर जो लिखा वही मुझे चाहिये ।	डॉक्टर एमि राशारो अदे नाकु कावालि । డాక్టర్ ఏమి రాశారో అదే నాకు కావాలి.

कृपया मुझे माफ कर दीजिए ।	दयचेसि नन्नु क्षमिंचन्डि । దయచేసి నన్ను క్షమించండి.
हमारे पास माल खत्म हो गया है ।	मा वद्द सरुकु अइपोइन्दि మా వద్ద సరుకు అయిపోయింది.
कब आयेगा ?	एप्पुडु वस्तुन्दि ? ఎప్పుడు వస్తుంది ?
परसों तक नया माल प्राप्त होने की आशा है ?	एल्लुन्डि कल्ला कोत्त सरुकु लभिंचवच्चुननि आशा ? ఎల్లుండి కల్లా కొత్త సరుకు లభించవచ్చునని ఆశ ?
हमको एक दर्दनाशक दवा चाहिए ?	माकु ओक नोप्पि निवारण मंदु कावाली । మాకు ఒక నొప్పి నివారణ మందు కావాలి.
कितना उम्र वाले के लिये ?	एन्त वयसु वारिकि ? ఎంత వయసు వారికి ?
बड़ी उम्र के लिये ।	पेद्द वाल्लकि పెద్ద వాళ్ళకి
हकीम का पुर्जा नहीं होने पर हम दवाइयाँ नहीं बेचते है ?	वैद्युडि चीटी लेकपोते मेमु मंदुलु अम्ममु तेलुसा ? వైద్యుడి చీటీ లేకపోతే మేము మందులు అమ్మము తెలుసా ?
इस बार दीजिए । अगली बार नहीं देना ?	ई सारी इव्वन्डि तर्वात सारि इव्वकन्डि ? ఈసారి ఇవ్వండి తర్వాత సారి ఇవ్వకండి ?
देने में कुछ नहीं है मगर कुछ समस्या उत्पन्न हुई तो कौन जिम्मेदार होगा ?	इव्वडानिकि एमी कादु एदैना समस्य अइते एवरु जवाबुदारि ? ఇవ్వడానికి ఏమీ కాదు. ఏదైనా సమస్య అయితే ఎవరు జవాబుదారి?

आप मत पूछो, हमे नहीं बेचना ।	मीरु अडगकूडदु में अम्मकूडदु మీరు అడగకూడదు. మేం అమ్మకూడదు
साब ! मुझे एक मलहम दीजिए ।	सार ! माकु ओक आइन्ट्मेन्टु इव्वन्डि । సార్ ! మాకు ఒక ఆయింట్‌మెంటు ఇవ్వండి.
यह मलहम सिर्फ ऊपरी इस्तेमाल के के लिए है ।	ई आइन्टमेंटु केवलं पैन उपयोगिंचडानिकि मात्रमें ఈ ఆయింట్‌మెంటు కేవలం పైన ఉపయోగించడానికి మాత్రమే.
वह मुझे मालूम है	अदि तेलुसु అది తెలుసు
मैंने पिछले महीने में एक टानिक खरीदा है ।	नेनु गत नेललो ओक टानिक् कोन्नानु నేను గత నెలలో ఒక టానిక్ కొన్నాను.
वही टानिक और एक दीजिये ।	अदे टानिक् मरोकटि इव्वन्डि అదే టానిక్ మరొకటి ఇవ్వండి.
देता हूँ । लेकिन दाम वह नहीं है ।	इस्तानु कानी धर अदे लेदु । ఇస్తాను కానీ ధర అదే లేదు.
दीजिये क्या करते हैं हम ।	इव्वन्डि एम चेस्तां में ఇవ్వండి ఏం చేస్తాం మేం.
वैसे नाराज मत होना साब ।	अट्ला चिराकु पडवद्दु सार అట్లా చిరాకు పడవద్దు సార్.
नाराज नहीं हों तो क्या ? खुशी से नाचूँ ?	चिराकु पडकुन्डा एं चेय्यालि ? संतोषंतो चिंदुलु वेय्याला ? చిరాకు పడకుండా ఏం చెయ్యాలి ? సంతోషంతో చిందులు వెయ్యాలా ?

28. सिटी बस स्टाप / సిటీ బస్ స్టాప్ (City Bus Stop)

मौलाली जानेवाली बस कहाँ मिलती है ?	मौलाली वेल्ले बस एक्कड दोरुकुतुन्दि ? మౌలాలి వెళ్ళే బస్ ఎక్కడ దొరుకుతుంది ?
इधर सीधा जाकर के बाईं तरफ मुड़िये ।	इट्ला तिन्नगा वेल्लि एडम वैपु मल्लन्डि ఇట్లా తిన్నగా వెళ్ళి ఎడమ వైపు మళ్ళండి.
यह मौलाली जानेवाला बस स्टाप हैं क्या ?	इदि मौलालि वेल्ले बस स्टापयेना ? ఇది మౌలాలి వెళ్ళే బస్ స్టాప్‌యేనా ?
हाँ ! यही है ।	हाँ ! इदे । హాఁ ! ఇదే !
बस कब आयेगी ?	बस एप्पुडु वस्तदि ? బస్ ఎప్పుడు వస్తది ?
लगभग दस मिनट में आना चाहिए ।	सुमारु पदि निमिशाल्लो रावालि मरि సుమారు పది నిమిషాల్లో రావాలి మరి.
यहाँ से मौलाली पहुँचने में कितना समय लगता है ?	इक्कड नुन्चि मौलालि चेरडानिकि एन्त समयं पट्टुतुन्दि ఇక్కడ నుంచి మౌలాలి చేరడానికి ఎంత సమయం పట్టుతుంది ?
तीस मिनट लगता है ।	मुप्पइ निमिषालु पट्टुतुन्दि ముప్పయి నిమిషాలు పట్టుతుంది.
बसें समय पर आती हैं या नहीं ?	बस्सुलु समयानिकि वस्तुंटाया ? लेदा ? బస్సులు సమయానికి వస్తుంటాయా ? లేదా ?

हाँ आयेंगे	हाँ वस्ताइ హాఁ వస్తాయి.
बसें समय पर आये तो भीड़ नहीं रहती है ।	बस्सुलु समयानिकि वस्ते रद्दी उन्डदु బస్సులు సమయానికి వస్తే రద్దీ ఉండదు.
बसों में भीड़ अधिक रहती है क्या ?	बस्सुल्लो रद्दी एक्कुवगा उन्टुन्दा ? బస్సుల్లో రద్దీ ఎక్కువగా ఉంటుందా ?
वैसा नहीं है ! लेकिन देर हुई तो क्या होगा ?	अटला कादु, कानी आलस्यं आइते एमवुद्दी ? అట్లా కాదు. కానీ ఆలస్యం అయితే ఏమవుద్ది,
लोग जमा होते रहते हैं या नहीं ?	जनं कूडुतू उन्टारा ? लेदा ? జనం కూడుతూ ఉంటారా ? లేదా ?
ज्यादा भीड में मुझे डर लगता है ।	रद्दी एक्कुवगा उन्टे नाकु भयं రద్దీ ఎక్కువగా ఉంటే నాకు భయం.
डरना मत ।	भयपडवद्दु । భయపడవద్దు !
इस शहर में भीड़ होना आम बात है ।	ई नगरंलो इदि मामूले ఈ నగరంలో ఇది మామూలే.
मेरे बचपन के दिनों में इस शहर में डबल डेकर बसें चलती थी ।	ना चिन्नप्पुडु ई नगरंलो डबुल् डेक्कर बस्सुलु उन्टुंडेवि నా చిన్నప్పుడు ఈ నగరంలో డబుల్ డెకర్ బస్సులు ఉంటుండేవి.
वह जमाना बदल गया है ।	आ तरं मारिपोइन्दि । ఆ తరం మారిపోయింది.

अब तो देखने के लिए भी एक बस नहीं मिलती ।	इप्पुडैते चूडटानिकि कूडा ओक्क बस्सु लेदु ఇప్పుడైతే చూడటానికి కూడా ఒక్క బస్సు లేదు.
वह आनेवाली बस किधर जाती है ?	आ वच्चे बस्सु एट्ला वेलुतुन्दि ? ఆ వచ్చే బస్సు ఎట్లా వెళుతుంది ?
वह तो टान्क बंड की ओर जाती है	अदइते, टांक बन्ड वैपु वेलुतुन्दि అదయితే టాంక్ బండ్ వైపు వెళుతుంది
इसमें चढ़े तो बीच में उतरने को मौका मिलता है क्या ?	आदि एक्किनट्लैते मध्यलो दिगडानिकि अवकाशं उन्टुन्दा ? అది ఎక్కినట్లయితే మధ్యలో దిగడానికి అవకాశం ఉంటుందా ?
नहीं ।	उन्डदु ఉండదు
क्यों ?	एन्दुकु ? ఎందుకు ?
वह मेट्रो लैनर है ।	अदि मेट्रो लैनर అది మెట్రో లైనర్.
वह कहीं भी नहीं रूकती है ।	अदि एक्कडा कूडा आगदु అది ఎక్కడా కూడా ఆగదు.

29. सिटी बस में सिटी बस्सुलो సిటీ బస్సులో (In the City Bus)

रोको भाई, रोको, रोको ।	आपु सोदरा ! आपु आपु ఆపు సోదరా ! ఆపు ఆపు.
बस स्टाप वहाँ है तो बस यहां रोकी ।	बस स्टाप अक्कड उन्टे बस इक्कड आपाडु బస్ స్టాప్ అక్కడ ఉంటే బస్ ఇక్కడ ఆపాడు.
चढ़ो भाई ! चढ़ो चढ़ो ।	एक्कु सोदरा ! एक्कु एक्कु ! ఎక్కు సోదరా ! ఎక్కు ఎక్కు !
अंदर जाओ ।	लोपलिकि वेल्लु ! లోపలికి వెళ్ళు !
अंदर जगह नहीं है ।	लोपल स्थलं लेदु । లోపల స్థలం లేదు ।
बोल कर रूको जगह नहीं इधर नहीं ।	स्थलं लेदनि इक्कडे उन्डिपोवद्दु స్థలం లేదని ఇక్కడే ఉండిపోవద్దు.
जगह नहीं रहे तो क्या करूँ ?	उन्डकपोते एं चेय्यालि ? ఉండకపోతే ఏం చెయ్యాలి ?
जगह बनाकर जाओ अंदर जाओ ।	स्थलं चेसुकोंटु लोपलिकि पोवालि స్థలం చేసుకొంటూ లోపలికి పోవాలి.
वैसा मैं नहीं कर सकता हूँ ।	अट्ला नेनु चेय्यलेनु అట్లా నేను చెయ్యలేను.

वैसा है तो हट जाओ ।	अट्ला अइते तप्पुको అట్లా అయితే తప్పుకో.
हट जाओ ! हटो !	तप्पुको ! तप्पुको ! తప్పుకో ! తప్పుకో !
कहाँ हटें भाई !	एं तप्पुकोवालि सोदरा ! ఏం తప్పుకోవాలి సోదరా !
आप थोड़ा हटो तो मैं अंदर जा सकता हूँ ।	मीरु कोंचें तप्पुकुन्टे नेनु लोपलिकि वेल्लगलुगुतानु మీరు కొంచెం తప్పుకుంటే నేను లోపలికి వెళ్ళగలుగుతాను.
देखो इधर ।	इक्कड चूडु ఇక్కడ చూడు.
थोड़ी भी जगह है तो अंदर जाओ ।	कोंचें अइना अवकाशं उन्टे लोपलिकि वेल्लु కొంచెం అయినా అవకాశం ఉంటే లోపలికి వెళ్ళు.
हवा नहीं आ रही है ।	गालि कूडा रावटं लेदु గాలి కూడా రావటం లేదు.
आगे चलो ! आगे चलो !	मुंदुकि नडु ! मुंदुकि नडु ! ముందుకి నడు ముందుకి నడు.
पीछे सीट्स है ।	वेनुक सीट्लु उन्नाइ । వెనుక సీట్లు ఉన్నాయి.
औरतों के सीटों पर पुरूष नहीं बैठ सकते ।	स्त्रील सीट्ललो पुरुषुलु कूर्चोवद्दु స్త్రీల సీట్లలో పురుషులు కూర్చోవద్దు.

उठो !	ले (लेगु) !
	లే ! (లెగు)
औरतों को इज्जत दो ।	स्त्रीलकु गौरवं इव्वाली.
	స్త్రీలకు గౌరవం ఇవ్వాలి.
भाई साब ! सेक्रेटरीयट आये तो मुझे बताना ।	सोदरा ! सेक्रेटरीयट वस्ते नाकु चेप्पन्डि ।
	సోదరా ! సెక్రెటేరియట్ వస్తే నాకు చెప్పండి.
वही आनेवाला है ।	वच्चेदि अदे.
	వచ్చేది అదే.
आपका स्टाप आ गया है । उतरिये ।	मी स्टाप वच्चिन्दि. दिगन्डि.
	మీ స్టాప్ వచ్చింది. దిగండి.

30. पेड़ और पौधे/चेटलु मरियु मोक्कलु చెట్లు మరియు మొక్కలు (Trees and Plants)

इस गली में एक भी पेड़ नहीं है ।	ई वीधिलो ओक चेट्टु कूडा लेदु
	ఈ వీధిలో ఒక చెట్టు కూడా లేదు.
गली में क्या ? सड़क पर भी नहीं है ।	वीधिलो एन्टि ? रोड्डु मीद कूडा लेवु ?
	వీధిలో ఏంటి ? రోడ్డు మీద కూడా లేవు ?
क्यो है ?	एन्दुकु अट्ला?
	ఎందుకు అట్లా ?
इन्सान की आशा बढ़ जाने के कारण ऐसा हो रहा है ।	मनिषिकि आशा एक्कुवैय्यी अट्ला अवुतोंदि ।
	మనిషికి ఆశ ఎక్కువైయ్యి అట్లా అవుతోంది.

हमें पेड़ को लगाना चाहिए ।	मनं चेट्लुनु नाटालि మనం చెట్లును నాటాలి.
पेडों से हमे अच्छी हवा मिलती है ।	चेट्ल वल्ल मनकु मंचि गालि वस्तुन्दि చెట్ల వల్ల మనకు మంచి గాలి వస్తుంది.
गर्मी के मौसम में पेड़ की छाया में बैठे तो मन प्रसन्न होता है ।	वेसविकालंलो चेट्टु नीडलो कूर्चुन्टे मनस्सु प्रशान्तमवुतुन्दि వేసవికాలంలో చెట్టు నీడలో కూర్చుంటే మనస్సు ప్రశాంతమవుతుంది.
पौधे लगाना एक अच्छी आदत है ।	चेट्लनु नाटडं ओक मंचि अलवाटु చెట్లను నాటడం ఒక మంచి అలవాటు.
पेड़ रात ही रात में नहीं बढ़ जाते हैं ।	चेट्लु रात्रिकि रात्रि वेगंगा पेरगवु చెట్లు రాత్రికి రాత్రి వేగంగా పెరగవు.
वे धीरे-धीरे बढ़ते हैं ।	अवि मेल्लमेल्लगा पेरुगुताइ అవి మెల్లమెల్లగా పెరుగుతాయి.
पेड़ लगाना और उसकी रखवाली करना हमारी जिम्मेदारी है ।	चेट्लनु नाटडं मरियु पेंचटं मन बाध्यत చెట్లను నాటడం మరియు పెంచటం మన బాధ్యత.
पेड़ पौधों की रखवाली करनी चाहिए ।	चेट्लु मरियु मोक्कलकि मंचि रक्षण इव्वालि చెట్లు మరియు మొక్కలకి మంచి రక్షణ ఇవ్వాలి.
पेड़ पौधों में पत्ते रहते हैं ।	चेट्लु मरियु मोक्कलकु आकलु उन्टाइ చెట్లు మరియు మొక్కలకు ఆకులు ఉంటాయి.

पत्तों से हमें शुद्ध हवा प्राप्त होती है ।	आकुल वल्ल मनकु प्राणवायुवु वस्तुन्दि ఆకుల వల్ల మనకు ప్రాణవాయువు వస్తుంది.
हवा से हमारा श्वास और स्वास्थ्य अच्छा रहता है ।	प्राणवायुवु वल्ल मन श्वास मरियु आरोग्य मंचिगा अवुतुन्दि ప్రాణవాయువు వల్ల మన శ్వాస మరియు ఆరోగ్యం మంచిగా అవుతుంది.
पेड़ों पर चढ़ना भी शरीर के लिये अच्छा है ।	चेट्लु एक्कडं कूडा शरीरानिकि मंचिदि చెట్లు ఎక్కడం కూడా శరీరానికి మంచిది.
कुछ पेड़ और पौधे हमेशा हरे ही रहते है ।	कोन्नि चेट्लु मरियु मोक्कलु एप्पुडू पच्चगाने उन्टाइ కొన్ని చెట్లు మరియు మొక్కలు ఎప్పుడూ పచ్చగానే ఉంటాయి.
कुछ पेड़ हमें लकड़ी देते है ।	कोन्नि चेट्लु मनकु कलपनु कूडा इस्ताइ కొన్ని చెట్లు మనకు కలపను కూడా ఇస్తాయి.
हमें भी अपने बगीचे में पेड़ और पौधे लगाना चाहिए ।	मनं कूडा मन पेरल्ललो चेटलु, मोक्कलु नाटालि मरियु पंचालि మనం కూడా మన పెరళ్ళలో చెట్లు, మొక్కలు నాటాలి మరియు పెంచాలి.
पेड़ और पौधे जिन्दगी देते हैं ।	चेट्लु मरियु मोक्कलु जीवितान्नि इस्ताइ చెట్లు మరియు మొక్కలు జీవితాన్ని ఇస్తాయి.
वे जिन्दगी खडा भी करते है ।	अवि जीवितान्नि कूडा नलबेडत्ताइ అవి జీవితాన్ని కూడా నిలబెడతాయి.
कुछ पेड़ बड़े वृक्ष बनते हैं ।	कोन्नि चेट्लु पेद्द वृक्षालु अवुताइ । కొన్ని చెట్లు పెద్ద వృక్షాలు అవుతాయి.

कुछ वृक्ष फैलते हैं ।	मरि कोन्नि विस्तरिस्ताइ మరి కొన్ని విస్తరిస్తాయి.
और कुछ लता के समान फैलते हैं ।	मरि कोन्नि तीगेल वले पेरुगुताइ మరి కొన్ని తీగెల వలె పెరుగుతాయి.

31. प्रोत्साहन प्रोत्साहं ప్రోత్సాహం (Encouragement)

हाय ! डेविड कैसे हो ?	हाय ! डेविड एट्ला उन्नावु ? హాయ్ డేవిడ్ ఎట్లా ఉన్నావు ?
ठीक हूँ ।	बागाने उन्नानु బాగానే ఉన్నాను
तुम्हारा धंधा कैसा चल रहा है ?	नी व्यापारं एट्ला उन्दि ? నీ వ్యాపారం ఎట్లా ఉంది ?
अच्छा नहीं है ।	मंचिगा लेदु మంచిగా లేదు.
क्या हुआ ?	एमइन्दि ఏమయింది ?
उन दिनों यहाँ सिर्फ मेरी दुकान ही थी ।	आ रोजुल्लो ना दुकाणं मात्रमे उन्डेदि ఆ రోజుల్లో నా దుకాణం మాత్రమే ఉండేది.
वह अच्छा चलता था ।	अदि मंचिगा नडुस्तूंडेदि అది మంచిగా నడుస్తూండేది.

मेरा धंधा देख कर दो तीन लोगों ने दुकान शुरू कर दिया ।	ना व्यापारं चूसि इद्दरु, मुग्गुरु कूडा प्रारंभिचारु నా వ్యాపారం చూసి ఇద్దరు ముగ్గురు కూడా ప్రారంభించారు.
इसलिए मेरा धंधा चौपट हो गया ।	दानिवल्ल ना व्यापारं पडिपोइन्दि । దానివల్ల నా వ్యాపారం పడిపోయింది.
चिन्ता मत करो ।	बाधपडकु । బాధపడకు.
भगवान पर विश्वास रखकर कोशिश करते जाओ ।	भगवंन्तुडि मीद विश्वासं उन्चि प्रयत्नं चेस्तू पोवालि । భగవంతుడి మీద విశ్వాసం ఉంచి ప్రయత్నం చేస్తూ పోవాలి.
तुम अच्छा धंधा करते हो ।	नुव्वु व्यापारं बागा चेसेवाडिवि । నువ్వు వ్యాపారం బాగా చేసేవాడివి.
हम आपके साथ हैं ।	मेमु मीतो उन्टां మేము మీతో ఉంటాం.
हमारा समर्थन हमेशा आपके साथ है ।	मा समर्थन एप्पुडू मीकु कूडा उन्टुन्दि । మా సమర్థన ఎప్పుడూ మీకు కూడా ఉంటుంది.
आप जरूर सफल होंगे ।	मीरु तप्पनिसरिगा सफलमवुतारा మీరు తప్పనిసరిగా సఫలమవుతారు.
आप मत डरना ।	मीरैते भयपडवद्दु మీరైతే భయపడవద్దు.

व्यापार में सबको समस्याएँ आती है ।	व्यापारंलो अंदरिकी समस्यलु वस्ताइ వ్యాపారంలో అందరికీ సమస్యలు వస్తాయి.
वह तो सहज है ।	अदइते सहज मे అదయితే సహజమే.
आप हिम्मत से आगे बढ़िये ।	मीरु धैर्यंगा मुंदुकु सागिपोंडि మీరు ధైర్యంగా ముందుకు సాగిపోండి.
व्यापार के लिए ऋण चाहिए तो हमें बतायें ।	व्यापारं कोसं अप्पु कावालंटे मम्मलन्नि अडगन्डि వ్యాపారం కోసం అప్పు కావాలంటే మమ్మల్ని అడగండి.
किसी को भी छोड़िये परवाह नहीं ।	देनिनइना वदिलेयन्डि पर्वालेदु దేనినయినా వదిలేయండి పర్వాలేదు.
लेकिन हिम्मत नहीं हारना ।	कानी धैर्यान्नि वदलवद्दु కానీ ధైర్యాన్ని వదలవద్దు.
हिम्मत है तो गया हुआ भी वापस लौट आयेगा ।	धैर्यं उन्टे पोइनदि कूडा तिरिगि वस्तादि ధైర్యం ఉంటే పోయినది కూడా తిరిగి వస్తాది.
आप सही रास्ते पर हैं ।	मीरु सरैन मार्गलो उन्नारु మీరు సరైన మార్గంలో ఉన్నారు.

32. बातचीत / సంభాషణ (Conversation)

खुशी के मौके पर आप सब का स्वागत है ।	संतोषं संदर्भंगा मी अंदरिकी स्वागतं సంతోషం సందర్భంగా మీ అందరికీ స్వాగతం.
आपको जन्म दिन की शुभकामनायें ।	मीकु पुट्टिनरोजु शुभाकांक्षलु మీకు పుట్టినరోజు శుభాకాంక్షలు.

मेरी बधाई स्वीकार करें ।	ना अभिनंदनलु कूडा स्वीकरिंचन्डि నా అభినందనలు కూడా స్వీకరించండి.
साब ! मैं अपने दोस्तों की तरफ से आपका अभिनंदन कर रहा हूँ ।	सार! नेनु ना मित्रुल तरपुना अभिनंदिस्तू उन्नानु సార్ ! నేను నా మిత్రుల తరపున అభినందిస్తూ ఉన్నాను.
मुझे विश्वास है कि आप उन्नति के शिखर पर पहुँचे ।	मीरु पेद्द स्थाइकि वेलतारनि नाकु विश्वासं उन्दि । మీరు పెద్ద స్థాయికి వెళతారని నాకు విశ్వాసం ఉంది.
आपको देखकर बहुत खुशी हुई है ।	मिम्मलनि चूसि चाला संतोषं अइन्दि మిమ్మల్ని చూసి చాలా సంతోషం అయింది.
मैं आपके समक्ष एक प्रस्ताव रखना चाहता हूँ ।	नेनु मीकु ओक प्रतिपादन चेयालनुकुन्दुन्नानु నేను మీకు ఒక ప్రతిపాదన చేయాలనుకుంటున్నాను.
मुझे माफ कर दीजिए ।	नन्नु क्षमिंचन्डि నన్ను క్షమించండి.
मेरा मन प्रसन्न नहीं है ।	ना मनसु प्रशांतंगा लेदु నా మనసు ప్రశాంతంగా లేదు.
हाँ ! परवाह नहीं ।	हाँ ! पर्वा लेदु । హాఁ ! పర్వాలేదు.
जिन्दगी एक दिन से नहीं चलती है ।	जीवितं ओक रोजु तो अइपोदु జీవితం ఒక రోజుతో అయిపోదు.
फिर मिलेंगे ।	मल्ली कलुददां మళ్ళీ కలుద్దాం.

33. परिवार / कुटुंबं / కుటుంబం (Family)

हम सब एक है ।	मनमंता ओक्कटे మనమంతా ఒక్కటే.
यही परिवार की नींव है ।	इदे कुटुंबानिकि पुनादि ఇదే కుటుంబానికి పునాది.
पुराने समय में सम्मिलित पारिवारिक व्यवस्था रहती थी ।	पातकालंलो उम्मडि कुटुंब व्यवस्था उन्टुंडेदि పాతకాలంలో ఉమ్మడి కుటుంబ వ్యవస్థ ఉంటుండేది.
वह प्यार और अनुसंग से तैयार किया गया है ।	अदि, प्रेम, अप्यायतलतो तयारु चेयबडिनदि అది ప్రేమ, అప్యాయతలతో తయారు చేయబడినది.
क्योंकी उसमें चार या पाँच पीढ़ी के लोग एक साथ रहते थे ।	एन्दुकन्टे, दानिलो नालुगैदु तराल वालु उन्टुंडेवालु ఎందుకంటే, దానిలో నాలుగైదు తరాల వాళ్ళు ఉంటుండేవాళ్ళు.
इस नये जमाने में परिवार मतलब है मै, मेरी पत्नी और मेरे बच्चे ।	ई कोत्त कालंलो कुटुंबं अन्टे नेनु ना भार्य मरियु ना पिल्ललु ఈ కొత్త కాలంలో కుటుంబం అంటే నేను, నా భార్య మరియు నా పిల్లలు.
उसके बिना कुछ भी नहीं है ।	अदि तप्प इंकेमी लेदु అది తప్ప ఇంకేమీ లేదు.
आपके परिवार में कौन-कौन रहते हैं ?	मी कुटुंबंलो एवरेवरु उन्टारु ? మీ కుటుంబంలో ఎవరెవరు ఉంటారు ?
आपके परिवार में बड़े लोगों की संख्या कितनी है ?	मी कुटुंबंलो पेद्दवालु एन्तमंदि మీ కుటుంబంలో పెద్దవాళ్ళు ఎంతమంది ?

वहाँ एक बूढ़ा दिख रहा है ।	अक्कड ओक मुसलायन कनिपिस्तुन्नाडु అక్కడ ఒక ముసలాయన కనిపిస్తున్నాడు.
वह हमारे दादाजी हैं ।	आयन मा तातगारु ఆయన మా తాతగారు.
दादाजी अभी भी जाम दांत से काट कर खाते हैं ।	तातगारु इप्पटिकी जामकाय पंटितो कोरिकि तिंटारु తాతగారు ఇప్పటికీ జామకాయ పంటితో కొరికి తింటారు.

34. घर इल्लु ఇల్లు (House)

घर का मतलब क्या है ?	इल्लु अनगा नेमि ? ఇల్లు అనగా నేమి ?
घर मतलब एक छत चार दीवार और दरवाजे के अन्दर से रहने योग्य निवास स्थल है ।	इल्लु अन्टे ओके कप्पु किन्द नालुगु गोडलु मरियु तलुपुलतो उन्डे ओक निवास योग्य स्थलमु ఇల్లు అంటే ఒకే కప్పు కింద నాలుగు గోడలు మరియు తలుపులతో ఉండే ఒక నివాస యోగ్య స్థలము.
वह क्या करते है ?	अदि एमि चेस्तुंदि ? అది ఏమి చేస్తుంది ?
घर एक दूसरे को मिलाती है।	इल्लु ओकरितो ओकरिनि कलुपुतुन्दि ఇల్లు ఒకరితో ఒకరిని కలుపుతుంది.
हम सब की वही है पहली पाठशाला ।	मनंदरिकी अदे मोट्टमोदटि पाठशाला మనందరికీ అదే మొట్టమొదటి పాఠశాల.

ईंटं और पत्थरों से बनायी गयी हर इमारत निवास योग्य नहीं हो सकती है ।	इटुक मरियु रालतोकट्टबडिन प्रति भवनमु निवास योग्यं काजालदु ఇటుక మరియు రాళ్ళతో కట్టబడిన ప్రతి భవనము నివాసయోగ్యం కాజాలదు.
उसमें वास्तु का होना जरूरी है ।	दानिकि वास्तु उन्डालि దానికి వాస్తు ఉండాలి.
यह आपका अपना घर है या किराये का ?	मी इल्लु स्वंत इल्ला / लेक अद्दे इल्ला ? మీ ఇల్లు స్వంత ఇల్లా / లేక అద్దె ఇల్లా ?
अपना घर और किराया के घर में बहुत फर्क होता है ।	स्वंत इन्टिकी, अद्देइन्टिकी चाला तेडा उन्टुन्दि స్వంత ఇంటికీ, అద్దె ఇంటికీ చాలా తేడా ఉంటుంది.
इसलिये हमारी सरकार सबको मुफ्त में या सस्ते में घर देने की कोशिश कर रही है ।	अंदुकोसमे मन प्रभुत्वं उचितंगा गानि लेदा तक्कुव धरलो गानि इल्लु इव्वडानिकि प्रयत्निस्तोंदि । అందుకోసమే మన ప్రభుత్వం ఉచితంగా గాని లేదా తక్కువ ధరలో గాని ఇల్లు ఇవ్వడానికి ప్రయత్నిస్తోంది.
कहीं जाने पर अपना घर ही सर्वोत्तम है ।	एक्कडकु पोइन स्वंत इल्ले सर्वोत्तममु ఎక్కడకు పోయినా స్వంత ఇల్లే సర్వోత్తమము.
मैं मानता हूँ ।	नेनु अदि ओप्पुकुंटानु నేను అది ఒప్పుకుంటాను.

35. सामर्थ्य సమర్థత (Efficiency)

मैं तुम्हें कुछ काम दूँ तो तुम कर सकते हो क्या ?

नेनु नीकु एदैना पनि इस्ते अदि चेयगलवा ?

నేను నీకు ఏదైనా పని ఇస్తే అది చేయగలవా ?

कौन सा काम है यह ?

एमि पनि अदि ?

ఏమి పని అది ?

कुछ भी ।

एदैना इस्तानु नेनु ।

ఏదైనా ఇస్తాను నేను ।

ऐसा नहीं बोलो ।

अट्ला अनवद्दु

అట్లా అనవద్దు.

अलग-अलग काम अलग-अलग आदमी अच्छा कर सकते हैं ।

ओक्कोक, पनि ओक्कोक मनिषि बागा चेयगलुगुताडु

ఒక్కొక్క పని ఒక్కొక్క మనిషి బాగా చేయగలుగుతాడు.

वह कार अच्छा चला सकता है ।

अतडु कारु बागा नडपगलुगुताडु

అతడు కారు బాగా నడపగలుగుతాడు.

मैं साईकिल चला सकता हूँ । मगर कार नहीं चला सकता हूँ ?

नेनु सैकिल नडपगलुगुतानु कानी कारु नडपलेनु

నేను సైకిల్ నడపగలుగుతాను. కానీ కారు నడపలేను.

यह आदमी तालाब में तैर सकता है ।

ई मनिषि चेरुवुलो ईत कोट्टगलडु

ఈ మనిషి చెరువులో ఈత కొట్టగలడు.

मगर वह अच्छी तरह बात नहीं कर सकता है ।

कानी अतडु चक्कगा माट्लाडलेडु

కానీ అతడు చక్కగా మాట్లాడలేడు.

यह तेलुगु, हिन्दी और अंग्रेजी में धारा प्रवाह बात कर सकता है ।	ईयन तेलुगु, हिन्दी, इन्गलीशुलो चक्कगा माट्लाडगलुगुताडु ఈయన తెలుగు, హిందీ, ఇంగ్లీషుల్లో చక్కగా మాట్లాడగలుగుతాడు.
लेकिन किसी भी भाषा में नहीं लिख सकता है ।	कानी ए भाषलोनू रायलेडु కానీ ఏ భాషలోనూ రాయలేడు.
वैसा सामर्थ्य सबको एक जैसा नहीं रहता है ।	अट्ला सामर्थ्यं अंदरिकी ओके विधंगा उन्डदु అట్లా సామర్థ్యం అందరికీ ఒకే విధంగా ఉండదు.

36. वीनती / अभ्यर्थना / అభ్యర్థన (Request)

मुझे कुछ सहायता कर सकते हो क्या ?	नाकु कोंचें सहायं चेयगलरा ? నాకు కొంచెం సహాయం చేయగలరా ?
करने का मन है, मगर नहीं कर सकता हूँ ।	चेयडानिकि मनसु उन्दि कानी चेयलेनु చేయడానికి మనసు ఉంది. కానీ చేయలేను.
हाथ से नहीं कर सकते हो तो मुँह से करो ।	चेतितो चेय्यलेकपोते नोटितो चेय्यन्डि చేతితో చెయ్యలేకపోతే నోటితో చెయ్యండి.
मैं अब किसी भी तरह नहीं कर सकता हूँ ।	नेनु इप्पुडु देनितोनू चेय्यलेनु నేను ఇప్పుడు దేనితోనూ చెయ్యలేను.
कृपा करके उस आदमी को बुलाइए ।	दयचेंसी आ मनिषिनि पिलवंडि దయచేసి ఆ మనిషిని పిలవండి.
आप थोड़ा झुक सकते हैं क्या ?	मीरु कोद्दिगा वंग गलुगुतारा ? మీరు కొద్దిగా వంగ గలుగుతారా ?

भाई साब, मेरी फाइल लाइए ।

सोदरा ! ना फैलु तीसुकुरंडि

సోదరా ! నా ఫైలు తీసుకురండి.

आप वहाँ जा कर एक पार्सल ला सकते हैं क्या ?

मीरु अक्कडिकि वेल्लि ओक पारसल तीसुकुरागलरा ?

మీరు అక్కడికి వెళ్ళి ఒక పార్సల్ తీసుకురాగలరా ?

तुम मुझे एक सच बात सकते हो क्या ?

नीवु नाकु ओक निजं चेप्पगलुगुतावा ?

నీవు నాకు ఒక నిజం చెప్పగలుగుతావా ?

उतनी हिम्मत मेरे पास नहीं है मुझे छोड़िये ।

अन्त धैर्यं ना वद्द लेदु नन्नु वदिलेयन्डि

అంత ధైర్యం నా వద్ద లేదు. నన్ను వదిలేయండి.

कृपया मेरी बात सुनिए ।

दयचेसि ना माट विनन्डि

దయచేసి నా మాట వినండి.

कृपा करके मुझे जाने दीजिए ।

दयचेसि नन्नु वेल्लनिव्वन्डि

దయచేసి నన్ను వెళ్ళనివ్వండి.

37. सलाह सलहा సలహా (Advice)

मुझे आपकी सलाह चाहिए ।

नाकु मी सलहा कावालि

నాకు మీ సలహా కావాలి.

क्या हुआ ?

एमइन्दि ?

ఏమయింది ?

कुछ भी नहीं हुआ ।

इप्पुडैते एमि कालेदु

ఇప్పుడైతే ఏమి కాలేదు.

कुछ भी नहीं हो रहा है इसलिए मैं आपकी सलाह चाहता हूँ ।	एमी काकूडदु अंदुके नेनु मी सलह कोरूकुन्टू उन्नानु ఏమీ కాకూడదు. అందుకే నేను మీ సలహా కోరుకుంటూ ఉన్నాను.
ठीक है ।	सरे సరే.
पैसा चाहिये तो नहीं दूँगा ।	पैसलु अडिगिते इव्वनु పైసలు అడిగితే ఇవ్వను.
लेकिन सलाह चाहिये तो जरूर दूँगा ।	कानी सलह कोरिते एन्नइना सरे इस्तानु కానీ సలహా కోరితే ఎన్నయినా సరే ఇస్తాను.
वह तो मुझे भी मालूम है ।	अदइते नाकु कूडा तेलुसु । అదయితే నాకు కూడా తెలుసు.
कुछ भी चाहिए तो कोशिश करनी पडती है ।	एदैना कावालन्टे प्रयलं चेयवलसि उन्टुन्दि ఏదైనా కావాలంటే ప్రయత్నం చేయవలసి ఉంటుంది.
अच्छा समय होने के लिए समय का इन्तजार भी जरूरी है ।	सरैन समयं कोसं वेचि उंडालि సరైన సమయం కోసం వేచి ఉండాలి.
परीक्षा में उत्तीर्ण होने के लिए मेहनत जरूरी है ।	परिक्षललो पास अव्वालंटे कष्टपडालि పరీక్షలలో పాస్ అవ్వాలంటే కష్టపడాలి.
अच्छे स्वास्थ्य के लिए योगा करें ।	मंचि आरोग्यं कोरकु योगा चेय्यंडि మంచి ఆరోగ్యం కొరకు యోగా చెయ్యండి.

38. मन की प्रसन्नता मनश्शांति మనశ్శాంతి (Peace of Mind)

मेरा मन अच्छा नहीं है ।	ना मनसु मंचिगा लेदु నా మనసు మంచిగా లేదు.
मैं अभी घबरा रहा हूँ ।	एप्पुडू नेनु गाबरागा उन्टू उन्टानु ఎప్పుడూ నేను గాబరాగా ఉంటూ ఉంటాను.
मैं अच्छा आदमी हूँ ।	नेनु मंचि मनिषिनि నేను మంచి మనిషిని.
क्योंकि मगर मेरा मन अच्छा नहीं है ?	कानी ना मनसु मंचिगा लेदु एन्दुकु ? కానీ నా మనసు మంచిగా లేదు. ఎందుకు ?
तुम क्या काम करते हो ?	नुव्वु एम पनि चेस्तावु ? నువ్వు ఏం పని చేస్తావు ?
कुछ भी नहीं करता हूँ ।	ए पनी चेय्यनु ఏ పనీ చెయ్యను.
तुम्हारी समस्या वहीं है ।	अदे नी समस्या అదే నీ సమస్య.
किसी एक काम के उपर ध्यान रखने से घबराने का मौका नहीं रहता है ।	एदो ओक पनि मीद मनसु पेट्टिनट्लइते गाबरापडटानिकि अवकाशं उन्डदु ఏదో ఒక పని మీద మనసు పెట్టినట్లయితే గాబరాపడటానికి అవకాశం ఉండదు.
मन प्रसन्न रखने के लिये हमेशा हँसते रहना चाहिए ।	मनसु प्रशांतंगा उन्डालंटे मनं एल्लपुडू नव्वुतू उन्डालि । మనసు ప్రశాంతంగా ఉండాలంటే మనం ఎల్లప్పుడూ నవ్వుతూ ఉండాలి.

गुस्से में मत रहो। | कोपंगा उंडवद्दु
కోపంగా ఉండవద్దు.

किसी से भी झगडा मत करना । | एवरितोनू गोडवपडवद्दु
ఎవరితోనూ గొడవపడవద్దు.

मन किसी को नहीं दिखाई पड़ता है । | मनसु एवरिकी कनिपिंचदु
మనసు ఎవరికీ కనిపించదు.

39. प्रशंसा / पोगडता పొగడ్త (Praise)

आपने अच्छा किया । | मीरु बागा चेशारु
మీరు బాగా చేశారు.

वह अच्छा है । | अदि मंचिदि / बागुन्दि
అది మంచిది / బాగుంది.

वह दृश्य देख कर मैं खुश हुआ । | आ दृश्यं चूसि नेनु संतोषपड्डानु ।
ఆ దృశ్యం చూసి నేను సంతోషపడ్డాను.

तुम सच बोलने वाले हो । | नुव्वु निजं चेप्पेवाडिवि
నువ్వు నిజం చెప్పేవాడివి.

तुम कितने अच्छे आदमी हो । | नुव्वु एन्त मंचिवाडिवि
నువ్వు ఎంత మంచివాడివి.

वह औरत सुन्दर है । | आ स्त्री अंदमैनदि
ఆ స్త్రీ అందమైనది.

मुझे यह बहुत पसंद है ।	नाकु अदि चाला इष्टं నాకు అది చాలా ఇష్టం.
आप यह काम इतनी जल्दी कैसे कर सकते हैं?	मीरु ई पनि इन्त त्वरगा एट्ला चेयगलिगारु ? మీరు ఈ పని ఇంత త్వరగా ఎట్లా చేయగలిగారు ?
आपने जो सेवा की उसे मैं जिंदगी भर याद करूँगा ।	मीरु चेसिनटुवंटि सेवनु नेनु जीवितांतं गुर्तु पेट्टुकुंटानु మీరు చేసినటువంటి సేవను నేను జీవితాంతం గుర్తుపెట్టుకుంటాను.
आप जैसे कोई नहीं बात कर सकते हैं ।	मी लाग एवरु माट्लाड लेरु మీ లాగ ఎవరూ మాట్లాడలేరు.
भगवान की कृपा से आप मुझे मिल गये ।	भगवंतुडि दय वल्ल मीरु नाकु लभिंचारु । భగవంతుడి దయ వల్ల మీరు నాకు లభించారు.
अच्छी तरह बात करने के लिये भी भगवान की कृपा चाहिए ।	मंचिगा माट्लाडटानिकि कूडा भगवंतुडि कृपा कावालि మంచిగా మాట్లాడటానికి కూడా భగవంతుడి కృప కావాలి.

40. क्रोध कोपं కోపం (Anger)

यह काम तुमने क्यों किया ?	ई पनि नुव्वु एंदुकु चेशानु ? ఈ పని నువ్వు ఎందుకు చేశావు ?
यह बोलने वाले तुम कौन हो ?	अदि अनटानिकि नुव्वु एवरिवि ? అది అనటానికి నువ్వు ఎవరివి ?
सीधी बात करो ।	तिन्नगा माट्लाडु తిన్నగా మాట్లాడు.

और कैसे बात करना ?	इन्केट्ला माट्लाडालि ? ఇంకెట్లా మాట్లాడాలి ?
मैं कैसी बात कर रहा हूँ ? तुम कैसी बात कर रहे हो ?	नेनु एट्ला माट्लाडुतू उन्नानु ? नुव्वु एट्ला माट्लाडुतू उन्नावु ? నేను ఎట్లా మాట్లాడుతూ ఉన్నాను ? నువ్వు ఎట్లా మాట్లాడుతూ ఉన్నావు ?
बात करने का यही तरीखा हैं क्या ?	इदेना माट्लाडे पद्धति ? ఇదేనా మాట్లాడే పద్ధతి ?
मेरी निंदा करते हो ?	नन्नु निंदिस्तुन्नावु ? నన్ను నిందిస్తున్నావు ?
दिमाग नहीं है, ऐसा नहीं बोलना ?	बुद्धिलेदू इट्ला माट्लाड वद्दु ? బుద్ధిలేదూ ఇట్లా మాట్లాడ వద్దు ?
मेरा समय व्यर्थ बर्बाद मत करो।	ना समयं वृथा चेयवद्दु నా సమయం వృథా చేయవద్దు.
इसके बारे में आप क्या सोच रहे हैं। मुझे मालूम नहीं है।	दीनिकि संबंधिंचि मीरु एमि आलोचिस्तुनारो नाकु तेलियट लेदु దీనికి సంబంధించి మీరు ఏమి ఆలోచిస్తునారో నాకు తెలియటం లేదు.
धीरे-धीरे समझ में आता है।	मेल्ल मेल्लगा अर्थमवुतुन्दि మెల్ల మెల్లగా అర్థమవుతుంది.
हँसी मजाक की बात छोड़ो।	पराचिकालु वदिलेय (कट्टिपेट्टु) పరాచికాలు వదిలేయ్ (కట్టిపెట్టు).

41. कृतज्ञता कृतज्ञता కృతజ్ఞత (Gratitude)

आपने मेरी अच्छी सहायता की ।	मीरु नाकु मंचि सहायं चेशारु. మీరు నాకు మంచి సహాయం చేశారు.
यह बोलना आपकी अच्छाई है ।	अट्ला अनटं मी मंचितनं అట్లా అనటం మీ మంచితనం.
तुम दयालू हो ।	नुव्वु दयगलवाडिवि నువ్వు దయగలవాడివి.
उस समय आप वैसी सहायता नहीं करते तो हम अब ऐसा नहीं रहते थे ।	आ समयंलो मीरु अट्ला सहायं चेयकपोते में इप्पुडु इट्ला उंडेवालं कादु ఆ సమయంలో మీరు అట్లా సహాయం చేయకపోతే మేం ఇప్పుడు ఇట్లా ఉండేవాళ్ళం కాదు.
मैं आपको नहीं भूल सकता ।	मिम्मलनि नेनु मरिचिपोनु మిమ్మల్ని నేను మరిచిపోను.
मैं नहीं बता सकता हूँ कि मैं आपका कितना कृतज्ञ हूँ ।	नेनु मीकु एन्त कृतज्ञुडिनो चेप्पलेनु నేను మీకు ఎంత కృతజ్ఞుడినో చెప్పలేను.
आपने जो आतिथ्य प्रदान किया इसके लिए धन्यवाद ।	मीरु इच्चिनटुवंटि आतिध्यानिकि धन्यवादमुलु మీరు ఇచ్చినటువంటి ఆతిథ్యానికి ధన్యవాదములు.
आप मेरे घर आये यह बड़ी बात है ।	मीरु मा इन्टिकि वच्चारु अदे पेद्द माट । మీరు మా ఇంటికి వచ్చారు. అదే పెద్ద మాట.

आपके दिए गए सलाह के कारण मैं समस्याओं से बच गया हूँ।	मीरु इच्चिनटुवंटि सलहा वल्ला नेनु ना समस्यल नुंचि बयटा पड्डानु (रक्षिंचबड्डानु) మీరు ఇచ్చినటువంటి సలహా వల్ల నేను నా సమస్యల నుంచి బయట పడ్డాను (రక్షించబడ్డాను).
आपकी बातें सुन कर मेरा मन प्रसन्न हो रहा है।	मी माटलु विंटु ऊंटे ना मनसु संतोष (प्रसन्न) मवुतु ऊंदि మీ మాటలు వింటూ ఉంటే నా మనస్సు సంతోష (ప్రసన్న) మవుతూ ఉంది.
आपका इस प्रकार कृतज्ञ होना मुझे समझ में नहीं आ रहा है।	मीकु एट्ला कृतज्ञत चेप्पालो नाकु तेलियटं लेदु మీకు ఎట్లా కృతజ్ఞత చెప్పాలో నాకు తెలియటం లేదు.
यह आपका बड़प्पन है।	अदि मी गोप्पतनं అది మీ గొప్పతనం.

42. निमंत्रण आह्वानमु ఆహ్వానము (Invitation)

परसों मैं एक पार्टी दे रहा हूँ।	एल्लुंडि नेनु ओक पार्टी इस्तु उन्नानु ఎల్లుండి నేను ఒక పార్టీ ఇస్తూ ఉన్నాను.
आगे आपको जरूर आना है।	दानिकी मीरू तप्पनि सरिगा रावलेनु దానికి మీరు తప్పని సరిగా రావలెను.
कहाँ दे रहे है ?	एक्कड इस्तुन्नारू ఎక్కడ ఇస్తున్నారు ?
अपने घर में।	मा इंटिलो మా ఇంటిలో.
उधर बस जाती है क्या ?	स्थलं सरिपोतुन्दा ? స్థలం సరిపోతుందా ?

अंदर आईए।	लोपलिकी रंडि లోపలికి రండి.
वहाँ पंखे के नीचे बैठिए।	अक्कड फ्यान् किंदा कूर्चोंडि అక్కడ ఫ్యాన్ కింద కూర్చోండి.
हम सभी कल एक नाटक का प्रदर्शन देखने के लिये जा रहे हैं।	मेमंता रेपु ओक नाटक प्रदर्शन चूडटानिकि वेलुतू उन्नामु మేమంతా రేపు ఒక నాటక ప్రదర్శన చూడటానికి వెళుతూ ఉన్నాము.
आप भी जायेंगे क्या ?	मीरु कूडा वस्तारा ? మీరు కూడా వస్తారా ?
हम टहलने के लिए जाते है	मेमु शिकारुकि वेलतामु మేము షికారుకి వెళతాము.
आपको टहलना पसंद है क्या ?	मीकु नडक इष्टमा ? మీకు నడక ఇష్టమా ?
वैसा नहीं है लेकिन मुझे कल एक और काम है।	अलागनि कादु कानी, नाकु रेपु मरोक पनी उन्नदि. అలాగని కాదు కానీ, నాకు రేపు మరొక పని ఉన్నది.

43. क्षमा मांगना क्षमापण క్షమాపణ (Sorry)

मुझे क्षमा करें।	नन्नु क्षमिंचंडि నన్ను క్షమించండి.
मैं नहीं आप ही मुझे क्षमा करें।	नेनु कादु मीरे नन्नु क्षमिंचालि నేను కాదు. మీరే నన్ను క్షమించాలి.

वह मेरी गलती है ।	अदि पूर्तिगा ना तप्पे అది పూర్తిగా నా తప్పే.
मुझे वैसा नहीं करना था ।	नेनु अट्ला चेयकूडदु (अप्पुडु) । నేను అట్లా చేయకూడదు (అప్పుడు).
लेकिन मुझे वैसा करना पडा ।	कानी नेनु अट्ला चेयवलसि वच्चिंदि కానీ నేను అట్లా చేయవలసి వచ్చింది.
ठीक है । यह सब भूल जाओ ।	सरेले ! अदंता मरिचि पो । సరేలే ! అదంతా మర్చిపో ।
आपको कोई तकलीफ दिया है तो मुझे क्षमा कीजिए ।	नेनु मीकु एमैना कष्टं इस्ते (कलिगिस्ते) नन्नु क्षमिंचंडि । నేను మీకు ఏమైనా కష్టం ఇస్తే (కలిగిస్తే) నన్ను క్షమించండి.
कोई बात नहीं उसके बारे में मत सोचो ।	फरवालेदु दानि गुरिंचि आलोचिंचकु ఫర్వాలేదు. దాని గురించి ఆలోచించకు.
मैं सब कुछ क्षमा करता हूँ ।	नेनु अंता क्षमिस्तानु । నేను అంతా క్షమిస్తాను.

44. प्रकृति प्रकृति ప్రకృతి (Nature)

यह मंद वायु है ।	इदि पिल्लगालि ఇది పిల్లగాలి.
आकाश नीले रंग का है ।	आकाशं नीलं रंगुलो उन्दि । ఆకాశం నీలం రంగులో ఉంది.

आकाश बादलों से भरा है ।	आकाशं मब्बुलतो निंडि उन्दि ఆకాశం మబ్బులతో నిండి ఉంది.
पत्ते हवा में उड़ रहे हैं ।	कोम्मलु, आकुलु गालिकि कदुलुतू उन्नाइ కొమ్మలు, ఆకులు గాలికి కదులుతూ ఉన్నాయి.
मेघों ने सूरज को ढक दिया है ।	मेघालु सूर्यूडिनि कप्पिवेशाइ మేఘాలు సూర్యుడిని కప్పివేశాయి.
सारी ज़मीन बारिश से भींग गयी है ।	नेलंता वर्षां वल्ल नानि पोइन्दि నేలంతా వర్షం వల్ల నాని పోయింది.
आज बहुत गर्मी है ।	ई रोजु चाला वेडिगा उन्दि ఈరోజు చాలా వేడిగా ఉంది.
कल पूरी रात बारिश गिरती रही ।	निन्न रात्रंता वर्षं पडुतूने उन्दि నిన్న రాత్రంతా వర్షం పడుతూనే ఉంది.
परसों तो मुसलधार बारिश हो रही थी ।	मोन्न आइते कुन्डपोत वर्षा మొన్న అయితే కుండపోత వర్షం.
लेकिन आज तो तेज धूप है ।	कानी ई रोजु आइते एंड मंडिपोतोंदि కానీ ఈరోజు అయితే ఎండ మండిపోతోంది.
इसलिए पसीना ज्यादा आ रहा है ।	अंदुवल्लने चेमट बागा वस्तोंदि అందువల్లనే చెమట బాగా వస్తోంది.
मैं मेंढक का टर्र-टर्र सुनना चाहता हूँ ।	नेनु कप्पल बेक वेकलु विनालनुकुंटुन्नानु నేను కప్పల బెక బెకలు వినాలనుకుంటున్నాను.

इस साल गर्मी बहुत ज्यादा है ।	ई संवत्सरं वेडि चाला एक्कुव ఈ సంవత్సరం వేడి చాలా ఎక్కువ.
बाहर धूप ज्यादा है ।	बयट एंड बाग (एक्कुवगा) उंदि బయట ఎండ బాగా (ఎక్కువగా) ఉంది

45. वर्षा ऋतु वर्षा कालमु వర్షాకాలము (Rainy Season)

मुझे बारीश अच्छी लगती है ।	वर्ष मंटे नाकु इष्टं (मंचिगा अनिपिस्तुंदि) వర్ష మంటే నాకు ఇష్టం (మంచిగా అనిపిస్తుంది).
बारीश के आने से झरने बहते रहते है ।	वर्षां वस्ते सेलयेलु पारुतू उंटाइ వర్షం వస్తే సెలయేళ్ళు పారుతూ ఉంటాయి.
पक्षी पेड़ों पर सोते हैं ।	पक्षुलु चेट्ल मीद निद्रपोताइ పక్షులు చెట్ల మీద నిద్రపోతాయి.
बादलों को देख सकते हैं ।	मब्बुलनु चूडगलुगुतां । మబ్బులను చూడగలుగుతాం.
इन्द्रधनुष दिख रहा है ।	इन्द्र धनुस्सु कनिपिस्तू उंदि ఇంద్ర ధనుస్సు కనిపిస్తూ ఉంది.
मुसलाधार बारिश हो रही है ।	कुंडपोत वर्षां पडुतू उंदि కుండపోత వర్షం పడుతూ ఉంది.
पिछले साल ज्यादा बारिश गिरी थी ।	वेनुकटि संवत्सरं अधिक वर्षं पडिंदि వెనుకటి సంవత్సరం అధిక వర్షం పడింది.
लेकिन इस साल बारिश ज्यादा नहीं होगी ।	कानी ई संवत्सरं वर्षां एक्कुव उंडकपोवच्चु కానీ ఈ సంవత్సరం వర్షం ఎక్కువ ఉండకపోవచ్చు.

आप क्यों काँप रहे हैं ।	मीरु एंदुकु वणुकुतू उन्नारु మీరు ఎందుకు ఒణుకుతూ ఉన్నారు.
मैं पूरा भिंग गया हूँ ।	नेनु पूर्तिगा तडिसिपोयानु నేను పూర్తిగా తడిసిపోయాను.
बारिश कम होने के बाद बाहर जायेंगे ।	वर्षां तक्कुव अइन तरुवाता बयटिकि वेलदां వర్షం తక్కువ అయిన తరువాత బయటికి వెళదాం.
तुम्हारे पास बर्फ गिर रहा है क्या ?	मी प्रदेशंलो मंचु कुरुस्तोंदा ? మీ ప్రదేశంలో మంచు కురుస్తోందా ?

46. ऋतुयें ऋतुवुलु ఋతువులు (Seasons)

हमारे यहाँ छः ऋतुयें होती हैं ।	मनकु आरु रुतुवुलु उन्नायि మనకు ఆరు ఋతువులు ఉన్నాయి.
उसमें सबसे पहले वसंत ऋतु है ।	दानिलो अन्निटिकंटे मोट्टमोदटिदि वसंतरुतुवु దానిలో అన్నిటికంటె మొట్టమొదటిది వసంతఋతువు.
आखरी शिशिर ऋतु है ।	चिवरिदि शिशिर रुतुवु చివరిది శిశిర ఋతువు.
बचे हुए ऋतुओं के नाम ग्रीष्म, वर्षा, शरद, तथा हेमंत ऋतु हैं ।	मिगिलिनटुवंटिवि ग्रिष्म, वर्ष शरत्, हेमंत रुतुवुलु మిగిలినటువంటివి గ్రీష్మ, వర్ష, శరత్, హేమంత ఋతువులు.
श्री रामनवमी वसंत ऋतु में आनेवाला त्यौहार है ।	श्रीरामनवमी वसंतकालंलो वच्चे पंडुग శ్రీరామనవమి వసంతకాలంలో వచ్చే పండుగ.

वसंत ऋतु में आनेवाला उगादी मुझे पसंद है ।	वसंतकालंलो वच्चे उगादि नाकु नच्चुतुंदि వసంతకాలంలో వచ్చే ఉగాది నాకు నచ్చుతుంది.
कोयल गाती है ।	कोकिल पाडुतुंदि కోకిల పాడుతుంది.
उस मौसम में सर्दी भी नहीं रहती है ।	आ कालंलो चलि कूडा उंडदु ఆ కాలంలో చలి కూడా ఉండదు.
पेड़ और पौधे हरे रहते हैं ।	चेट्लु, मरियु मोक्कलु पच्चगा उंटाइ చెట్లు మరియు మొక్కలు పచ్చగా ఉంటాయి.
वसंत ऋतु के बाद ग्रीष्म ऋतु आती है ।	वसंतरुतुवु तर्वात ग्रिष्म रुतुवु वस्तुदि వసంతఋతువు తర్వాత గ్రీష్మ రుతువు వస్తుంది.
उस मौसम में धूप ज्यादा रहता है ।	आ कालंलो एंड एक्कुवगा उंटुंदि ఆ కాలంలో ఎండ ఎక్కువగా ఉంటుంది.
बदन पे कपड़े रखने को मन नहीं करता ।	ओंटि मीद बट्टलु उंचुकोबुद्धि वेय्यदु ఒంటి మీద బట్టలు ఉంచుకోబుద్ధి వెయ్యదు.
धूप से शरीर और मन चिडचिडा हो जाता है ।	एंडवल्ल शरीरं मरियु मनसु चिराकु, चिराकु अवुतुंदि ఎండవల్ల శరీరం మరియు మనసు చిరాకు చిరాకు అవుతుంది.
बारिश के मौसम में दिल खुश होता है ।	वर्षकालंलो मनसु संतोषं अवुतुंदि వర్షాకాలంలో మనసు సంతోషం అవుతుంది.
मेंढक के टर्र-टर्र सुनकर लोगों की जिंदगी खिलती है ।	कप्पल बेकबेकलतो प्रजल जीवितं विकसिस्तुंदि కప్పల బెకబెకలతో ప్రజల జీవితం వికసిస్తుంది.

47. सांत्वना ओदार्पु ఓదార్పు (Console)

वहाँ कैसा शोर है ?	अक्कड शब्दं एमिटि ? అక్కడ శబ్దం ఏమిటి ?
वहाँ टक्कर हुआ है ।	अक्कड एक्सिडेंट् अइन्दि అక్కడ ఏక్సిడెంట్ అయింది.
ओ भगवान ! यह अफसोस की बात है ।	ओ भगवंतुडा ! इदि विचारिंच वलसिन विषयं ఓ భగవంతుడా ! ఇది విచారించవలసిన విషయం.
गलती किसकी है ?	तप्पु एवरिदि ? తప్పు ఎవరిది ?
इसमें आपका दोष नहीं है ।	इन्दुलो मी तप्पेमी लेदु ఇందులో మీ తప్పేమీ లేదు.
हमको बहुत दुःख हुआ है ।	माकु चाला दुःखं कलिगिंदि మాకు చాలా దు:ఖం కలిగింది.
भगवान के निर्णय को कोई रात नहीं कर सकता है ।	दैवनिर्णयान्नि एवरु प्रश्निंचलेरु దైవనిర్ణయాన్ని ఎవరూ ప్రశ్నించలేరు.
वह सुनकर मुझे दुःख हुआ है ।	अदि विनि नाकु बाध कंलिगि दि అది విని నాకు బాధ కలిగింది.
कोई सहायता नहीं कर सकते हैं ।	एवरू सहायं चेयलेरु ఎవరూ సహాయం చేయలేరు.

हमको आपसे सहानुभूति है ।	माकु मी सानुभूति మాకు మీ సానుభూతి.
क्या कर सकते है हम ?	एम् चेस्तां मनम् ఏం చేస్తాం మనం ?
हम कुछ भी नहीं कर सकते हैं ।	मनं एमी चेय्यलेमु మనం ఏమీ చెయ్యలేము.
आप जितनी सहायता कर सकते थे उतनी सहायता आपने की ।	मीरु एन्त सहायं चेयगलरो अंत सहायं चेय्यगलिगारू మీరు ఎంత సహాయం చేయగలరో అంత సహాయం చెయ్యగలిగారు.
इससे ज्यादा आप नहीं कर सकते है ।	इन्तकंटे एक्कुवगा मीरु चेप्यलेरु ఇంతకంటె ఎక్కువగా మీరు చెయ్యలేరు.
भगवान भला करेगा ।	भगवंतुडु मेलु चेस्ताडु భగవంతుడు మేలు చేస్తాడు.

48. बचपन बाल्यमु బాల్యము (Childhood)

बचपन सबको पसंद है ।	बाल्यं अंदरिकी इष्टमे బాల్యం అందరికీ ఇష్టమే.
उसकी उम्र कितनी है ?	अतनि वयस्सु एंत ? అతని వయస్సు ఎంత ?
वह तुमसे छोटा है ।	अतनु नीकंटे चिन्नवाडु. అతను నీకంటె చిన్నవాడు.

मैं नहीं मानता हूँ ।	नेनु ओप्पुकोनु. నేను ఒప్పుకోను.
वह तुम्हारी मर्जी है ।	अदि नी इष्टं. అది నీ ఇష్టం.
हम दोनों बचपन के दोस्त हैं ।	**मेमिद्दरं बाल्य स्नेहितुलमु.** మేమిద్దరం బాల్యస్నేహితులము.
बचपन में तुम क्या करे मालूम है ?	चिन्नतन्नंलो नुव्वु एंचेसावो तेलुसा ? చిన్నతనంలో నువ్వు ఏంచేసావో తెలుసా ?
हम तीनों एक ही उम्रवाले है ।	मनं मुग्गुरुं ओके वयस्सुवालं మనం ముగ్గురం ఒకే వయస్సువాళ్ళం.
उसकी बचपन में ही शादी हो गई है ।	अतनिकि चिन्नप्पुडे पेल्लइ पोइन्दि అతనికి చిన్నప్పుడే పెళ్ళయిపోయింది.
बचपन की यादें और भी है ।	चिन्नप्पटि ज्ञपकालु इंका उन्नाइ చిన్నప్పటి జ్ఞాపకాలు ఇంకా ఉన్నాయి.
वे स्मृतियाँ भूलने से नहीं भुलाई जाती ।	आ ज्ञपकालु पोम्मंटे पोयेवि कावु ఆ జ్ఞాపకాలు పొమ్మంటే పోయేవి కావు.
वह और भी ब्रह्मचारी है ।	वाडु (अतडु) इंका (पेल्लिकानि) ब्रह्मचाारि వాడు (అతడు) ఇంకా (పెళ్ళికాని) బ్రహ్మచారి.
बचपन को कोई भी नहीं भूल सकता ।	चिन्नतनं एवरु कूडा मर्चिपोलेरु । చిన్నతనం ఎవ్వరూ కూడా మర్చిపోలేరు.

वह उम्र में छोटा दिखता है।	वाडु (अतडु) वयसुकंटे चिन्नगा कनिपिस्ताडु వాడు (అతడు) వయసుకంటే చిన్నగా కనిపిస్తాడు.
बचपन के दिन अच्छे होते हैं।	चिन्नप्पाटि रोजुलु मंचिवि చిన్నప్పటి రోజులు మంచివి.

49. यौवन यव्वानयु యవ్వనము (Youth)

यौवन सबको पसंद है।	यव्वन अंदरिकि इष्टमे యవ్వనం అందరికీ ఇష్టమే.
यौवन का मतलब बीस से साठ साल तक की उम्र है।	यव्वनं अंटे इरवै नुंचिअरवै वरकु उंडेटटुवंटि वपसु యవ్వనం అంటే ఇరవై నుంచి అరవై వరకు ఉండేటటువంటి వయసు.
यौवन में कोई भी कुछ कर सकता है।	यौव्वनंलो एवरैना सरे एमैना चेयगलगुतारू యౌవ్వనంలో ఎవరైనా సరే ఏమైనా చేయగలుగుతారు.
यौवन में कोई पाप या पुण्य कर सकता है।	यव्वनंलो एवरैनासरे पापमू चेयगलुगुतारु पुण्यम् चेयगलुगुतारु। యవ్వనంలో ఎవరైనాసరే పాపమూ చేయ గలుగుతారు, పుణ్యమూ చేయగలుగుతారు.
इसलिए हमें यौवन काल में जागरूक रहना चाहिए।	अंदुके मनं योव्वन कालंलो (वयसुलो उन्नप्पुडु) जाग्रत्तगा उंडालि అందుకే మనం యౌవ్వన కాలంలో (వయసులో ఉన్నప్పుడు) జాగ్రత్తగా ఉండాలి.
सभी लोग यौवन में ही रहना चाहते हैं।	अंदरु एल्लप्पुडू योव्वनंलोने उंडालनि कोरुकुंटारु అందరూ ఎల్లప్పుడూ యౌవ్వనంలోనే ఉండాలని కోరుకుంటారు.

यौवन में शरीर में ज्यादा शक्ति रहती है ।	योव्वनंलो शरीरंलो शक्ति एक्कुवगा उंटुंदि యౌవ్వనంలో శరీరంలో శక్తి ఎక్కువగా ఉంటుంది.
बुद्धि भी तेज होती है ।	बुद्धि कूडा विकसिस्तुंदि బుద్ధి కూడా వికసిస్తుంది.
यौवन में शरीर और आँखे चमकती हैं ।	यव्वनंलो शरीरं मरियु कल्लु मेरुस्ताइ యవ్వనంలో శరీరం మరియు కళ్ళు మెరుస్తాయి.
देश की आशाएँ हमेशा युवा जनता ही टिकी रहती है ।	देशं योक्क आशलु एल्लप्पुडू युवतरं मीदने उंटाइ దేశం యొక్క ఆశలు ఎల్లప్పుడూ యువతరం మీదనే ఉంటాయి.
यौवन काल में यह दुनियाँ बहुत सुंदर लगती है ।	यव्वनंलो ई प्रपंचं चाला अंदंगा अनिपिस्तुंदि యవ్వనంలో ఈ ప్రపంచం చాలా అందంగా అనిపిస్తుంది.
दोस्ती और दुश्मनी करने का असली समय यौवन है ।	स्नेहं चेयडानिकि मरियु शत्रुत्वं चेयडानिकी कूडा असलैन कालं यव्वनमे స్నేహం చేయడానికి మరియు శత్రుత్వం చేయడానికీ కూడా అసలైన కాలం యవ్వనమే.
यौवन जीवन में वसंत ऋतु के जैसा है ।	यव्वनं जीवितंलो वसंतऋतुवु वंटिदि యవ్వనం జీవితంలో వసంతరుతువు వంటిది.
इस पवित्र समय को व्यर्थ बर्बाद नहीं करना चाहिए ।	अंत पवित्र कालानि वृधा चेयवद्दु అంత పవిత్ర కాలాన్ని వృధా చేయవద్దు.

50. बुढ़ापा वृद्धाप्यं వృద్ధాప్యం (Old Age)

बुढ़ापा यौवन के बाद आता है ।	वृद्धाप्यं यवनं तर्वाता वस्तुंदि వృద్ధాప్యం యవ్వనం తర్వాత వస్తుంది.
बुढ़ापा का मतलब साठ से सौ साल तक रहता है ।	वृद्धाप्यं अंटे अरवै नुंचि वंद एल वयसु वरकु उंटुंदी । **వృద్ధాప్యం అంటే అరవై నుంచి వంద ఏళ్ళు** వయసు వరకు ఉంటుంది.
बुढ़ापा में शरीर बलहीन हो जाता है ।	वृद्धाप्यंलो शरीरं बलहीनमवुतुंदि వృద్ధాప్యంలో శరీరం బలహీనమవుతుంది.
रोग पकड़ कर तकलीफ देते हैं ।	रोगालु पट्टुकुनि पिडिस्ताइ రోగాలు పట్టుకుని పీడిస్తాయి.
इसका मतलब बुढापा एक शाप है क्या ?	अंटे वृद्धप्यं ओक शापमा ? అంటే వృద్ధాప్యం ఒక శాపమా ?
मैं ऐसा नहीं बोल रहा हूँ ।	नेनु अट्ला अनलेनु నేను అట్లా అనలేను.
बुढ़ापे में बाल सफेद हो जाते हैं ।	वृद्धाप्यंलो जुट्टु तेल्लबड्डुतुंदि వృద్ధాప్యంలో జుట్టు తెల్లబడుతుంది.
बाल टूटकर गिर जाते हैं ।	जुट्टु रालिपोतुंदि జుట్టు రాలిపోతుంది.
दाँत टूट जाते हैं ।	पल्लु ऊडिपोताइ పళ్ళు ఊడిపోతాయి.
मगर मन हर चीज के उपर लगा रहता है ।	कानी मनस्सु प्रति विषयं मीदकी लागुतुंदि కానీ మనస్సు ప్రతి విషయం మీదకీ లాగుతుంది.

यह सभी को मालूम है ।	इवन्नी अंदिरिकी तेलुसु ఇవన్నీ అందరికీ తెలుసు.
फिर भी कोई कम उम्र में मरना नहीं चाहता है ।	अइनप्पटिकी एवरु कूडा चिन्न वयसुलो मरणिंचडान्नि मरणिंचडान्नि कोरुकोरु అయినప్పటికీ ఎవరూ కూడా చిన్న వయసులో మరణించడాన్ని కోరుకోరు.
लेकिन आजकल कई लोग यौवन में ही बुढ़े हो जाते है ।	कानी इवालरेपु (ई मध्या) चाला मंदि यव्वनंलोने मुसलिवालु अइपोतू उन्नारु కానీ ఇవాళరేపు (ఈమధ్య) చాలా మంది యవ్వనంలోనే ముసలివాళ్ళు అయిపోతూ ఉన్నారు.
बुढापा कष्टदायक है तो भी वह अनुभवों की अमूल्य निधि है ।	वृद्धाप्यं कष्टकालं अइनप्पटि की अदि अनुभवाल निधि వృద్ధాప్యం కష్టకాలం అయినప్పటికీ అది అనుభవాల నిధి.

51. योगा योगा యోగ (Yoga)

प्रत्येक मनुष्य को रोज योगा करना चाहिए ।	प्रतिरोजु प्रति ओक्क मनिषि योगा चेयालि । ప్రతిరోజు ప్రతి ఒక్క మనిషి యోగా చేయాలి.
सुबह योगा करना अच्छा है ।	पो़द्दु एक्केकंटे पोद्दु एक्कक मुंदु (वेकुव जामु) चेयडं मंचिदि పొద్దు ఎక్కే కంటే పొద్దు ఎక్కక ముందు (వేకువ జాము) చేయడం మంచిది.
योगा से रोग दूर होता है ।	योगा वल्ल रोगं दूरमवुतुंदि యోగా వల్ల రోగం దూరమవుతుంది.
योगा से नुकसान नहीं है ।	योगा वल्ल नष्टं लेदु యోగా వల్ల నష్టం లేదు.

योगा से कमजोर भी बलवान हो जाता है ।	योगा वल्ल बलहीनुडु कूडा बलवंतुडु अवुताडु యోగా వల్ల బలహీనుడు కూడా బలవంతుడు అవుతాడు.
हर दिन योगा करने से सभी प्रकार के रोग खत्म हो जाते है ।	प्रति दिनं योगा, चेस्ते एट्लांटि रोगमैनप्पटिकी कूडा पोतुंदि ప్రతి దినం యోగా చేస్తే ఎట్లాంటి రోగమైనప్పటికీ కూడా పోతుంది.
शरीर में रोग निरोधक शक्ति बढ़ती है ।	शरीरंलो रोग निरोधक शक्ति पेरुगुतुंदि శరీరంలో రోగ నిరోధక శక్తి పెరుగుతుంది.
डरपोक भी हिम्मतवाला बन जाता है ।	भयस्तुडु कूडा दैर्यवंतुडु अवुताडु భయస్తుడు కూడా ధైర్యవంతుడు అవుతాడు.
योगा से कितने फायदे हैं कि बता नहीं सकते हैं ।	योगा वल्ल एन्नि लाभालो चेप्पलेमु యోగా వల్ల ఎన్ని లాభాలో చెప్పలేము.
योगा ज्यादा उम्र वाले भी कर सकते है ।	योगा पेद्द वयसु वालु कूडा चेय्य गलरु యోగా పెద్ద వయసు వాళ్ళు కూడా చెయ్య గలరు.
छोटी उम्र में योगा शुरू करने से अच्छा होता है ।	चिन्न वयसुलो योगा प्रारंभिस्ते मंचिगा उंटुंदि చిన్నవయసులో యోగా ప్రారంభిస్తే మంచిగా (అవుతుంది) ఉంటుంది.
योगा से बुरी जिन्दगी भी अच्छी जिन्दगी बन जाती है ।	योगा वल्ल चेड्ड जीवितं मंचि (गोप्प) जीवितंगा अवुतुंदि యోగా వల్ల చెడ్డ జీవితం మంచి (గొప్ప) జీవితంగా అవుతుంది.

भाग - ५

భాగం - 5

PART - 5

Scan me

पृष्ठ संख्या 263 से 272 की विषय-सामग्री ऑनलाइन
https://www.dropbox.com/scl/fi/oyfvl9b187v8tygkxu7pa/LEARN-TELUGU-THROUGH-HINDI-PART-5.pdf?rlkey=qbdmbjsmvs0cty9q0q63z7j66&st=ivceqbmw&dl=0
पर उपलब्ध है।

भाग - ६

భాగం - 6

PART - 6

व्याकरण पद्धति में हिन्दी-तेलुगु बोलना सीखें सी.डी. हस्तलिखित

వ్యాకరణపద్ధతిలో హిందీ-తెలుగు మాట్లాడటం నేర్చుకోండి సి.డి. స్క్రిప్ట్ చేతివ్రాత

Learn Telugu through Hindi in Grammatical Way CD Script

मित्रों !

भारत देश जैसे विशाल देश में संविधान के अनुसार लगभग २० भाषाएँ है । अभी तक बहुत सारी भाषाएँ गिनती में भी नहीं आई हैं । सभी भाषाएँ बोलना बहुत मुश्किल है । लेकिन इन्सान सामाजिक प्राणी है । बदलते जा रहे जमाने के साथ समाज में जिस प्रांत के लोग उस प्रांत में और जिस भाषा के लोग उसी भाषा में बात करके चुप चाप नहीं रह सकते । इसलिए उनका दूसरे लोगों के साथ मिलना और बात करना जरूरी है । सभी लोगों को विभिन्न भाषाओं में संपर्क करना पड रहा है । इसलिए लोगों को अन्य भाषा सीखना पड़ता है । सभी भाषाएं सीखना तो संभव नहीं है । इसलिए हम ६०% से ७०% तक लोग जो भाषा बोलते हैं हिन्दी भाषा को हमने पहला दर्जा दिया है । उसके बाद तेलुगु भाषी लोग हैं इसलिए हमें तेलुगु सीखना है । हिन्दी से तेलुगु भाषा कैसे सीखी जाये ? कैसे बात करें, उस भाषा के शब्दों को कैसे उच्चारण करें ? वगैरह विषय यह सीडी और उसकी लिपि आपको जानकारी देती है । एक तरफ लिपि पढ़ते दूसरी तरफ सीडी सुनते रहें तो कौन सा वाक्य कैसा बोला जाता है ? कौन सा शब्द कैसे उच्चारण किया जाता है वगैरह आपको अच्छी तरह मालूम हो जायेगा ।

क्योंकि लिखने, पढ़ने, सुनने, बोलने और समझ लेने के बीच मे बहुत अन्तर होता है ।

उदा : आप कहाँ जा रहे है ?

वाक्य बोलते समय

आप काँ जा रे ? कहते हैं ।

मतलब यहाँ 'कहाँ' शब्द बदलकर 'काँ' हो गया है, 'जा रहें हैं । शब्द 'जारे' बन गया है । अंत में जो है शब्द है उसका कुछ भी उच्चारण नहीं ।

जैसे : मैं तेलुगु में बात करता हूँ ।

इस वाक्य को हम -

मैं तेलुगु में बात 'करतूँ' कहते हैं ।

यहाँ - 'करता हूँ' शब्द 'करतूँ' हो गया ।

यह बात मन में रख कर आप अभ्यास करें तो, थोड़ी ही देर में आपको तेलुगु में बात करना आसान लगेगा इसमें कोई संदेह नहीं है ।

अभ्यास 1 : अभिवादन पलकरिंचुट (wishing) : किसी से मिलने पर और कोई काम करते समय सबसे पहले हमें कुछ शुभ बोलना चाहिए ऐसा हमारे बुजुर्ग लोगों का कहना है, ताकि सामने वाले का मन खुश हो जाये । जब हम किसीको शुभकामनाएँ देते हैं तब सामने वाला भी हमें पलटकर हमको शुभ कामनाएँ देता है । इस तरह एक अच्छा वातावरण तैयार होता है । और अभिवादन किस तरह दिये जाते है । उसके लिए क्या शब्द होते हैं । उसे नीचे दिया गया है, उसे सावधानी से सीखें ।

1. **नमस्ते / नमस्कार नमस्ते / नमस्कारं** నమస్తే / నమస్కారం

2. **शुभ रात्रि / शुभ रात्रि** / శుభరాత్రి

3. **फिर मिलेंगे / मल्लीकलुद्दां** / మళ్ళీకలుద్దాం.

4. **अलविदा / विड् कोलु/टाटा बैबै** / వీడ్కోలు/టాటా బై

5. **क्या हाल है ? / एन्टि संगति** / ఏంటి సంగతి ?

6. **कुछ नहीं / नै / एमी लेदु** / ఏమీ లేదు.

7. **आप से मिलकर खुशी हुई / मिम्मलनि कलिसिनंदुकु संतोषमइन्दि** / మిమ్మల్ని కలిసినందుకు సంతోషమయింది.

8. **यह मेरा सौभाग्य है ? / इदि ना अदृष्टं** / ఇది నా అదృష్టం.

9. **नये साल की शुभकामनाएँ ? / नूतन संवत्सर शुभाकांक्षलु** / నూతన సంవత్సర శుభాకాంక్షలు.

10. **त्योहार की शुभकामनाएँ / पंडुग शुभाकांक्षलु** / పండుగ శుభాకాంక్షలు.

अपने से छोटे उम्र वालों को आशीर्वाद देते समय

11. **आशीर्वाद / चिरंजीव । / आशीर्वादं / चिरंजीवा** / ఆశీర్వాదం । చిరంజీవ ।

याद रखें / बागा गुर्तु पेट्टुकोंडी / బాగా గుర్తు పెట్టుకోండి

हम बात करते समय हमारी जीभ के साथ दाँत, होंठ, गाल, आँखें, दिमाग और कान वगैरह का इस्तेमाल करते हैं। यदि इन सभी अंगों से हमें सहयोग मिले तो हम अच्छी तरह बात कर सकते हैं। जैसे तैरना सीखना है तो सबसे पहले पानी में उतरना और अंग हिलाने का अभ्यास करना पड़ता है वैसे ही तेलुगु में बात करने के लिए भी अभ्यास करना पड़ता है।

शिष्टाचार मर्यादा మర్యాద (Courtesy)

1. कृपया बैठिए / दयचेसि कूर्चोंडि / దయచేసి కూర్చోండి.

2. कृपया प्रतीक्षा करें / दयचेसि वेचि उंडंडि దయచేసి వేచి ఉండండి.

3. कृपया माफ कीजिए / दयचेसि क्षमिंचंडि దయచేసి క్షమించండి.

4. मैं आप को थोड़ा कष्ट दे रही हूँ।
   नेनु मीकु कोंचें कष्टं कलिगिस्तुन्नानु।
   నేను మీకు కొంచెం కష్టం కలిగిస్తున్నాను.

अनुरोध / विन्नपं / విన్నపం (Request)

1. आज्ञा दीजिए / आज्ञापिंचंडि / ఆజ్ఞాపించండి.

2. कृपया हस्ताक्षर करिए / दयचेसी संतकं चेयन्डि / దయచేసి సంతకం చేయండి.

3. कृपया अंदर आइए / दयचेसी लोपलिकि रंडि / దయచేసి లోపలికి రండి.

4. ऐसा न करें / अला चेयकंडि / అలా చేయకండి.

5. मैं आपकी सहृदयता का आभारी हूँ।
   मी मंचितनानिकि नेनु कृतज्ञुरालिनि।
   మీ మంచితనానికి నేను కృతజ్ఞురాలిని.

आदेश / आदेशालु / ఆదేశాలు (Orders)

1. मेरे आने तक इधर ही इंतेजार करें । नेनु वच्चेवरकु इक्कडे वेचि उंडंडि
   నేను వచ్చేవరకు ఇక్కడే వేచి ఉండండి.
2. इन पत्रों को भेज दो । ई लेखलनु पंपिंचु । ఈ లేఖలను పంపించు.
3. इन किताबों को सम्भाल कर रखो । ई पुस्तकालनु सर्दि पेट्टु
   ఈ పుస్తకాలను సర్ది పెట్టు.
4. वैसा मत करो । अट्ला चेयवद्दु । అట్లా చేయవద్దు.
5. मेरे लिये एक चाय लेकर आओ । माकु ओक टी तीसुकु रा ।
   మాకు ఒక టీ తీసుకు రా.

अनुमति / अनुमति / అనుమతి (Permission)

1. क्या आप मेरे साथ आ सकते है ।
   मीरु नातो पाटु रागलरा ? మీరు నాతో పాటు రాగలరా ?
2. आप मुझे अंदर आने देंगे क्या ? मीरु नन्नु लोपलिकि रानिस्तारा ?
   మీరు నన్ను లోపలికి రానిస్తారా ?
3. क्या आप मुझ से बात कर सकते हैं ? दय चेसि मीरु नातो माट्लाडगलुगुतारा ?
   దయచేసి మీరు నాతో మాట్లాడ గలుగుతారా ?
4. कृपया आप मुझे एक किताब देंगे क्या ? दयचेसि मीरु नाकु ओक पुस्तकं इस्तारा ?
   దయచేసి మీరు నాకు ఒక పుస్తకం ఇస్తారా ?

अभ्यास - **2** : मित्रों अभ्यास **1** में आपने अभिवादन, शिष्टाचार, अनुरोध, आज्ञा और अनुमति के बारे में जान लिया । अब आप अपने मनोभाव, सांत्वना, नाराजगी, क्षमा वगैरह वाक्य अच्छी तरह सीखकर उसका अभ्यास करिए । आप अपने मित्रों और दूसरे लोगों से बात करते समय इन शब्दों का प्रयोग करिए । यदि किसीने मजाक उड़ाया या लोग हँसे तो उसकी तरफ ध्यान नहीं देना चाहिए ।

सांत्वना / ओदार्पु / ఓదార్పు (Console)

1. हे भगवान । ओरि देवुडा ఓరి దేవుడా !

2. यह शर्म की बात है । इदि सिग्गु पडवलसिन विषयं / माट ఇది సిగ్గు పడవలసిన విషయం / మాట.

3. यह अफसोस की बात है । अदि दुःख पडवलसिन माट / विषयं అది దు:ఖించవలసిన మాట / విషయం.

4. आप फिजुल परेशान हो रहे है । मीरु अनवसरंगा गंदरगोल पडुतुन्नारू
మీరు అనవసరంగా గందరగోళ పడుతున్నారు.

5. तुम चुपके से क्यों रोते हो । नीवु मामुलगा एडुस्तावु एन्दुकु ? నీవు మామూలుగా ఏడుస్తావు ఎందుకు ?

2. इस में फिक्र की कोई बात नहीं है । इन्दुलो चिंतिंचवलसिनदेमी लेदु
ఇందులో చింతించవలసినదేమీ లేదు.

3. घबराओ मत । गाबरा पडकु । గాబరా పడకు.

4. मुझे आप पर यकीन / विश्वास है । नाकु मी मीद विश्वासं उन्दि ।
నాకు మీ మీద విశ్వాసం ఉంది.

5. सब ठीक हो जायेगा । अंता सर्दुकुंटुंदि । అంతా సర్దుకుంటుంది.

6. भगवान पे आस्था रखो । भगवंतुडि मीदा नम्मकं उंचु । భగవంతుడి మీద నమ్మకం ఉంచు.

7. हमें तुम से सहानुभूति है । माकु नी पैं सानुभूति उन्दि । మాకు నీపై సానుభూతి ఉంది.

नाराज़गी / कोपमु / కోపము (Anger)

1. तुम काम जल्दी नहीं कर सकते क्या ? नुव्वु पनि तोंदरगा चेयलेवा ?
నువ్వు పని తొందరగా చేయలేవా ?

2. तुम अपनी बातों को महत्व नहीं देते क्या ? नुव्वे नी माटकु विलुव इव्ववा ?
నువ్వే నీ మాటకు విలువ ఇవ్వవా ?

3. मैं तुम्हें कभी क्षमा नहीं कर सकती हूँ । नेनइते निन्नु एप्पटिकी क्षमिंचलेनु
నేనయితే నిన్ను ఎప్పటికీ క్షమించలేను.

4. तुम हर बात पर मजाक करते हो । नुव्वु प्रति विषयान्नी वेलाकोलं चेस्तुन्नावु ।
నువ్వు ప్రతి విషయాన్నీ వేళాకోలం చేస్తున్నావు.

क्षमा / क्षमापण / క్షమాపణ (Sorry)

1. यह गलती से हुआ। इदि पोरपाटुन जरिगिंदि। ఇది పొరపాటున జరిగింది.

2. ऐसा सब के साथ हो सकता है। इट्ला अंदरिकी अवुतुंदि। ఇట్లా అందరికీ అవుతుంది.

3. मुझे चिंता है कि तुमको तकलीफ देना पड़ा।
   नीकु कष्टं कलिगिंचवलसि वच्चिनंदुकु नाकु बाधगा उंदि।
   నీకు కష్టం కలిగించవలసి వచ్చినందుకు నాకు బాధగా ఉంది.

4. अनजाने में वैसा हो गया। अनुकोकुंडा अट्ला जरिगि पोइंदि। అనుకోకుండా అట్లా జరిగి పోయింది.

5. यह मेरी गलती है, मैं मानता हूँ। अदि ना तप्पे नेनु ओप्पुकुंटानु।
   అది నా తప్పే. నేను ఒప్పుకుంటాను.

6. इसमें आपकी कोई गलती नहीं है। इंदुलो मी देमी तप्पु लेदु।
   ఇందులో మీదేమీ తప్పు లేదు.

7. फिर भी मैं शर्मिंदा हूँ। अइनप्पटिकी नेनु सिग्गुपडुतुन्नानु। అయినప్పటికీ నేను సిగ్గుపడుతున్నాను.

8. इसमें शरमाने की कोई बात नहीं है। इंदुलो सिग्गुपडवलसिन माटे लेदु।
   ఇందులో సిగ్గుపడవలసిన మాటే లేదు.

9. तुम अपना वादा भूल गये क्या। नुव्वु नी वाग्दानान्नि मर्चिपोयावा ?
   నువ్వు నీ వాగ్దానాన్ని మర్చిపోయావా ?

10. मुझे माफ कीजिए। नन्नु क्षमिंचंडि।
    నన్ను క్షమించండి.

अभ्यास 3 : मित्रों आपको मालुम होना चाहिए। घृणा से कुछ भी नहीं कर सकते। लेकिन प्यार से कुछ भी हो सकता है। लोगों से शिष्टाचार से, विनम्रता से बात करें तो हमारा सभी सगे संबंधियों के साथ सम्बन्ध बढ़ता है। चलता है। इसके लिए इन शब्दों को सीख कर इनका प्रयोग करने की आदत डालिए।

काम जल्दी करना है तो बोलिए जल्दी-जल्दी किजिए। तोंदर तोंदरगा चेयंडि। తొందర తొందరగా చేయండి.

काम धीरे-धीर करना है तो बोलिए - धीरे-धीरे कीजिए। नेम्मदि नेम्मदिगा चेयंडि నెమ్మది నెమ్మదిగా చేయండి.

और धीरे धीरे करना है तो बोलिए -
धीरे धीरे किजिए । अति नेम्मदिगा चेयंडी । అతినెమ్మదిగా చేయండి.

आपकी बात किसी को बतानी हो तो बोलिए -
सुनिए-सुनिए । विनंडी विनंडी । వినండి, వినండి.

आपको किसी की सहायता चाहिए तो बोलिए - थोड़ी सहायता किजिए ।
कोंचें सहायं चेयंडी । కొంచెం సహాయం చేయండి.

आपको किसी से मदद चाहिए तो बोलिए
मदद कीजिए । बल पर्चंडि । బల పర్చండి.

किसी को बैठाना हो तो बोलिए -
कृपया बैठिए । दयचेसी कूर्चोंडि । దయచేసి కూర్చోండి.

किसी को बताना हो तो - बताइए । चेप्पंडि । చెప్పండి.

किसी को याद रखना हो तो - याद कर लो । गुर्तुंचुको । గుర్తుంచుకో.

सी.डी. को एक बार और सुनिए, गलती नहीं है । (సి.డి.ని మరోసారి వినండి. తప్పులేదు).

अभ्यास - **4** : मित्रों ! रोजाना की जिंदगी में कई लोगों को देखते, बात करते हैं । अभिवादन करते रहते हैं । लोग भी । वे भी कुछ न कुछ पूछते हैं उनसे कुछ कहना या समाधान भी देना पडता है । इस संदर्भ में इस अभ्यास में दिये गये वाक्यों को अच्छी तरह याद रख कर लें ।

किसी से मिलते समय बोलिए - कैसे हैं । एट्ला उन्नारु ? ఎట్లా ఉన్నారు ?

सामने वाले को जवाब देते समय बोलिए - ठीक हूँ । बागाने उन्नानु । బాగానే ఉన్నాను.

कहाँ जा रहे हैं । एक्कडिकि वेलुतू उन्नारु ఎక్కడికి వెళుతూ ఉన్నారు.

किधर नहीं इधर ही कहने के लिए बोलिए - कहीं नहीं इधर ही । एक्कडिको कादु, इक्कडिके ।
ఎక్కడికో కాదు, ఇక్కడికే.

क्यों अकेले जा रहे हैं ? एंदुकु ओंटरिंगा वेलुतुन्नारू

ఎందుకు ఒంటరిగా వెళుతున్నారు ?

अभ्यास - 5 : मित्रों ! अभी तक आपने सीख लिया है कि किस मौके पर किस प्रकार बात करना चाहिए, उसके संबंधी प्रश्न और समाधान । अब आप इसमें और एक चढाव चढिए । तालियाँ और संभाषण । दोनों एक ही है । क्यों की तालियाँ बजाने को दो हाथ जरूरी है । वैसे - संभाषण को भी दो आदमी की जरूरी है । इसलिए अब आप इस तरह संभाषण अभ्यास करिए । इसको हम अब देवकार्य से प्रारंभ करेंगे - हाँ ।

संभाषण - 1

भास्करजी : माँ ! मैं मन्दिर जा रहा हूँ ।
अम्मा ! नेनु गुडिकि वेलुतुन्नानु ।
అమ్మా ! నేను గుడికి వెళుతున్నాను.

माँ : ठीक है ।
सरे ।
సరే.

भास्करजी : भाई साब मन्दिर कहाँ है ।
सोदरा ! गुडि एक्कड उंदि ?
సోదరా ! గుడి ఎక్కడ ఉంది ?

कोई आदमी : सीधा जा के दाईं तरफ मुड़िए ।
तिन्नगा वेल्लि कुडि वैपुकि मल्लंडि ।
తిన్నగా వెళ్ళి కుడి వైపుకి మళ్ళండి.

पंडितजी : पैर धोकर अंदर आइए ।
काल्लु कडुक्कोनि लोपलिकि रंडि
కాళ్ళు కడుక్కొని లోపలికి రండి.

भास्करजी : मैंने पैर धोये पंडितजी ! अब क्या करूँ ?
नेनु काल्लु कडुक्कोन्नानंडी. इप्पुडु एं चेय्याली ?
నేను కాళ్ళు కడుక్కున్నానండి. ఇప్పుడు ఏం చెయ్యాలి ?

पंडितजी : तीन बार भगवान की प्रदक्षिणा करिए ।
मूड्डुसारलु देवुडिकि प्रदक्षिण चेय्यंडि ।
మూడుసార్లు దేవుడికి ప్రదక్షిణ చెయ్యండి.

भास्करजी : प्रदक्षिणा कर लिया पंडितजी ।
प्रदक्षिण चेशानंडि
ప్రదక్షిణ చేశానండి.

पंडितजी : आप जो लाए वह सब इस थाली में रखिए ।
मीरु एमि तेच्चारो अवन्नी ई पल्लेंलो पेट्टंडि ।
మీరు ఏమి తెచ్చారో అవన్నీ ఈ పళ్ళెంలో పెట్టండి.

भास्करजी : मेरे पिताजी के नाम से पूजा किजिए ।
मा नान्न गारि पेरु मीद पूजा चेयंडि ।
మా నాన్న గారి పేరు మీద పూజ చేయండి.

पंडितजी : मैं जैसा बोलता हूँ वैसा बोलिये ।
नेनु एट्ला अंटानों अट्ला अनंडि
నేను ఎట్లా అంటానో అట్లా అనండి.

भास्करजी : ठीक है पंडित जी ।
सरेनंडि
సరేనండి.

पंडितजी : आरती लीजिए ।
हारति तीसुकोंडि ।
హారతి తీసుకోండి.

अभ्यास - 2

अब आप एक कार्यालय में कैसे बातचीत शुरू करेंगे है इसका अभ्यास करिए ।

विरेंद्र : शुभोदय साब !
शुभोदयमंडि !
శుభోదయమండి.

मेनेजर : शुभोदय !
शुभोदयं !
శుభోదయం.

विरेंद्र : क्षमा करिए साब । थोड़ी देर हो गई ।
क्षमिंचंडि सार् । कोंचें आलस्यमय्यिंदि ।
క్షమించండి సార్ ! కొంచెం ఆలస్యమయింది.

मैनेजर : ठीक है । कल का काम कहाँ तक हुआ ।

सरे, निन्नटि पनि एंत वरकु वच्चिंदि ?

సరే, నిన్నటి పని ఎంత వరకు వచ్చింది ?

विरेंद्र : आधा हो गया साब । बच गया सों मैं अभी करता हूँ ।

सगं अइपोइंदंडि मिगिलिन दान्नि इप्पुडे चेस्तानु ।

సగం అయిపోయిందండి. మిగిలిన దాన్ని ఇప్పుడే చేస్తాను.

मैनेजर : जल्दी करो । बहुत देर हो गयी ।

त्वरगा चेय्यि चाला आलस्यं अइपोइंदि

త్వరగా చెయ్యి. చాలా ఆలస్యం అయిపోయింది.

विरेंद्र : कल ही पूरा करने की कोशिश कि साब । मगर बिजली नहीं थी ।

निन्नने मोत्तं चेयटानिकि प्रयत्निंचानंडि. कानी करेंटु लेदु ।

నిన్ననే మొత్తం చేయటానికి ప్రయత్నించానండి. కానీ కరెంటు లేదు.

मैनेजर : बिजली नहीं तो बिजली वालों को फोन करना था ।

करेंटु लेकपोते करेंटु वाल्लकि फोन चेयवलसिंदि ।

కరెంటు లేకపోతే కరెంటు వాళ్ళకి ఫోన్ చెయ్యవలసింది.

विरेंद्र : साब । यह काम होने के बाद क्या करना है ?

अय्या ! ई पनि अइपोयाक एम चेयालि ?

అయ్యా ! ఈ పని అయిపోయాక ఏం చేయాలి ?

मैनेजर : दिल्ली फोन करके, हमारे तरफ का काम पूरा हो गया का समाचार दे दो ।

डिल्ली फोन चेसि मा वैपु पनि पूर्तइपोइंदनि समाचारं इच्चेय ।

డిల్లీ ఫోన్ చేసి, మా వైపు పని పూర్తయిపోయిందని సమాచారం ఇచ్చెయ్.

संभाषण - 3

शाम में घर वापस जाते समय सड़क के बाजू में मिर्ची भज्जी की गाड़ी के पास संभाषण का अभ्यास करिए ।

शिवा : एक प्लेट मिर्ची दो ।

ओक प्लेटु मिर्चि इव्वु ।

ఒక ప్లేటు మిర్చి ఇవ్వు.

भज्जीवाला : एक प्लेट मिर्ची बज्जी सोलह रूपये है ।

ओक प्लेटु मिर्चि भज्जी 16 रूपाइलु ।

ఒక ప్లేటు మిర్చి బజ్జీ 16 రూపాయిలు.

शिवा : प्लेट मे कितने आते हैं ?

प्लेटुकि एन्नि वस्ताई ?

ప్లేటుకి ఎన్ని వస్తాయి ?

भज्जीवाला : चार आते हैं ।

नालुगु वस्ताई ।

నాలుగు వస్తాయి.

शिवा : ठीक है दे दो ।

सरे इच्चेय् ।

సరే ! ఇచ్చెయ్.

भज्जीवाला : पकौड़ी भी गरम है साब ।

पकौड़ी कूडा वेडिगा उंदि सार् ।

పకోడి కూడా వేడిగా ఉంది సార్.

शिवा : पकौड़ी गरम है । मगर उसका रंग अच्छा नहीं है ।

पकौड़ी वेडिगाने उंदि कानी दानि रंगु मंचिगा लेदु ।

పకోడి వేడిగానే ఉంది. కానీ దాని రంగు మంచిగా లేదు.

भज्जीवाला : रंग मत देखना साब । उसका स्वाद देखना ।

रंगु चूडोद्दु सार् दानि रुचि चूडालि ।

రంగు చూడొద్దు సార్. దాని రుచి చూడాలి.

शिवा : आलू भज्ञी, बैंगन भज्ञी, अंडा भज्ञी भी एक-एक प्लेट पार्सल करो ।

बंगालुदुंप बज्जी, वंकाया बज्जी, कोडिगुड्डु बज्जी कूडा ओक्कोका प्लेटु पारसिल चेय्यी ।

బంగాళాదుంప బజ్జీ, వంకాయ బజ్జీ, కోడిగుడ్డు బజ్జీ కూడా ఒక్కొక్క ప్లేటు పార్సిల్ చెయ్యి.

भज्जीवाला : हमारी भज्ञियाँ एक बार खायेंगे तो बार बार इधर ही आयेंगे साब ।

उनका स्वाद ही वैसा उम्दा रहता है ।

मा बज्जीलु ओकसारि तिंटे एवरैना सरे मल्ली मल्ली इक्कडिके वस्तारु सार । वाटि रुचिये अट्ला उंटुंदि ।

మా బజ్జీలు ఒకసారి తింటే ఎవరైనా సరే మళ్ళీ మళ్ళీ ఇక్కడికే వస్తారు సార్.

వాటి రుచియే అట్లా ఉంటుంది.

बातचीत - 4

नए आए एक सिनेमा के बारे में बातचीत का अभ्यास करिए ।

शरद : यह सिनेमा कैसा है मालूम है क्या ?
ई सिनिमा एट्‌ला उंटुंदो तेलुसा ?
ఈ సినిమా ఎట్లా ఉంటుందో తెలుసా ?

कोटेश : वाल पोस्टर्स देखकर तो अच्छा लग रहा है ।
वाल पोस्टरलु चूस्ते बागाने अनिपिस्तोंदि ।
వాల్ పోస్టర్లు చూస్తే బాగానే అనిపిస్తోంది.

शरद : कुछ टिकट उपलब्ध है क्या ?
एमैना टिकेट्‌लु दोरुकुताया ?
ఏమైనా టికెట్లు దొరుకుతాయా (లభిస్తాయా) ?

कोटेश : बालकनी बिना सब हो गये ।
बाल्कनी मिनहा अन्नी अइपोयाइ ।
బాల్కనీ మినహా అన్నీ అయిపోయాయి.

शरद : कृपया तीन टिकेट देंगे क्या ?
दयचेसि मूडु टिक्केट्‌लु इस्तारा ?
దయచేసి మూడు టిక్కెట్లు ఇస్తారా ?

कोटेश : लोग कह रहे है कि यह सिनेमा बहुत अच्छा है ।
ई सिनिमा चाला बागुंदनि जनं अंटुन्नारू ।
ఈ సినిమా చాలా బాగుందని జనం అంటున్నారు.

शरद : लोग कह रहे है, मतलब अच्छा ही होगा ।
जनं अंटुन्नारंटे मंचिगाने उंडवच्चु ।
జనం అంటున్నారంటే మంచిగానే ఉండవచ్చు.

कोटेश : वैसा नही है । इसमें कई अभिनेता और अभिनेत्रियाँ है ।
अटला अनि कादु दीनलो अनेक मंदि नटी नटुलु उन्नारू ।
అట్లా అని కాదు. దీనిలో అనేక మంది నటీ నటులు ఉన్నారు.

शरद : वह तो ठीक है लेकिन कहानी मुख्य है ।
अदि सरे कानी, कथा मुख्यमैनदि ।
అది సరే కానీ, కథ ముఖ్యమైనది.

कोटेश : इसकी कहानी अच्छी है । यह एक अवार्ड पानेवाली पारिवारिक सिनेमा है ।
इंदुलो कथा बागुंदि । इदि ओक अवार्डु पोंदे कुटुंब कथा चित्रं ।
ఇందులో కథ బాగుంది. ఇది ఒక అవార్డు పొందే కుటుంబ కథా చిత్రం.

बातचीत - 5

मित्रों ! अब होटल में चल रहे बातचीत का अभ्यास करिए ।

सर्वर : साब ! क्या चाहिए आपको ?
अय्या ! एमि कावालि मीकु ?
అయ్యా ! ఏమి కావాలి మీకు ?

सोमनाथ : टिफिन क्या है ?
टिफिन् एमुंदि ?
టిఫిన్ ఏముంది ?

सर्वर : इडली, दोसा, पूरी
इड्ली, दोसा, पूरी
ఇడ్లీ, దోసా, పూరీ.

सोमनाथ : एक प्लेट पूरी लाओ ।
ओक प्लेटु पूरी तीसुकुनि रा ।
ఒక ప్లేటు పూరీ తీసుకుని రా.

सर्वर : यह लीजिए साब ।
इदि तीसुकोंडि सार् ।
ఇది తీసుకోండి సార్.

सोमनाथ : पूरी गरम नहीं है ।
पूरी वेडिगा लेदु ।
పూరీ వేడిగా లేదు.

सर्वर : मौसम ठंडा है साब । इसलिए वैसा हुआ ।
वातावरणं चल्लगा उंदि सार् ! अंदुके अट्ला आइंदि
వాతావరణం చల్లగా ఉంది సార్ । అందుకే అట్లా అయింది.

सोमनाथ : चाय कैसी है ? ठंडी या गरम ?
टी एट्ला उंदि ? चल्लगाना वेडिगाना ?
టీ ఎట్లా ఉంది ? చల్లగానా వేడిగానా ?

सर्वर : संदेह नहीं साब । बिलकुल गरम है साब ।

अनुमानं लेदु सार, चाला वेडिगा उंदि सार् ।

అనుమానం లేదు సార్, చాలా వేడిగా ఉంది సార్.

सोमनाथ : अच्छा, तो एक चाय लाओ ।

आइते ओक टी तीसुकु रा ।

అయితే ఒక టీ తీసుకు రా.

बातचीत - 6

मित्रों ! अब पुस्तक की दुकान में बातचीत में चल रहे संभाषण का अभ्यास करिए ।

श्याम : क्या आपके पास वी. एण्ड एस. पब्लिशर्स की किताबें मिलती है ?

मी वद्द वि अंड् एस् पब्लिशर्स पुस्तकालु दोरुकुताया ?

మీ వద్ద వి అండ్ ఎస్. పబ్లిషర్స్ పుస్తకాలు దొరుకుతాయా ?

सेल्समेन : मिलती है साब ।

दोरुकुताइ सार् ।

దొరుకుతాయి సార్.

श्याम : हिन्दी सीखने के लिए एक किताब चाहिये है ।

हिन्दी नेर्चुकोवडानिकि ओक पुस्तकं कावालि ।

హిందీ నేర్చుకోవడానికి ఒక పుస్తకం కావాలి.

सेल्समेन : यह लीजिए साब ।

इदिगो सार् ।

ఇదిగో సార్.

श्याम : क्या आप कह सकते है कि यह एक उपयुक्त किताब है ?

इदि उपयोगकरमैन पुस्तकमनि मीरु चेप्पगलरा ?

ఇది ఉపయోగకరమైన పుస్తకమని మీరు చెప్పగలరా ?

सेल्समेन : इसका सेल अच्छा है साब फटा-फट बिक रही है ।

दीनि अम्मकालु बागुन्नाइ सार्, चक चका अम्मुडवुतोंदि ।

దీని అమ్మకాలు బాగున్నాయి సార్, చక చకా అమ్ముడవుతోంది.

श्याम : मुझे विश्वास है कि आप सच बोल रहे हैं ।

मीरु निजमे चेबुतुन्नारनि नाकु नम्मकंगा उंदि ।

మీరు నిజమే చెబుతున్నారని నాకు నమ్మకంగా ఉంది.

सेल्समेन : धन्यवाद साब ।

धन्यवादमुलु सार् ।

ధన్యవాదములు సార్.

बातचीत - 7

मित्रों अब हॉस्पिटल में होने वाले बातचीत का अभ्यास करिए ।

सौम्या : डॉक्टर साब मुझे सिर में दर्द है ।

डॉक्टर गारू नाकु तलनोप्पिगा उंदि ।

డాక్టర్ గారూ నాకు తలనొప్పిగా ఉంది.

डॉक्टर : कब से है ?

एप्पुडु नुंचि ?

ఎప్పుడు నుంచి ?

सौम्या : एक हफ्ते से है साब ! जा रहा है आ रहा है ।

ओक वारं नुंडि सार् ! पोतोंदि, वस्तोंदि ।

ఒక వారం నుండి సార్ ! పోతోంది, వస్తోంది.

डॉक्टर : क्या आपको सिर्फ सिर का दर्द है या दूसरी भी बीमारी है ?

एमिटि मीकु केवलं तलनोप्पेना इतर रोगं कूडा उंदा ?

ఏమిటి మీకు కేవలం తలనొప్పేనా ఇతర రోగం కూడా ఉందా ?

सौम्या : मेरी तबियत आजकल ठीक नहीं हैं साब

ना आरोग्यं ई मध्या सरिगा लेदु सार्

నా ఆరోగ్యం ఈమధ్య సరిగా లేదు సార్.

डॉक्टर : ठीक नहीं है का क्या मतलब है ?

सरिगा लेदु अंटे एमिटि ?

సరిగాలేదు అంటే ఏమిటి ?

सौम्या : छोटा काम करने पर भी थकान महसूस कर रही हूँ ।

चिन्नपनि चेसिना कूडा नेनु अलसिपोतुन्नानु ।

చిన్నపని చేసినా కూడా నేను అలసిపోతున్నాను.

डॉक्टर : मै आपको कुछ गोलियाँ देती हूँ । उनसे ठीक हो जायेगी ।

नेनु मीकु कोन्नि मात्रलु इस्तानु वाटितो नयमैपोतुंदि ।

నేను మీకు కొన్ని మాత్రలు ఇస్తాను. వాటితో నయమైపోతుంది.